李存勖像

李存勖（885—926），沙陀人，本姓朱邪氏，小名"亚子"。晓音律，善骑射。五代时期后唐政权的建立者。父李克用，被封晋王，据太原，与梁祖朱温相攻达二十年。天祐五年（908）袭晋王位。天祐二十年（923）在魏州即帝位，是为庄宗，国号唐，史称后唐。同光三年（926），改元同光。同年秋，灭朱梁，定都洛阳，实现了对中国北方的大部统一。为人奢侈，喜爱歌舞，广蓄民女，宠信伶人，不理朝政。魏州兵变，义兄李嗣源亦叛据汴州，率军平叛，中流矢而死。葬于雍陵。

台北故宫博物院藏

李克用墓志铭拓片

李克用（856—908），唐末沙陀部人，别号李鸦儿。一目盲，时称"独眼龙"。父朱邪赤心，唐懿宗赐姓名为李国昌。15岁即随父冲锋陷阵，骁勇善骑射，军中目之为"飞虎子"。后据云州反，败而逃入鞑靼部。中和元年(881)，奉诏镇压黄巢起义军。三年，以功为河东节度使，从此割据一方，染指中原。四年，东下追击黄巢军，军还过汴州，几为朱温所害，自此交恶。光启元年(885)，与王重荣击败朱玫、李昌符，进犯长安，纵火大掠，僖宗出逃。大顺元年(890)，败朱温，乘胜大掠晋、绛，致河中赤地千里。次年朝廷复官爵。乾宁二年(895)，李茂贞、王行瑜、韩建同反，杀行瑜，封晋王。天复二年(902)，被朱温合魏博军战败，势衰，后病卒。子李存勖灭后梁，建后唐，谥为武皇帝，庙号太宗。

夫兵，犹火也；弗戢，将自焚也。

《左传·隐公四年》

《春秋左传》，明万历四十四年(1616)，闵齐伋朱墨套印本

後唐莊宗像

Richard L. Davis

Fire and Ice
Li Cunxu and the Founding of the Later Tang

火与冰
后唐庄宗李存勖

戴仁柱 著
刘广丰 译

重庆出版集团 重庆出版社

Fire and Ice: Li Cunxu and the Founding of the Later Tang
©2016香港大学出版社
版权所有。未经香港大学出版社书面许可，不得以任何（电子或机械）方式，包括影印、录制或通过信息存储或检索系统，复制或转载本书任何部分。
本书简体中文版由香港大学出版社授权北京华章同人文化传播有限公司出版发行。
版贸核渝字（2020）第015号

图书在版编目（CIP）数据

火与冰：后唐庄宗李存勖 /（美）戴仁柱著；刘广丰译 . — 重庆：重庆出版社，2022.5
书名原文：Fire and Ice: Li Cunxu and the Founding of the Later Tang
ISBN 978-7-229-15949-8

Ⅰ.①火… Ⅱ.①戴…②刘… Ⅲ.①李存勖（885-926）—传记 Ⅳ.①K827=431

中国版本图书馆CIP数据核字（2022）第060543号

火与冰：后唐庄宗李存勖
戴仁柱 著

策　　划：华章同人
出版监制：徐宪江　秦　琥
责任编辑：徐宪江
特约编辑：杨博涵
责任印制：杨　宁
营销编辑：史青苗　刘晓艳
书籍设计：潘振宇 774038217@qq.com

重庆出版集团
重庆出版社　出版
（重庆市南岸区南滨路162号1幢）
北京华联印刷有限公司　印刷
重庆出版集团图书发行公司　发行
邮购电话：010-85869375
全国新华书店经销
开本：880mm×1230mm　1/32　印张：11.75　字数：244千
2022年7月第1版　　2023年12月第2次印刷
定价：65.00元

如有印装问题，请致电023-61520678
版权所有　侵权必究

谨以此书

献给

我的弟弟

罗伯特·L. 戴维斯

後唐莊宗像

自序

我原本专治南宋史,而在学术上涉足五代史,是从翻译欧阳修的《新五代史》开始的,该译本已于2004年出版。随后我写了两部后唐皇帝的传记,分别讲述了庄宗和明宗的生平。庄宗是后唐王朝的创立者,统治了三年;明宗则是一位优秀的继任者,他在位七年多。庄宗传的英文稿在2005年完成,后由布朗大学东亚研究中心的前同事马佳精心翻译成中文,并先于英文版,于2009年在北京出版。其后,我专注于明宗传的写作,其英文题名为 From Warhorses to Ploughshares(中译本《从草原到中原》)。明宗传的英文版在2014年出版,中文版也在2020年面世。

当明宗传的写作工作基本完成后,我开始觉得有必要把庄宗传也介绍给西方读者,因为它涵盖了后唐建立前一段很长的时间,在这段时期里,晋从前唐朝边地的一个小藩镇转而成为皇权的主要争夺方。在集中研究其继任者明宗的同时,我对庄宗的认识不断加深。这两位皇帝可谓是正反两面的教材,但弄清庄宗所面对的诸多特殊挑战,乃是深入了解明宗各项优异政绩的关键。此外,我在撰写初稿的时候,已经可以利用一些二手材料,包括庄宗之父李克用的传记,而此时我又能大量使用一些原始材料,如在山西代县出土的《李克用墓志铭》,这是有关该家族先人的最权威的史料,但知之者却寥寥无几。我对沙陀人起源的判断也因此需要重新修正。

两部传记,以及我所翻译的《新五代史》,能够为本科教学提供相当多的一手与二手材料。传记的形式,同样可以增强这本书的可读性,以适应广大普通读者。在本书中,我将会突出李存勖及其统治的积极特征，并注意回避当时的官方史书，如两《五代史》及《资治通鉴》中对他的消极描述。实际上，这三部成书于北宋的史书中有关庄宗的形象，在很大程度上是依据明宗朝史官所编写的《庄宗实录》构建而成的，而明宗需要通过抨击庄宗的政治行为与个人生活，从而证明其叛乱上位的合法性，因此在书中我大量使用《册府元龟》中的史料以摆脱这种偏见。这部类书搜罗了大量原始史料，因此它受到史官记录的影响是微乎其微的，但李存勖依然是谜一样的人物。

不管人们对庄宗的政治行为采取什么样的态度，他在将近二十年的军事征服中所展现出的天赋获得了普遍赞誉，未来几个世纪有抱负的统治者及其臣子也乐于学习他的战略。他的继任者明宗是一位少有的非常善于平衡战争与统治的皇帝，反过来，这也让后唐得以延续十三年，在五代的背景下，可以说是相当不错的成绩了，因为当时平均一个朝代只能维持十年。但史书中的明宗常以正面形象出现，他的各种行为都总是配合着这种形象的构建，他意识到历史的目光在注视着他。如此一来，在人们眼中，他的公众形象反而显得矫揉造作。对今天的读者来说，李存勖的吸引力在于他不完美的人格——强烈的浪漫主义冲动和深度自恋的自我价值感——这是中国历史上一众变革期人物的共有特征。

在之前对宋史的研究中，我研究了11世纪之后早期中华帝国的门阀士族精英向官僚阶层的演变，而学者们长期把这种转变归因于"五代乱世"。诚然，10世纪见证了旧式精英的普遍下沉与社会边缘群体大规模的上升，这亦导致了社会制度翻天覆地的变革。在庄宗的朝堂上，我们可以发现残存的旧式精英与新型官僚同处一堂：宰相豆卢革来自一个大家族，但他除了自己的姓氏外，对朝廷毫无贡献；另一位冉冉升起的政治明星冯道则出身平民，他超越同辈的才华有力回击了当时流行的阶级偏见。我们同样看到历代后唐皇帝顶着压力，在补充与提拔官员时将能力放于血统之前，尽管官僚机构对此举的反对声音很大。我们还能看到武将家族崛起成为第三类显赫的群体——当时最为独特的群体之一，这反映在庄宗及其继任者的社会生活和联姻中。五代时期应该被正确视为在社会前沿取得重大进步的时代，而不单纯是一个乱世，这恰恰是因为军人进入了统治领域。五代同样也是一个精彩纷呈的时代，它与另一个分裂时代三国十分相似。

本书标题的灵感来自罗伯特·弗罗斯特的诗歌《火与冰》，这首诗描写了《圣经》中的世界末日："有人说世界将毁于火，有人说将毁于冰。"但在本书中，火是对战争的隐喻，而冰则暗指抛弃，庄宗最终是被他的战士抛弃的。

後唐莊宗像

致谢

我十分感谢来自武汉湖北大学的刘广丰教授，他是研究宋史的同行，他通读了英文版的初稿，指出了我所引用并翻译的史料的错误，扩展了我的研究视野，并为本研究提供了他宝贵的意见。在几年前，刘教授在我学术休假期间帮我在香港上课，后来他又代我到山西考察，找到了本书所涉及的李克用与李存孝之墓，英文版《火与冰》中的一些照片就是他在考察过程中拍摄的。此外，我还需要感谢香港岭南大学为本书的英文版提供研究经费。

我还想向我的好友、暨南大学的张其凡教授致以特殊的敬意，他是一位研究中国中古历史的学者，而他的研究兴趣十分广泛，其中包括五代军事史，这方面恰恰与我相同。尽管非常遗憾，他已经离开了我们，但他已经证明他拥有这个时代不可多得的才智，而且他是一位真挚的朋友——身材高大，心胸更是宽广，他所留下的遗产足以让他自豪，这包括了他的学术成就与学生。

随着岁月的流逝，我在学术之路上开始减速，并更加重视家人，他们多年以来一直在我背后默默支持。我在纽约州水牛城的一个寄养家庭中长大，因此在我的一生中面对过很多挑战，但我有幸得到了两个家庭的祝福，以及他们的支持。我尤其感激我的弟弟罗伯特·L.戴维斯，他年轻的时候遭遇坎坷，人到中年又失去了他的至爱凯伦，但他依然保持清醒与理智。不幸的是，情况并未好转。

李存勖家族世系图

後唐莊宗像

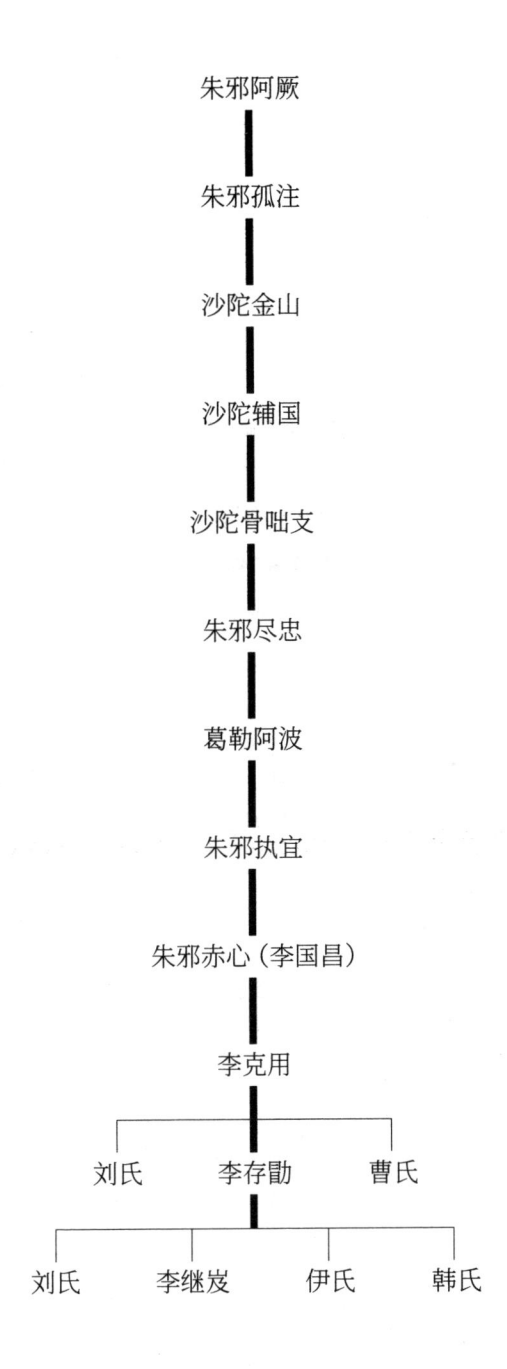

朱邪阿厥
│
朱邪孤注
│
沙陀金山
│
沙陀辅国
│
沙陀骨咄支
│
朱邪尽忠
│
葛勒阿波
│
朱邪执宜
│
朱邪赤心（李国昌）
│
李克用
┌────┼────┐
刘氏 李存勖 曹氏
┌───┼───┬───┐
刘氏 李继岌 伊氏 韩氏

目录

第一章
风流人物

一、沙陀之根 / 020

二、慈父克用 / 028

三、沙陀传承 / 038

四、家中女性 / 040

五、核心班底 / 052

六、南平之主 / 066

第二章
逐鹿中原

一、代际纷争 / 070

二、早期扩张 / 078

三、对燕复仇 / 092

四、魏州风云 / 109

五、胡与汉 / 124

六、兵锋南向 / 134

七、修内御外 / 144

八、同盟之患 / 150

九、万事俱备 / 156

十、持续动荡 / 162

第三章
大唐复兴

一、建元同光 / 168

二、中原崩溃 / 176

三、巩固政权 / 193

四、宫中宠臣 / 204

五、普天同庆 / 216

六、恢复邦交 / 225

七、文化之争 / 232

八、兄弟不和 / 250

九、任性妄为 / 254

十、眼见他，起高楼 / 257

第四章
雨急风骤

一、母丧 / 262

二、中宫 / 271

三、伐蜀 / 277

四、凛冬 / 299

五、邺乱 / 310

六、离心 / 325

第五章
历史重演

/ 334

附录一 **李存勖大事年表** / 350

附录二 **文献说明** / 360

参考文献 / 364

译后记 / 370

第一章 风流人物

後唐莊宗像

李存勖身上并存着两种截然不同的文化，这使他祸福兼具，但也让其成为那个时代令人羡慕的骄子。他的父系乃源自内亚的沙陀突厥，这让他展现出其父李克用（856—908）勇武善战的英伟形象。同样令人印象深刻的，是他能适应母亲曹氏之中原汉文化，后者专用一批当地士人，为年轻的儿子将来所要承担的历史使命打下基础。李存勖自诩在汉语言文学以及传统经典上颇有建树，他常在诗歌与音乐上发挥自己的创造力，而他能为自己的军队谱写进行曲，就是最好的证明。李存勖意识到他的角色将是未来沙陀皇帝的典范，故需要在自身两种文化的交锋中，找到一种合理的平衡。但不幸的是，十五年无休止的战争可以实现其他人的梦想，却让李存勖无暇细思个人嗜好与王朝大业之间的关系：要实现后者往往需要以牺牲前者为代价。他会强行改变君主制吗？或是被这种制度轻松击败？这两个问题在他的意志中不断交战，而可悲的是，在他短暂却历史意义重大的统治时期，很多正能量被这场史诗般的交锋消耗殆尽。

　　李存勖一生的全部轨迹早在他尚在腹中时就已被设定好，家族对他的期望迅速膨胀，甚至超过岁月的流逝。与其他帝王一样，李存勖的出生充满了各种传说，包括"紫气出于牖户"[1]。而另一个传说则提到，唐昭宗龙纪元年（889）李克用破孟方立于邢州（今河北邢台）后，在三垂冈（今山西潞城西）大宴手下将领，五岁的李存勖也参加了宴会。三十多岁的李克用用慈爱的目光凝视自己

1　见薛居正等：《旧五代史》卷二七《庄宗纪一》，北京：中华书局，1976年，第365页。

的儿子良久，十分自信地转向众人道："吾行老矣，此奇儿也，后二十年，其能代我战于此乎！"[1]当时的李存勖可能还穿着开裆裤，但李克用早期的预言以及他终身为实现预言所付出的努力，已在众人心中，把李存勖置于其他潜在的竞争对手之上。很多史料指出李克用御下十分严格，但他的儿子似乎享有特殊的豁免权。

乾宁二年（895）八月，年仅十一岁的李存勖代表父亲到唐朝都城长安觐见皇帝，而家族对他的信心也因此传遍了整个沙陀共同体。据诸史记载，此前尚为少年的李存勖"从克用破王行瑜"，这是他首次按照沙陀人的传统，以武士的形象出现于人前。他英气勇武的形象立即给唐昭宗（888—904年在位）留下深刻的印象，后者在接见结束时预言道："儿有奇表，后当富贵。"昭宗说出了自己的期望："无忘予家。"之后，昭宗又把李存勖与李克用作了比较，他说："此子可亚其父。"[2]于是李存勖获得了"亚子"的绰号，这预示着他已经超越同辈中最优秀的人。昭宗的赞誉促使李克用在人前最大限度地曝光李存勖，并借此向世人宣示，晋在此子的管理下，将会建立惊人的功勋。李克用有很多后辈，但无一能望其项背。

1　欧阳修：《新五代史》卷五《庄宗下》，北京：中华书局，1975年，第41页。

2　关于昭宗接见李存勖一事，有多书记载。文中所引，见欧阳修：《新五代史》卷五《庄宗下》，第41页；另"亚子"一语，见孙光宪：《北梦琐言》卷一七《晋世子入觐赐鸂鶒酒器》，北京：中华书局，2002年，第326页。其余记载，见薛居正：《旧五代史》卷二六《武皇纪下》，第351—352页；卷二七《庄宗纪一》，第365—366页；司马光等：《资治通鉴》卷二六〇，乾宁二年八月戊戌条、癸卯条，北京：中华书局，1956年，第8474—8475页；钱易：《南部新书·癸》，北京：中华书局，2002年，第176页。

当然，还有其他因素让李存勖的自负感膨胀，这多缘于甘于为他奉献的父母，他们不遗余力地培养他，让他能适应中原文化。十三岁时，他就能略通《春秋》大义，这也让他追求艺术的躁动之心有所平复。[1]李存勖早期的教育当然也包括汉族传统中丰富的兵法。游牧民族之间经常会发生武装冲突，兵书可以让战士们在战斗中不再单凭直觉，而是采取理性的作战方式。李存勖所承载的期望，让他不可能再像他的父亲和祖父那样谨守一隅之地，建立王朝才是他的使命，而一切障碍都将会在他强大的意志和军队前蒸发。然而，当李存勖作为军事英雄的光辉形象被他自己的任性妄为摧毁时，人们迅速背叛了他，甚至比当初拥护他成为天子时更快。父辈与族人的期望，在李存勖二三十岁时为他铺好了通往中原帝位的道路，到他四十多岁时却起了反作用。

多年以来对庄宗的批评声音不断增加，而与他同时代的人见证了这一点，他们想通过对特定政策的了解去寻找个中的原因。几个世纪后的历史学家则更关注这位从前的晋王在生活环境与精神状态上有何变化，从而探究这位当初发愤图强的战士如何在穷奢极侈的帝王生活中迷失自己。笃信儒学者则利用道德观点，认为庄宗败死，乃是其生活腐化、统治无能的共同结果。很多评论者都对李存勖心怀恶意，他们希望通过消费这位历史人物来促进政治的进步。当然，创作小说的文学家不在此

---

[1] 见孙光宪:《北梦琐言》卷一七《晋世子入觐赐鸂鶒酒器》，第326页；陈鳣:《续唐书》卷一《庄宗纪》，济南：齐鲁书社，2000年，第7页。

列，他们对故事背后的道德信息不感兴趣，而更关注李存勖的英雄事迹，故他们通过深挖他生平故事的细节以取悦观众。讽刺的是，李存勖生前是一位完美的演员，死后依旧为娱乐事业提供养分。

一、沙陀之根

（一）沙陀的族源

早期平静的生活，对塑造李存勖这位沙陀突厥后裔的身份起了关键作用，因为几个世纪以来，沙陀人都在中国北部过着颠沛流离的生活。沙陀之名，意为沙碛之人，它可能是汉语对胡语的音译，但更可能暗示新疆北部的沙陀碛，这里也是沙陀人早期的故乡。[1]沙陀在史书上出现的时间较晚，约为唐朝（618—907）初年。他们之前可能有别的族名，但更有可能的是，在一些史家笔下，他们被与更大规模的边境族群混为一谈。在唐朝时期，朝廷实行以夷制夷的政策，这也是当时抵御外族入侵的方法之一，而沙陀人则坚定地与朝廷合作。[2]7、8世纪，突厥人统治了内亚的大部分地区，沙陀人可能是突厥麾下众多小部落之一，尤其是西突厥，沙陀精英在唐代或更早时期，常常与之联

1　见樊文礼：《李克用评传》，济南：山东大学出版社，2005年，第19—20页；李方：《唐西州行政体制考论》，哈尔滨：黑龙江教育出版社，2012年，第373—403页；谭其骧：《中国历史地图集》第五册，北京：中国地图出版社，1982年，第63—64页。

2　见王钦若等：《册府元龟》卷九五六《种族》，南京：凤凰出版社，2006年，第11076页。

姻。[1]但直到更晚的9世纪时，他们才开始寻求与汉人通婚。

尽管沙陀属于内亚突厥人的一个分支，但他们基本在中国内陆范围内迁徙。[2]在唐代以前，他们或从其他部落，如朱邪部中分裂出来，但更可能是，他们乃不同部族混合而成的共同体，当中包括胡、回纥、吐谷浑和鞑靼等，有学者认为，这些部族乃是沙陀不同分支的族源。[3]沙陀人很有可能懂得突厥语，这也是唐代西北边陲的通用语言，而沙陀人自己的语言则有可能是其派生语言。[4]在往东、南方向迁徙后，沙陀随即成为一个独特的民族，几个世纪后被蒙古人称为白鞑靼，这说明他们肤色白皙。[5]沙陀人在广袤的新疆中部与北部活动，向西最远时甚至越过阴山到达与哈萨克斯坦接壤的阿拉湖地区。[6]在唐代，他们在中国的边疆落脚，但并非直接从北向南迁徙，而是在新疆地区来回移动，这缘于他们当时所承受的内外压力，该现象在8世纪时尤为明显。

---

1 见樊文礼：《李克用评传》，第9—10页。

2 Denis Twitchett, and Herbert Franke, ed. *The Cambridge History of China, Vol. 6: Alien Regimes and Border States, 907—1368*, Cambridge: Cambridge University Press, 1994, p. 8; Mark Edward Lewis, *China's Cosmopolitan Empire: The Tang Dynasty*, Cambridge, MA: Harvard University Press, 2009, p. 152; 樊文礼：《李克用评传》，第3—5、8页。

3 见司马光等：《资治通鉴》卷二五一，咸通十年二月条，第8140—8141页；陈佳华等：《宋辽金时期民族史》，成都：四川民族出版社，第174页；Wolfram Eberhard, *History of China*, Leiden: Brill, 1965, pp. 199—204；樊文礼：《李克用评传》，第6、12页。

4 陈佳华等：《宋辽金时期民族史》，第223—224页。

5 Jack Weatherford, *The Secret History of the Mongol Queens: How the Daughters of Genghis Khan Rescued His Empire*, New York: Crown Publishing, 2010, p. 55.

6 在我所写的明宗传记中，我认为阴山是在蒙古高原以南，宁夏以北，但如今我意识到历史上有第二座阴山，它坐落在哈萨克斯坦东部的阿拉湖附近，正西方向就是新疆的准噶尔山口。新疆北部有可能是沙陀族的发源地，但我们不能非常肯定。见谭其骧：《中国历代地图集》第五册，第63—64页；李方：《唐西州行政体制考论》，第398—403页。

(二) 游牧的信仰

早期的沙陀人敬畏鬼神,喜欢占卜,显然是在进行一些与摩尼教有关的宗教活动,这一宗教在唐朝之前就已经传入中国。[1]在亲属去世后用动物作为祭品,这在摩尼教里是能找到根源的。此外,萨满教也在沙陀人身上留下不可磨灭的印记,因为他们会用繁复的礼节去安抚神灵,对自然也十分尊崇。[2]尤其是"天神"的概念,虽然源于生活在内亚的突厥人,但同样也出现在沙陀人的神谱中;突厥人还把他们对佛教的理解和表达方式传给了沙陀人。[3]诚然,很多汉人精神领袖都会祭祀自然,但到10世纪,大部分儒家士大夫都认为大自然的反常现象是可以预测的;而沙陀人则认为自然十分反复无常,代表他们的神需要被常年安抚。沙陀人的审美观也植根于北方,他们对雕刻技艺十分关注,后唐历任统治者都经常流连于洛阳城外的龙门石窟。[4]

在史料中,沙陀最初被称为"沙陀突厥",有时又被称为"沙陀三部落"——包括沙陀、安庆和萨葛(又称薛葛、索葛),这说明多部落联盟已经出现。沙陀的崛起,正伴随着8世纪东突厥的

1　Mark Edward Lewis, *China between Empires: The Northern and Southern Dynasties,* Cambridge, MA: Harvard University Press, 2009, p. 158; *China's Cosmopolitan Empire,* pp. 92, 173.

2　见陈佳华等:《宋辽金时期民族史》,第227—228页。

3　Wolfram Eberhard, *Conquerors and Rulers: Social Forces in Medieval China,* Second revised edition, Leiden: Brill, 1970, pp. 146—147; Christopher I Beckwith, *Empires of the Silk Road: A History of Central Eurasia from the Bronze Age to the Present,* Princeton: Princeton University Press, 2009, p. 115.

4　Eberhard, *Conquerors and Rulers,* p. 147.

衰落。[1]与过去千年以来中国境内其他游牧统治者相比，沙陀的军队规模小得惊人，但沙陀武士十分"骁勇好战"，再加上娴熟弓马、善于围城，往往在战斗中无往不利。事实上，他们最好的弓箭手可以射穿敌人的任何防御。[2]

在7世纪40年代唐太宗统治时期，沙陀人就曾参与唐征讨高句丽的军事行动，并立下功勋，尽管征讨以失败告终。[3]然而，在8世纪时，他们又与北方和西方的部落不和，这促使他们逐渐向中央王朝寻求庇护。先天元年（712）沙陀金山入朝进贡，足以说明这个问题。[4]就这样，沙陀在草原上获得了自治权，同时也拓展了在唐朝边疆的活动，这种发展持续了两个世纪。

（三）河东根据地

元和四年（809），在唐廷的庇护之下，几个沙陀族群定居在山西北部，此地当时属于河东地区，古人在涉及这一地区时，更喜欢称之为"晋"。[5]山西的土地干旱、植被稀疏，对有着游牧和狩猎传统的定居者来说十分适宜，故这里成为沙陀人的永久

---

1 见欧阳修、宋祁：《新唐书》卷二一八《沙陀传》，北京：中华书局，1975年，第6153页；樊文礼：《李克用评传》，第22页。

2 见欧阳修：《新五代史》卷四《庄宗上》，第33页。

3 见樊文礼：《李克用评传》，第19页。

4 见欧阳修、宋祁：《新唐书》卷二一八《沙陀传》，第6154页；樊文礼：《李克用评传》，第8页；李方：《唐西州行政体制考论》，第384—396页；Lewis, *China's Cosmopolitan Empire*, pp. 5—29。译者按：先天元年（712）沙陀金山只是遣使到长安，而亲自到长安朝觐，应该在开元二年（714）。见王钦若等：《册府元龟》卷九七一《朝贡四》，第11237页；卷九七四《褒异》，第11275页；司马光等：《资治通鉴》卷二一〇，先天元年十月辛酉条，第6678页；卷二一一，开元二年十二月壬戌条，第6706页。

5 Eberhard, *Conquerors and Rulers*, p. 141；樊文礼：《李克用评传》，第27—31页。

定居地。他们最开始以贩卖马、牛和羊为生,后来逐渐成为牧民。[1]在中原腹地定居使沙陀人与中原唐朝的交往越发频繁,因为当地将领会联合好斗的内亚武士一起,共同镇压王朝内部的叛乱。如元和五年(810)李存勖的曾祖朱邪执宜就在河东节度使范希朝的带领下,镇压了成德节度使王承宗的叛乱。[2]这种政策让沙陀人融入了一种世袭的恩庇侍从关系(patron—client relationship)之中,用一位历史学家的话说,这种关系只有利于中央王朝。[3]

(四)人口的数量

人口数量的增长也让沙陀对于唐王朝的战略价值有所增加。根据可靠记载,在9世纪初沙陀人口规模大概有六千到七千帐,有些学者以此推断,他们的总人口数量超过了三万人,其中包括妇女与儿童。[4]这种估算显然是过于保守的:沙陀会不断吸纳内亚的其他族群,而一些重要战争也会有汉族职业军加

---

1 见薛居正等:《旧五代史》卷九一《康福传》,第1200页;欧阳修:《新五代史》卷四六《康福传》,第514页;卷五一《范延光传》,第577页;陈佳华等:《宋辽金时期民族史》,第219—223页;傅乐成:《沙陀之汉化》,载氏著:《汉唐史论集》,台北:联经出版事业公司,1977年,第319—338页;王旭送:《沙陀汉化之过程》,载《西域研究》2010年第4期,第14—22页;Lewis, *China between Empires*, p.168。

2 见刘昫等:《旧唐书》卷一四《宪宗上》,北京:中华书局,1975年,第430页;欧阳修、宋祁等:《新唐书》卷二一八《沙陀传》,第6155页;司马光等:《资治通鉴》卷二三八,元和五年正月条,第7671页;三月丁亥条,第7674页;樊文礼:《李克用评传》,第21—22页。

3 Lewis, *China between Empires*, p.146。

4 见刘昫:《旧唐书》卷一九六《吐蕃下》,第5257页;Eberhard 认为,在沙陀最鼎盛的时候,他们的男性人口达到了十万人,这显然是高估了,见 *A History of China*, p.200; *Conquerors and Rulers*, p.142。最近一位学者则认为,在李克用统治沙陀前夕,沙陀人口跌至一万人,这又是明显的低估,见樊文礼:《李克用评传》,第22—23页。

入，因此我们不能孤立地看待沙陀的人口数量，这是估算沙陀总人口的基础。此外，沙陀军队的数量在9世纪中迅速增长，部分缘于吸收其他边陲部落，部分则通过与汉人通婚。

到李存勖继位为晋王的时候，沙陀男性武士的数量应该在五万到六万左右，这个数字比较合理。到那时，沙陀人在血缘上跟突厥的联系已经减弱，反而与他们所安居的土地息息相关。随着唐朝逐步走向灭亡，沙陀的战略影响不断增加，这使他们成为朝廷政治中的关键力量。同时，频繁出现在长城以南地区，也促使沙陀的文化习俗有所改变，比如，一种可书写的语言逐渐在这个群体当中传播，而在此之前，他们并没有自己的书写系统，甚至没有一个简单的姓氏。

（五）族名与姓名

欧阳修在《新五代史》里面提到："夷狄无姓氏。"[1]这种说法言过其实，因为作者以偏概全，把几个北方族群的习俗概括成所有北方民族的特征。但若仅就沙陀突厥而言，他们确实发展到很晚时才开始采用姓，而这也是对汉人习惯的一种模仿。他们最早见记于史的祖先沙陀金山——一位活跃于8世纪前叶的人物，显然是以族名沙陀为姓，金山为名的。[2]同样，李克用的

1　欧阳修：《新五代史》卷四《庄宗上》，第39页。

2　见陈佳华：《宋辽金时期民族史》，第181页；樊文礼：《沙陀的族源及其早期历史》，载《民族研究》1999年第6期，第68—77页；李方：《唐西州行政体制考论》，第377页。译者按：史书上记载的最早的沙陀祖先，应该是沙陀那速，见欧阳修、宋祁：《新唐书》卷二一八《沙陀传》，第6154页。当然，也有学者认为沙陀那速不是沙陀族的祖先，见上引樊文礼文。

曾祖父叫朱邪尽忠[1]，朱邪乃是族名，后世史家却误以为姓。实际上，沙陀和朱邪在演变成部族之名前均为地名。[2]

朱邪尽忠之孙朱邪赤心〔卒于文德元年（888）〕在咸通十年（869）为朝廷镇压庞勋之乱后，被皇帝赐名李国昌，从此，他便放弃了他的突厥姓名。[3]在此前几十年中，李国昌曾率兵击退回纥与吐蕃等族对中原的进攻，因此积累下一些名声。[4]从正文前的"李存勖家族世系图"可以看到，朱邪一族显然在与另一名为沙陀的部族分享权力——沙陀部族的领导者包括金山、辅国和骨咄支——尽管有一位学者认为朱邪乃沙陀族的分支。[5]沙陀金山力求与中央王朝取得联系，并通过进贡来加深双方之间的关系，他本人也在开元二年（714）受唐朝邀请到长安入觐，并得到唐玄宗的亲自款待。[6]

授予沙陀首领国姓李，赐予汉名，并将其纳入唐皇室的属籍之中，这是朝廷对沙陀的最高封赏，同时也体现了朝廷对虚拟血缘关系的应用。唐廷的这一举动乃战略所需，但此举对沙陀领袖而言又有另外一层文化意义，他们由此成为中原统治家

1　译者按：有史料记载，尽忠的族名是沙陀，而不是朱邪。见王钦若等：《册府元龟》卷九五六《种族》，第11076页。

2　见樊文礼：《李克用评传》，第7—8页；李方：《唐西州行政体制考论》，第377—338页。

3　见刘昫等：《旧唐书》卷一九上《懿宗纪》，第674—675页；欧阳修、宋祁：《新唐书》卷二一八《沙陀传》，第6156—6158页；Denis Twitchett, ed. *The Cambridge History of China, Vol. 3: Sui and T'ang China, 589—906*, Cambridge: Cambridge University Press, 1976, pp. 759, 786.

4　见欧阳修、宋祁：《新唐书》卷二一八《沙陀传》，第6156页；樊文礼：《李克用评传》，第25—26页。

5　见樊文礼：《李克用评传》，第16—17页；朱邪为沙陀分支的观点，可参见李方：《唐西州行政体制考论》，第391—393页。

6　见李方：《唐西州行政体制考论》，第384、395—396页。

族的一员，并取得了相应的头衔与职位。这种政策所带来的封赏，很受边陲民族的欢迎。李国昌和李克用后来都只用汉族姓名，而他们最初的沙陀姓名则永远消失在历史中。对李克用的后代来说也是如此，人们都只知道他们的汉名。直呼沙陀皇室的胡名在后来甚至成为禁忌，谁敢违犯，就有可能招来杀身之祸。[1]类似的例子也可以在后来建立西夏王朝的党项族那里看到，他们的领袖同样被赐姓李。[2]

几代以来，沙陀人对他们与唐王朝的多重联系感到无比骄傲。但接受汉姓汉名以及汉人的头衔，并不意味着对中央王朝的曲意奉承。唐朝廷管理边疆的优点在于，他们喜欢用萝卜远超大棒，所以他们更青睐慷慨赐予，而非武力威胁。此外，由于本族语言中没有名字，沙陀人需要用其他方式来定义自己的族群。就李国昌而言，他选择葬在雁门，这里位于其政治中心代北，这也是他的儿子李克用几十年后的安葬地。[3]对沙陀领袖来说，安葬地的选择寓意深远，这与汉人统治者是一样的，但双方最大的不同在于，沙陀领袖更愿意把自己的陵寝选在生前的政治基地附近，而不是像汉人贵族那样讲求落叶归根，回到自己的故乡安葬。

1　见欧阳修：《新五代史》卷三二《王彦章传》，第350页。

2　*Cambridge History of China, Vol. 6*, p. 158.

3　见樊文礼：《李克用评传》，第28页。

二、慈父克用

(一) 牛刀小试

尽管沙陀愿意为唐王朝效忠，但也许是痴心错付，他们与唐朝的合作并不理想，甚至双方的猜忌怀疑有时会引发武装冲突。据《新五代史》记载，李存勖的祖父李国昌"恃功益横恣"[1]。史载，在李克用的教唆下，父子二人杀害了云州（今山西大同）防御使段文楚，而这也进一步激怒了朝廷。[2]几年之前，李国昌就其父子在代北的行政职务问题与朝廷产生矛盾。[3]双方的摩擦在广明元年（880）达到高潮，当时，沙陀军队在晋阳（今山西太原）附近被唐朝"雇佣军"大败，据载损失了一万七千余名战士，是李国昌麾下军队的大半，这也迫使沙陀人北逃到蒙古高原的鞑靼那里寻求庇护。[4]

(二) 镇压黄巢

就在李国昌父子大闹河东地区之时，黄巢也揭竿而起，掀起了一个多世纪以来对唐朝而言最为凶险的叛乱。就在李国昌父子北逃的同一年，黄巢军发起了新一波的攻势，他们甚至攻

1　欧阳修：《新五代史》卷四《庄宗上》，第31页；司马光等：《资治通鉴》卷二五二，咸通十三年十二月条，第8165页。
2　见樊文礼：《李克用评传》，第42—43页。
3　见樊文礼：《李克用评传》，第40—41页。
4　见欧阳修：《新五代史》卷四《庄宗上》，第32—38页；樊文礼：《李克用评传》，第45—46、156—162页。

克潼关,直捣长安。然而,黄巢军的进攻对沙陀来说却是一个机会,他们也因此重新站在唐朝廷的旗帜之下,重振当年的声威,成为朝廷最可靠的雇佣军。中和三年(883),黄巢军被逐出京城。是役中,沙陀军队在李克用的坚定领导下起了关键性的作用,黄巢军被打得分崩离析,被迫撤退。此战的功绩让李氏父子的地位得到了提升。唐朝在这次战祸中幸免于难,故对沙陀人大行封赏,让他们在朝中取得合法性,这也使其得以吸引更多军队前来投奔。[1]同年,李国昌在世的最大的儿子李克用继承了他的职位,时年仅二十八。[2]年轻的李克用十分明智地把鞑靼等边地游牧民族纳入军中,并给予在中原西北部的叛军残部致命一击。

司马光在《资治通鉴》中形容李克用"破黄巢,复长安,功第一"[3]。没有沙陀的坚定干预,黄巢之乱或许仍要持续几年,所造成的破坏会更大。唐朝廷对此作了正面的反馈,在李克用南下前,他们就将其封为代州刺史、雁门以北行营兵马节度使。这一地区早已有了很多游牧定居者。[4]在打败黄巢后的几年里,李克用有条不紊地扩张着自己的地盘,他从战略要地晋阳开始

1　见樊文礼:《李克用评传》第27—28、50—58页;Beckwith, *Empires of the Silk Road*, p. 171; Lewis, *China's Cosmopolitan Empire*, pp. 58—60; Morris Rossabi, *A History of China*, New York and Oxford: Wiley Blackwell, 2014, pp. 165—166。

2　李克用的弟弟,按照顺序,有克勤、克让、克恭、克柔、克章、克宁,而他只有一个哥哥在历史上留下了姓名,那就是克俭。见樊文礼:《李克用评传》,第32页。

3　司马光等:《资治通鉴》卷二五五,中和三年五月条,第8295页。

4　见陈佳华等:《宋辽金时期民族史》,第189—190页;樊文礼:《李克用评传》,第37页;森部丰、石见清裕:《唐末沙陀李克用墓志注释考察》,载《内陆亚细亚语言研究》2003年8月,第17—52页。

经营，然后拿下河东中部的泽州（今山西晋城）和辽州（今山西左权），在大顺元年(890)他完全攻下了昭义五州〔包括潞(今山西长治)、泽、邢、洺(今河北永年东南)、磁(今河北磁县)〕，势力第一次覆盖整个河东南部地区，可谓风头无两。[1]在他的领导之下，沙陀开始从过去几年的损失中恢复，尽管发展依然不均衡。

（三）父亲的故事

李克用的母亲姓秦，从姓氏看，她应该是汉人，但李克用的行为习惯却反映出根深蒂固的草原文化，他成长期的大部分时间也在草原上度过。他年轻的时候就"善骑射，能仰中双凫"[2]，因而获得称赞；又因他"一目微眇"，即双眼一大一小，故时人称之"独眼龙"[3]，但显然，眼睛的缺陷并未影响他射箭的准度。早在十五岁时，李克用就开始随父作战，并在战斗中学习用兵对敌的谋略。[4]在继承父亲官位，并被册封为王之前，他早已成为族群中的知名人物。李克用在接受传承时，没有引起任何风波，这个事实说明父子继承制在沙陀人中已经成为一种常态。他们最后一次兄终弟及发生在李克用的曾祖父朱邪尽忠与葛勒

1　见樊文礼：《李克用评传》，第106—107页。

2　欧阳修：《新五代史》卷四《庄宗上》，第32页。

3　引文见司马光等：《资治通鉴》卷二五五，中和三年五月条，第8295页；另见薛居正等：《旧五代史》卷二五《武皇纪上》，第337页；陶岳：《五代史补》卷二《太祖号独眼龙》；傅璇琮等主编：《五代史书汇编》第五册，杭州：杭州出版社，2004年，第2486页；樊文礼：《李克用评传》，第34—35页。

4　见刘昫等：《旧唐书》卷一九上《懿宗纪》，第681页。

阿波之间，后者是前者的弟弟。[1]

尽管李克用天赋出众，但他在未来的二十多年里带领沙陀人所走的路可谓艰难曲折，困难多得让人难以置信。在有意无意间，他开始融入汉人的世界。然而，在李克用掌权的头十年里，沙陀与南方的关系不断恶化：长安城里弱小的皇帝总是被迫无视他的建议，反而纵容他的对手宣武（今河南开封）节度使朱温。同时，沙陀人经常实施劫掠，有时是为了自卫，但通常是为了得到朝廷的重视，如光启元年（885）长安沦陷就是如此。只有在盟友安定下来后，李克用才更忠于朝廷，彼时他对朝廷的忠心胜过了大多数汉人节度使。[2]在这一过程中，沙陀人被定义为"南方的"，他们将会不断与草原剥离，并同唐朝的政治纠缠在一起，难以分割。[3]

（四）河东的优势

自元和四年（809）起，沙陀人开始在代北落脚，并将其建设成自己的根据地，而在中和二年（882）入主河东道的治所晋阳后，他们又把大本营迁至山西中部。[4]晋阳在历史上非常重要，因为

1　见欧阳修、宋祁：《新唐书》卷二一八《沙陀传》，第6155页；樊文礼：《李克用评传》，第8—10页。

2　见刘昫等：《旧唐书》卷一九下《僖宗纪》，第722页；司马光等：《资治通鉴》卷二六〇，乾宁二年十二月丙申条，第8461页。

3　Naomi Standen, *Unbounded Loyalty: Frontier Crossings in Liao China*, Honolulu: University of Hawai'i Press, 2007, p. 32.

4　见欧阳修：《新五代史》卷四《庄宗上》，第31页；薛居正等：《旧五代史》卷二五《武皇纪上》，第336页。

与突厥同种的拓跋部便以此为乡——他们是4世纪末北魏王朝的建立者。[1]几代之后,这座城市又成了隋朝统治者的避暑胜地。隋朝的统治家族也跟晋阳的地方豪门联姻,并指派一些皇子在此地当长官,包括隋朝的第二任皇帝,才华横溢但时运不济的隋炀帝。[2]此外,晋中亦是大业十三年(617)唐高祖李渊起兵反隋之地。[3]

唐朝统一之后,晋阳被提升为北都,尽管唐朝皇帝从未在此管理过整个国家。[4]唐朝皇室会娶一些来自当地显赫家族的女性为妻,其中就包括高宗的第一任妻子王皇后。而取代王皇后的武则天,其郡望据说也在山西中部。[5]晋阳出皇帝和皇后的名声在五代达到了顶峰,当时统一北中国的五个家族有三支出自这里——分别是后唐、后晋与后汉。该城同样是北汉都城的所在地,北汉是十国中最后一个反抗宋朝统治的国家,一直负隅顽抗到宋太宗太平兴国四年(979)。

晋阳古城位于今太原南郊,建立在两座将近千米高的大山之间。这里被誉为"国之北门",镇守此地乃是保卫中原腹地的

---

[1] Valerie Hansen, *The Open Empire: A History of China to 1600*, New York: W. W. Norton, 2000, pp. 175—185. **译者按:** 拓跋鲜卑的故乡不是在晋阳,他们首先定都于盛乐(今内蒙古和林格尔),建立北魏政权后迁都于平城(今山西大同),而非晋阳。真正刻意经营晋阳的,是后来从北魏分裂出来的东魏,但那时的实际主政者是高欢,即后来北齐的奠基者。故拓跋部以晋阳为乡一说,恐怕需要斟酌。

[2] 见袁刚:《隋炀帝传》,北京:人民出版社,2001年,第43—44、62—63、157页。

[3] Arthur F. Wright, *The Sui Dynasty: The Unification of China, A.D. 581—617*, New York: Knopf, 1979, pp. 194—196.

[4] Charles Benn, *China's Golden Age: Everyday Life in the Tang Dynasty*, New York and Oxford: Oxford University Press, 2002, p. 46.

[5] *Cambridge History of China, Vol. 3*, pp. 153, 156, 201, 243, 245.

关键,尽管被中央派往这里驻守是一件苦差。[1]这两座山,再加上由河流干涸而形成的环形山口,构成一道天然屏障,故军若从东南与西北两个方向往这里进兵将会十分冒险。河东道的另一重屏障乃黄河,它沿着河东西部边界线蜿蜒向南,然后再奔流向东。要从西部攻入河东,需要渡过黄河,这无疑会耗费大量时间与物力。

当侵略者成功渡河深入河东境内后,就要面对城墙异常坚固的晋阳城,这座堡垒的外墙周长为四十里(大约二十公里)。[2]晋阳人口稠密,但土地不算肥沃,且道路不宜行军,故众多历史教训已经让这里储备了足够的军备和补给,足以抵御长达一年的围城,这对那些想围困晋阳的人来说又是另一重障碍。[3]同时,该地区资源短缺、地势崎岖,故当地百姓意志坚毅,他们都可以成为勇猛的武士,随时补充到军队里。就这样,在常人眼中的一系列负面条件,都被李氏父子充分利用,成为他们将来发展的有利条件。

(五)朱梁的挑战

李克用的主要对手是梁王朱温(852—912),后者的大本营在开封,与晋阳相隔几百公里。该地是极为重要的水路交通节点,

---

1 见欧阳修:《新五代史》卷五七《李崧传》,第654页;刘昫等:《旧唐书》卷二《太宗上》,第25页。

2 见欧阳修:《新五代史》卷七〇《东汉世家》,第866页。

3 见赵克尧、许道勋:《唐太宗传》,北京:人民出版社,2001年,第13、38页。

大运河经过此地，向西可达长安，往北可达幽州。[1]大运河作为唐朝的都城长安的重要命脉之一，因为江南的粮食和税赋都要通过它运送到长安所在的关中地区，这就让朱温掌握了决定性的优势。在唐朝末年，晋阳、开封和长安形成三边之势，相互算计，这种局势持续了二十年，为各种谣言与情报提供了极好的素材。

早在中和四年（884）初夏，双方还未反目时，朱温曾在开封附近的上源驿设宴款待率兵经过的李克用。席间，他不断给二十九岁的李克用敬酒挟菜，假意示好。在主人的鼓动之下，双方整晚都在互相吹捧。就在李克用喝得酩酊大醉之时，早已布置好的伏兵杀了出来——从一开始，这就是一场以刺杀为目的的鸿门宴。李克用最终逃脱出来，但他损失了几百名勇猛的侍卫，一些逃跑了，有些却遇难了。[2]李克用强烈要求朝廷讨伐朱温，尽管皇帝对他十分同情，但面对其强大对手的施压，朝廷无能为力。

这并非个案孤例，而是朱温无赖行为的典型代表，他时常通过这种方式对付自己的对手，甚至设计杀害克用的弟弟克

1　有关李克用与朱温的矛盾与战争，可参见樊文礼：《李克用评传》，第118—124页。
2　关于"上源驿难"，可参见刘昫等：《旧唐书》卷一九下《僖宗纪》，第718—719页；欧阳修、宋祁：《新唐书》卷二一八《沙陀传》，第6159页；薛居正等：《旧五代史》卷二五《武皇纪上》，第338—339页；卷四九《太妃刘氏传》，第672—673页；欧阳修：《新五代史》卷一《梁太祖上》，第5页；卷四《庄宗上》，第34页；卷一四《正室刘氏传》，第141页；Cambridge History of China, Vol. 3, p. 783；樊文礼：《李克用评传》，第123—124页；方震华：《权力结构与文化认同：唐宋之际的文武关系（875—1063）》，北京：社科文献出版社，2019年，第37—38页。

恭，进一步激怒沙陀领袖。[1]李克用临死前要求李存勖立誓为自己报这二十多年的大仇，否则自己难以安息，他说："尔其无忘乃父之志！"[2]然而，父亲的遗愿会让儿子直面那个时代最冷酷残暴之人。

（六）威严与感性

李克用是一个快意恩仇的人，这源自于他根深蒂固的责任感、忠诚感和荣誉感，它们都是植根于草原武士文化的价值观。家人和朋友在他去世后总能想起这些讨人喜欢的个人品质，而他属下的将校则看到他威严的一面，因为他军纪严明。例如，《旧五代史》提到："武皇性严急，左右难事，无委遇者，小有违忤，即置于法。"[3]这种严厉是必须的，因为晋军由不同民族、不同社会阶层的人所构成，当然这不是语言刻薄、暴躁易怒的正当理由，可沙陀人就是如此。李克用手下有一员大将安元信，由于战斗失利，怕李克用责罚，于是投奔到定州（今河北定州）王处存麾下。[4]还有一个例子是李克用的弟弟李克修，他因为对军队

---

1 见欧阳修、宋祁：《新唐书》卷二一八《沙陀传》，第6160—6161页。译者按：李克恭被杀是因为他为人横暴遭昭义军民忌恨，再加上李克用想征用昭义精兵"后院将"五百人，昭义将校因此有了机会。此事发生在大顺元年（890），当时朝廷在宰相张濬的主张下正兴兵讨伐李克用，其背后煽动者确实是朱温，所以朱温设计的并非杀李克恭，而是煽动朝廷讨平河东沙陀。此外，李克用对朱温的仇恨主要来自上源驿难，以及其后梁晋争霸过程中一系列的积怨，包括朱温这次煽动朝廷攻打河东。但在李克恭之死的问题上，朱温没有直接作用，故把弟兄情作为李克用对朱温仇恨的原因，恐怕不实。见欧阳修：《新五代史》卷一四《李克修传》《李克恭传》，第148—149页；司马光等：《资治通鉴》卷二五八，大顺元年五月庚子条，第8398—8399页。

2 引文见欧阳修：《新五代史》卷三七《伶官传序》，第397页；另见樊文礼：《李克用评传》，第169—174页。

3 薛居正等：《旧五代史》卷五五《盖寓传》，第745页。

4 见王钦若等：《册府元龟》卷四三八《奔亡》，第4948页。

"供馈甚薄",被李克用"诟而击笞之",这种羞辱最终让李克修忧愤而死。[1]类似的故事说明李克用对待下属异常严苛,哪怕是自己的家人。当然,他也有宽宏大量的时候,这在某种程度上弥补了他脾气暴躁的缺陷。

要控制李克用的脾气,需要高度敏锐,似乎很少有人具备这种能力,除了盖寓。[2]在一次晋与其他势力的外交活动中,盖寓与李克用的私人关系起了关键作用。他懂得委婉劝说,也会借古讽今,因而能够影响晋王,让他在瞬间的暴怒过后,能够自我反省,变得善于纳谏。[3]他们的关系中更为值得称道的一面,是双方在互相尊重的基础上建立起来的持久信任。后梁的细作曾经想离间他们的关系,于是暗中诽谤盖寓,指责他有失忠诚,将要取代克用,但这些流言蜚语丝毫无损克用对他的信任。他们常常互相造访,这不但加深了两人私交,也使两个家庭紧密联系在一起。故此,盖寓在天祐二年(906)罹患重病,李克用"日幸其第,手赐药饵"。在盖寓逝世后,李克用大受打击,就如亲人去世一样,这也正反映出他感性的一面。[4]李克用非常值得称道的一点是,他建立起的核心班底,当中有男性副手,亦有女性伴侣,这些人都能凭借各自特点,对其作出平衡,甚至造福

1　见欧阳修:《新五代史》卷一四《李克修传》,第148页。

2　见薛居正等:《旧五代史》卷五五《盖寓传》,第744—746页;王钦若等:《册府元龟》卷九九《亲信》,第1087—1088页;樊文礼:《李克用评传》,第93页。另一个类似的例子是关于陈玄的,他同样可以平息李克用的怒火,见薛居正等:《旧五代史》卷九六《陈玄传》,第1282页。

3　见欧阳修:《新五代史》卷三九《刘守光传》,第423页。在此事中,刘仁恭通过盖寓成功说服李克用出兵幽燕,并在攻克该地区后,以刘仁恭为幽州留后。

4　见薛居正等:《旧五代史》卷五五《盖寓传》,第745—746页。

于他。他不像同时代一些人物那样，惺惺作态、装腔作势，相反，他的自信反映在他对战友的信任上。

通过自己的人格魅力，李克用终于让晋集团内部团结一致，尽管外部形势日益恶化，尤其是他逝世前几年。天复二年(902)，梁军围困晋阳，他们这次本来可以攻破这座城市，但在连日阴雨过后，军中感染瘟疫，梁军不得不退兵。[1]唐廷软弱无能，无力管治内地，这迫使李克用寻求与北方冉冉崛起的新势力契丹结盟，以加强己方实力。但不久之后，契丹背弃盟约，成为晋后方的对手，他们不时劫掠晋的领地，并最终与李克用的主要对手朱温结盟。[2]

天祐五年(908)[3]初，五十三岁的李克用即将离世，他感到毕生尚有两大使命未竟，一是保护河东根据地免受敌人劫掠及破坏，二是庇护唐朝皇帝免受敌对节度使的威胁。更糟糕的是，他把烂摊子留给了长子李存勖，在他去世之时，晋的形势岌岌可危。一年之前，朱温获得了中原大部分地区的最高统治权，他推翻唐朝建立了五代第一个王朝：梁。经验丰富的梁太祖似乎受到命运的眷顾，而晋此时只能保有一隅之地，并由根基孱弱的王子统治。

1　见欧阳修：《新五代史》卷四《庄宗上》，第38页；樊文礼：《李克用评传》，第137—139页。

2　见司马光等：《资治通鉴》卷二六六，开平元年五月丁丑条，第8679—8680页；欧阳修、宋祁：《新唐书》卷二一八《沙陀传》，第6165页；薛居正等：《旧五代史》卷二六《武皇纪下》，第360页；Cambridge History of China, Vol. 6, pp. 57—61。

3　译者按：本书的研究对象是后唐的统治者，故对于唐朝灭亡后、后唐建立前所涉及的年号，本书根据后唐惯例，奉唐正朔。

三、沙陀传承

李存勖名中的"勖"字，出自《尚书·牧誓》："勖哉夫子！"为勉励之意。他大概没有正式的胡名，因为家族在他出生时已经采用了汉姓名。李存勖继位时只有二十四岁，比他父亲继位时还年轻四岁。[1]但在类似的人生转折点上，他又比亚历山大大帝（前356—前323）要大几岁，后者也是一位军事天才，他们注定要用自己的人格魅力重绘所处时代的版图。[2]

此时，河东沙陀人的传承已经走向汉人的父死子继，李存勖的继位则是晋第四次传承了。[3]在李存勖之前，沙陀领袖的传承既有父死子继，也有兄终弟及。对游牧民族来说，他们选拔首领时更看重成熟与经验，故兄终弟及或同辈堂兄弟继承会被优先考虑，这很大程度上是因为当时死亡率较高。[4]例如，李克用有二十三个孩子，但只有九个有正式的名字，其他孩子估计

---

1   据《旧五代史》记载，李存勖是在光启元年（885）十月二十二日出生的；但同样是《旧五代史》，却说他卒年是四十三岁，照此倒推，他出生的年份应该是中和四年（884）；《新五代史》没有提到他出生的年份，但却也说他卒年四十三岁；《五代会要》则说他卒年四十二岁。见薛居正等：《旧五代史》卷二七《庄宗纪一》，第365页；卷三四《庄宗纪八》，第477页；欧阳修：《新五代史》卷五《庄宗下》，第51页；王溥：《五代会要》卷一《帝号》，上海：上海古籍出版社，1978年，第2页。

2   关于亚历山大大帝跟李存勖相似的事迹，可参见 Norman Cantor, *Alexander the Great: Journey to the End of the Earth*, New York: Harper — Collins, 2005, pp. 1 — 33, 37 — 39。有趣的是，李存勖与亚历山大都对母亲有深深的依恋，尽管李存勖不像亚历山大那样跟父亲有激烈的冲突。

3   见薛居正等：《旧五代史》卷二五《武皇纪上》，第331页；欧阳修：《新五代史》卷四《庄宗上》，第39页。

4   契丹在阿保机继位之前，也是实行兄弟相承制的，或者由同代人中的堂兄弟继位。F. W. Mote, *Imperial China, 900 — 1800*, Cambridge, MA: Harvard University Press, 1999, p. 55; *Cambridge History of China, Vol. 6*, pp. 60 — 62。

还没来得及正式取名就去世了。[1]因此，在局势稳定的帝国里所谓的成年（弱冠，二十岁），对于缺乏医疗卫生条件、需要大规模地理迁徙以及经常发生武装冲突的草原族群而言，似乎是太年轻了。

能证明沙陀人兄终弟及的另一个证据，是不久之后发生的一件事，此事涉及到李克用死后唯一在世的弟弟李克宁。就在李存勖继位之时，一场针对他的叛乱发生了，李克宁也被认为牵涉其中、欺君犯上，最终被杀，但事实上，他同样拥有合法继承权，此事的细节将在下一章讨论。这场政变虽然没有成功，但它证明在沙陀集团内部，依然有一些重要人物留恋于兄终弟及。[2]当李存勖得知李克宁等人的阴谋后，说："至亲不可自相鱼肉，吾苟避位，则乱不作矣。"[3]他担心家族内部随之而来的冲突会进一步分裂沙陀集团领导层，因为当时每位将领的效忠对象各不相同。这让李存勖倍感压力，因为他需要证明父亲选择自己继承爵位是正确的，也要证明年轻是他的优势。在接下来的十年里，他的军事行动十分大胆，这很可能源于他对自己的沙陀领袖地位缺乏安全感。在继承晋王爵位时，李存勖还没有享受过政治蜜月期的好处，便不得不对内部的敌人保持警惕，就像他打击外部的对手一样。

1　见樊文礼：《李克用评传》，第69页。

2　见薛居正等：《旧五代史》卷五〇《李克宁传》，第685页；欧阳修：《新五代史》卷一一四《李克宁传》，第149—150页；司马光等：《资治通鉴》卷二六六，开平二年正月辛巳条、二月甲辰条，第8689—8691页；樊文礼：《李克用评传》，第163—169页。

3　司马光等：《资治通鉴》卷二六六，开平二年二月甲辰条，第8691页。

四、家中女性

（一）身体与文化的印记

史料甚少透露李存勖的身体特征，也没有提及他有能让看相者无比着迷的异常印记，比如他父亲那对大小不一的眼睛。但时人形容沙陀男性"深目而胡须"，拥有轻盈的身段，以及偏浅的肤色。[1]显然，沙陀与汉人经过几代通婚，其后代既不完全像汉人，也不完全像突厥人。

台北故宫博物院藏有庄宗四十岁时的官方画像，画像中他身材高大，体型丰满，胡子经过精心梳理，乌黑而有弹性，脸颊宽大，鼻子突出——这些特征让他的形象显得英俊潇洒，赏心悦目，但却算不上魁梧健硕。值得关注的是，李存勖的皮肤似乎没有在战争中留下伤疤，尽管他在战场上征战了二十余年，无数次与敌军亲密接触。[2]而作为非身体特征，《旧五代史》把这位未来的皇帝描述为"体貌奇特，沉厚不群"[3]，可谓魅力非凡。这种诱人的特征绝非来自父亲的遗传。

李存勖在晋阳出生长大，故其行为习惯肯定也符合中国西北地区的风俗。他大概操着地道的山西口音，这种抑扬顿挫的语调也是他母亲的家乡话。[4]但在过去一个世纪里，大量的沙陀

1　见欧阳修：《新五代史》卷四三《氏叔琮传》，第467页。

2　见《故宫图像选萃》，图像16，台北："国立"故宫博物院，1973年。

3　薛居正等：《旧五代史》卷二七《庄宗纪一》，第365页。

4　见欧阳修：《新五代史》卷三七《伶官传》，第398页。

人涌入河东的北部和中部,这也开始让他们的文化影响当地。[1]狩猎、马术及其他竞技类运动融入了地方习俗,在当地食谱中,面包、羊肉以及与酸奶和芝士类似的奶制品也逐渐增多。沙陀人的娱乐消遣肯定包含了热情欢快的歌舞,他们也经常举行各种狂欢,并在其中饮酒赌博,这些活动让各种各样的人欢聚一堂,打破了传统中国对阶级与性别的分割。这种生活方式与价值观植根于北方游牧民族,尽管隋唐时期华北的上层阶级也对之有所吸收。[2]在李存勖出生前几个世纪,胡汉的界限已开始模糊不清了。

(二) 嫡母刘氏[3]

在李存勖的一生中,尤其是父亲去世之后,他受到了两位母亲的重要影响,一位是父亲的正室刘氏〔卒于同光三年(925)〕,另一位则是他的生母曹氏。据李克用的墓志铭记载,刘氏没有为他生下儿子,曹氏则生了四个,包括李存勖。[4]两位女性在血统上可能是汉人,但或许也并非纯正的汉人,毕竟"刘""曹"两个姓氏已经被一些游牧家庭沿用了几个世纪。[5]显然,当时的婚姻

---

1 见陈鳣:《续唐书》卷一《庄宗纪》,第6页。

2 Benn, *China's Golden Age*, pp. 149—175.

3 译者按:原文用的是继母(stepmother),但刘氏实际上是李克用的正室,在中国语境中并非继母,所以译文改用嫡母。本条按语是说明原文,以及让读者了解西方学者对嫡母观念的理解。

4 见卢汝弼:《故唐河东节度观察处置等使开府仪同三司守太师兼中书令晋王墓志铭》,载吴钢主编:《全唐文补遗》第七辑,西安:三秦出版社,2000年,第164—166页(以下简称《李克用墓志铭》);欧阳修:《新五代史》卷一四《正室刘氏传》,第141—142页。

5 见邓小南:《论五代宋初"胡/汉"语境的消解》,载《文史哲》2005年第5期,第57—64页。

大多来自两个不同的族群，越来越多的地方豪门选择与刚从外地迁入的游牧部落通婚，从而产生具有多重文化背景的后代。最明显的例子就是孟知祥——后蜀的建立者——他娶了李克用的侄女为妻。[1]

在历史上，跨种族婚姻往往发生在少数民族统治时期，这是有名望的汉人家族在维护他们的社会地位免遭政治更替影响的策略；也正因此，跨种族婚姻往往发生在王朝政权得以巩固之后。但10世纪初的后唐情况却与此相当不同，因为沙陀人在上个世纪已经跟河东精英打成一片，之后经过至少两代人的努力，沙陀人的权力才达到顶峰。在沙陀政权崛起的早期就已经出现了两种文化的融合，这足以说明为何李克用身边最为重要的女性都拥有独立的精神和卓绝的政治觉悟，她们也用不同的方法去塑造他的儿子。

史料并未交代刘氏的社会背景，但却明确指出她是代北人，这里是沙陀人在山西北部的早期根据地，而刘姓在这里也被很多来自内亚的居民采用，包括后汉的建立者刘知远(895—948)。[2]刘氏来自多民族地区，这也足以说明她为何拥有卓越的军事才能。在李克用拼搏发展的时候，刘氏经常随他征战，并就军事及政治问题给出建议，这与同时期另外一位比她年轻的女性很

1　见欧阳修：《新五代史》卷六四《孟知祥传》，第797、802页。

2　见欧阳修：《新五代史》卷一四《正室刘氏传》，第141页；邓小南：《论五代宋初"胡/汉"语境的消解》。

像,那就是耶律阿保机的妻子述律平。[1]刘氏甚至教导侍女骑射之术,这让人想起7世纪时,唐高祖的女儿平阳公主也曾亲自指挥一支由男子组成的"娘子军"。[2]这种由皇室女性参与军事行动的行为在内亚地区有很长的历史,但在中原腹地却并非如此,故这种做法很可能源自国外。

史料同时指出,作为丈夫的军事顾问,刘氏有着钢铁般的意志。中和元年(884)上源驿难发生后,李克用失去音信,几名士兵设法逃脱并跑回开封城外晋军营帐向她报信。刘氏认定这几名军士胆怯逃亡,她当即"神色不动,立斩告者,阴召大将谋保军以还"[3]。在李克用军中,她所发布的命令就等同于李克用的军令,同样令人敬畏,这并非越权之举。

第二天,李克用逃回军营,他对朱温在上源驿设伏耿耿于怀,想要立即采取报复行动,但他的妻子却要平复他此刻激动的情绪,冷静地劝阻道:"公为国讨贼,而以杯酒私忿,必若攻城,即曲在于我,不如回师,自有朝廷可以论列。"[4]事实上,过早诉诸武力会有把中立方推到敌方阵营的风险,所以在此之前,应该先想尽办法通过长安朝廷来进行政治解决,以让敌人名声扫地。刘氏展现出她特有的政治敏感,对武装冲突后带来

1　Mote, *Imperial China*, p. 50; 脱脱等:《辽史》卷七一《淳钦皇后传》,北京:中华书局,1974年,第1199—1200页。

2　平阳公主指挥的"娘子军"并非由女性组成,而是因为指挥者是女性,所以才被称为娘子军。见赵克尧、许道勋:《唐太宗传》,第24页。

3　欧阳修:《新五代史》卷一四《正室刘氏传》,第141页;薛居正等:《旧五代史》卷二五《武皇纪上》,第339页;司马光等:《资治通鉴》卷二五五,中和四年五月甲戌条,第8307页。

4　孙光宪:《北梦琐言》卷一七《晋王上源驿遇难》,第322页。

的政治后果有更深刻的认识，并将晋的长远利益放在首位，而不是像她丈夫那样逞一时之快。这样的政治卓识说明，即便她并非出自地方豪门，也定是一位受过教育的女性。

在另一事件中，刘氏还展示出她好斗的一面，此事发生在天复二年(902)，梁军正大举围攻晋阳城。在此之前，晋已经丢失了很多领地，这动摇了她丈夫的意志，甚至一度想逃亡到北方去，李克用一位回纥义儿李存信也同样支持逃亡。刘氏首先质疑李存信的能力，她说："存信，代北牧羊儿耳，安足与计成败邪！"然后向李克用施加压力，促使其坚守晋阳，她声情并茂地说："今屡败之兵，散亡无几，一失其守，谁肯从公？北边其可至乎？"[1]最终，刘氏的论证说服了其他将领，包括精明的李嗣昭，他亦赞同李克用据守晋阳。李克用的新决定最终鼓舞了逃亡的士兵，他们陆续回营，晋阳军队也重新集结，并迫使入侵者退兵。就这样，刘氏甚至可与盖寓相媲美，成为晋王身边最有影响力的参谋之一，尤其是在他掌权的头十年。

与她对外强硬的形象明显不同的是，刘氏时常在家庭事务中显示出她仁慈的一面。李存孝是李克用的义儿之一，他身经百战，十分勇武，却在景福元年(892)与敌人串通，出卖了邢、洺、磁三州，但后来形势逆转，李存孝也被逼上绝路。[2]他派人向李克用求和，李克用也派妻子去安抚他。刘氏因此出现在李克

---

[1] 以上引文见欧阳修：《新五代史》卷一四《正室刘氏传》，第142页；另见欧阳修：《新五代史》卷三六《李嗣昭传》，第386页；欧阳修、宋祁：《新唐书》卷二一八《沙陀传》，第6165页；孙光宪：《北梦琐言》卷一七《晋王上源驿遇难》，第323页。

[2] 见欧阳修：《新五代史》卷三六《李存孝传》，第392—393页。

用与李存孝的激战之地,在那里,李存孝为他的背叛找了很多理由,其中包括李克用另一个义子李存信对他的构陷。尽管他们对李存孝叛变的动机持怀疑态度,但二人仍想越过军法,宽恕李存孝。可一众将领坚决反对,无一愿为存孝求情,故他们最终不得不作出让步,对其处以车裂之刑。之后,李克用十分失落,他"为之不视事者十余日"[1]。这是一种很强烈的情绪,而他的妻子肯定也有这种情绪,因为她从一开始就同情李存孝。他们夫妇对存孝这个义子感情甚深,坚持把他埋葬在晋阳城附近,其墓地至今保留在太原南郊的太山脚下。

史料没有提到李存勖对嫡母的感情。刘氏和曹氏是李存勖父亲一生中最重要的两位女性,她们之间的友谊有助于遏制公开冲突所带来的最坏结果,然而矛盾依然难以避免。一般来说,在传统中国,妾生子往往会对正妻怀有敌意,因为无论在生母的生前还是身后,他都难以尽孝,而孝道恰恰又是形成个人道德的基石。[2]此外,正妻在家庭中拥有更高的地位,她拥有主导"内闱"的权力,这也往往会让妾和她们的孩子与正妻产生矛盾。但在这个特例中,刘氏一早就把李存勖视为"贵子",她与曹氏也"相得甚欢",这至少说明,在李克用生前,两位夫人的关系还是很好的。[3]而在李存勖加冕为皇帝后,情况

1　欧阳修:《新五代史》卷三六《李存孝传》,第393页。

2　关于庶子或养子所需承担的复杂的礼仪义务,可参见欧阳修:《新五代史》卷一七《晋家人传》,第187—188页。

3　见欧阳修:《新五代史》卷一四《正室刘氏传》,第142页。

却有所变化。

（三）生母曹氏

现存史料更多提及了李存勖与其生母，即李克用的次妃曹氏〔卒于同光三年（925）〕的关系，她是晋阳本地人。李存勖是她幸存的四子中的老大，应该也是她最疼爱的一个，年轻一点的李存霸则是老二。[1]她是唯一一位对李存勖的影响力超越其父的人，一方面是因为她比李克用多活了将近二十年，另一方面则是因为她能通过自己的人格来影响儿子。尽管她出生于太原"良家"——既非贵族家庭，也非武人家庭——但她总能获得精神上的独立，这一点深深吸引着年长她十来岁的丈夫李克用。[2]史料并未说明李克用在何种情况下纳曹氏为妾，或许是晋王的朋友与其家族相识，并可怜晋王年近三十，妻子仍无所出，也没有潜在的继承人。

曹氏也会像他的正妻那样劝谏李克用，她"从容谏譬"[3]，往往能在丈夫暴怒之时，救下他众多男性下属的性命。根据《旧五代史》，她同样是一位"明辨"的女性；[4]《李克用墓志铭》则把曹氏描述为"贤淑"，都说明她是一位德行出众，且颇具智慧的女性。她凭借勤勉的工作，以及敏锐的直觉获得这些品质。李

1　见欧阳修：《新五代史》卷一四《太祖子》，第150—151页；王溥：《五代会要》卷一《诸王》，第19页。
2　见薛居正等：《旧五代史》卷四九《贞简皇后曹氏传》，第671页。
3　见欧阳修：《新五代史》卷一四《次妃曹氏传》，第142页。
4　见薛居正等：《旧五代史》卷四九《贞简皇后曹氏传》，第671—672页。

存勖继承了父亲的冲动，这需要母亲曹氏提高警惕。[1]

他们母子之间的感情是传奇小说的素材。尽管在天祐十二年(915)之后，李存勖将政治基地搬到了魏州（今河北大名），但他每年依然会回晋阳几次，一般要停留月余，有时候一待几个月。远近臣子都对他孝顺的天性十分惊讶，尤其是像他这么一位已经有了妻室与孩子的人。在李存勖的一生中，他想得到的东西很多，但像亚历山大大帝一样，他对生母的爱胜过其他任何人，这使他对母亲的任一潜在对手都产生矛盾心理，当中就包括嫡母刘氏。

他们母子之间的感情十分深厚，并乐于承认这一点，这在天祐七年(910)他们之间的一次交流中能够体现出来。当时李存勖收到镇州（今河北正定）节度使王镕求援，准备出兵，这是沙陀政权上一次历史性的行动。曹氏反对此次出兵，主要是因为母子面临分离，而战斗中的危险则是第二个原因。她请求只有二十六岁的儿子："予齿渐衰，儿但不坠先人之业为幸矣，何事栉风沐雨，离我晨昏！"她的话语饱含离愁别绪，同时她担心李存勖的野心越大，将来母子分离的时间就越长，距离也会越远。她乐于用未来的荣耀换取今天儿子陪伴左右的快乐，用她的话来说，儿子需要每天晨昏定省。李存勖用对父亲的思念作为回应："禀先王遗旨，须灭仇雠。山东之事，机不可失。"[2]既然

1　见欧阳修：《新五代史》卷一四《次妃曹氏传》，第142页；薛居正等：《旧五代史》卷七二《张承业传》，950页；王钦若等：《册府元龟》卷二七《孝德》，第277—278页。

2　薛居正等：《旧五代史》卷四九《贞简皇后曹氏传》，第672页。

不能改变儿子的想法，曹氏坚持给李存勖送行，并在汾桥饯别。同时，这位多愁善感的母亲在惩罚李存勖的时候也会非常严厉，尤其是丈夫去世后，这类责任都压到了她的肩上。

在曹氏耳目的监督之下，李存勖在晋阳很难自作主张，母亲对儿子的任性一直非常担心，因为这会破坏沙陀李氏几代人苦心塑造的正面形象。李存勖称王之后，他对赌博的喜爱程度如同其不断增长的随从数目。在天祐十四年（917）前后，李存勖沉迷于与朋友纵情狂欢，他逼迫负责监管财政的张承业用府库资产作赌资与赏赐之用。宦官张承业坚持道："国家钱，非臣所得私也。"双方的冲突随即发生，据张承业说，晋王不知是喝醉了还是感到被冒犯了，拿起剑摆出威胁的姿势。张承业立即敏锐察觉并作出反应，他尖厉的嗓音从威胁转为冷静，试图通过唤醒晋王对父亲的负疚感来平息这次冲突，他说："臣受先王顾托之命，誓雪国家之雠。今日为王惜库物而死，死不愧于先王矣！"[1] 除了真情与原则，他已经没有其他可以说的了。

曹氏很快就知道了李存勖和张承业的冲突，她立即将儿子召到跟前，先是责骂，继而鞭笞。她还派人去给张承业道歉，在提到李存勖的时候，她用了"小儿"二字，尽管当时李存勖已经三十岁了。[2] 因为害怕母亲生气，李存勖在去见母亲之前就已经跟张承业道歉了，但在最初却被拒绝接受。第二天，他在母

---

[1] 语见欧阳修：《新五代史》卷三八《张承业传》，第404页；另见薛居正等：《旧五代史》卷七二《张承业传》，第950页。

[2] 见欧阳修：《新五代史》卷三八《张承业传》，第404页；司马光等：《资治通鉴》卷二七〇，贞明三年十月己亥条，第8820页。

亲的坚持下,到张承业的府邸再次道歉。[1]母亲有力的监督,说明李存勖的莽撞为其身边人所熟知,而且他们也想试探一下李氏身边权威人物的底线。事实上即便受到责打,李存勖对母亲的感情依然如旧,这说明母亲在肉体上的责罚对他而言并不意外,尽管他早就已经成年了。李存勖人到中年,甚至后来成为天子之后,依然像小孩子一样任性,这也许是因为他的青春期太长,以及他对母亲的依恋太深,这同样也能说明他为何总是屈从妻子的意志——他具备了丈夫惧内的所有特征。

(四)陈氏夫人

李克用还有另一位夫人陈氏,她算是李存勖的庶母。陈氏来自中原南部的襄州(今湖北襄阳),曾经是唐昭宗的宫嫔,在李克用讨伐王行瑜时,昭宗把她与另外四名歌妓一起赐给了克用。既然能当上皇帝的妃子,她肯定是一位有魅力的女子,而出身中原腹地意味着纯正的汉人血统。她比曹夫人小十岁左右,比刘夫人小了二十岁。李克用与陈氏的关系十分亲密,据史书记载,在光化年间(898—900)之后,他所面对的困难越来越多,常常独处思考,其他女性都难以接近,唯独陈氏能被召见。在李克用大渐之时,她在一旁侍奉医药。[2]

---

1 见欧阳修:《新五代史》卷三八《张承业传》,第404页;薛居正等:《旧五代史》卷七二《张承业传》,第950—951页;王钦若等:《册府元龟》卷六六六《忠直》,第7683页。

2 见薛居正等:《旧五代史》卷四九《魏国夫人陈氏传》,第673页。

陈夫人没有为李克用生下子嗣,[1]在克用去世后,她即离开王室,削发为尼。史料没有指出陈氏与正妻刘氏的关系,但她与曹氏和李存勖的关系既深且长。李存勖即位为晋王后,即赐予陈氏法名,以表彰她甘愿献身于佛,为先王祈福的善举。同光二年(924)迁都洛阳之后,他又重新给陈氏赐予法号,并把她接到洛阳附近的佛寺居住,以方便她接触自己的生母曹氏,这也说明李克用生前两位夫人一直保持着友好的关系。

有趣的是,李克用一生中最重要的几位女性在他去世后依然在世二十余年,但她们对他的感情始终如一,彼此之间也能相亲相爱。无论他多么垂涎一位女性的美色,但随时间推移,热情总会消退,伊人总会受到冷落,所以,李克用肯定有其他吸引这些女性的品质,以弥补他用情不专的缺点。[2]所有的记载都表明,这三位夫人都在李克用一生不同的阶段用不同的方式陪伴着他,她们各有特点,性格上与李克用也很不一样。史料并没有用"绝色"等词来描述刘氏与曹氏,这说明李克用在择偶时会把其他因素放在外貌之前,其中包括睿智与正直,也包括军事才能。相反,他的儿子就显得比较肤浅了,无论是选择女性伴侣还是男性朋友,都是如此。

1　见卢汝弼:《李克用墓志铭》,第164—166页。
2　关于李克用多情的记载,可参见陈鳣:《续唐书》卷三五《贞简皇后曹氏传》,第287页。

（五）皇后刘氏

李存勖一生中第四位地位显赫的女性是他的第二任妻子刘氏 (891?—926)，她甚至遮盖了同时代的其他女性的光芒。乾宁三年 (896) 左右，老晋王李克用曾在魏州附近作战，遇到一个汉人小女孩，其父是位医生兼相士，李克用把这个只有五六岁的小姑娘带回晋阳府中抚养。[1]在接下来的十年里，她以侍女的身份侍奉曹夫人，这样的女性一般很难提升自己的地位。

她十五岁时容貌已十分出众，李存勖一见之下就为之惊艳，后者当时才二十出头，并无子嗣。他肯定是在拜见母亲时，在其寝宫中见到刘氏的，而这第一次见面就让他血脉偾张。两人都喜欢歌舞，这进一步巩固了他们之间的关系。她很快为晋王生下一个男孩，取名李继岌，这是她唯一活到成年的儿子。她更进一步的晋位取决于李继岌的存活与成功。刘氏在李存勖的后宫并没有安全感，这与宫中其他女性有关，其中几人依然受到晋王的宠爱。刘氏的地位从未稳固，她在感情上的伤痕让她形成了与上一代晋王的女伴截然不同的性格，那时候，晋王的夫人们在人前人后都是名正言顺的。

李存勖在十几岁的时候就已经娶了正妻韩氏，她是太原地方贵族的后代，其高贵的血统是他父亲的伴侣们所没有的。[2]她

---

[1] 关于刘皇后事迹，可参见欧阳修：《新五代史》卷一四《庄宗皇后刘氏传》，第143—146页；薛居正等：《旧五代史》卷四九《神闵敬皇后刘氏传》，第674页；孙光宪《北梦琐言》卷一七《刘皇后笞父》，第332—333页；陈鳣：《续唐书》卷三五《庄宗皇后刘氏传》，第289—291页；卷三七《李继岌传》，第307页。

[2] 见欧阳修：《新五代史》卷一四《庄宗皇后刘氏传》，第143、146—147页；薛居正等：《旧五代史》卷九二《韩恽传》，第1223页。

是李存勖父母为他选择的配偶，按照传统，这是般配的一对；但他们的感情并不太好，李存勖有大量的后宫女子，却没有与韩氏生有一男半女——这就是最好的证明。经常陪伴在李存勖身边的也不是韩氏，而是其他女性。最开始是侯氏，她是后梁败将符道昭的妻子。跟上一代的王室女性一样，侯氏也经常陪伴李存勖出征，作为从前的梁朝贵族，她对后梁了如指掌，这应该是她最大的优势。天祐十二年（915）前后，随着李存勖步入而立之年，他不再以侯氏从军，而改让刘氏陪伴，彼时后者已经掌握了一定的军事技能。[1]刘氏十几岁当侍女时外貌出众，这可以说是她的天赋；但到了二十几岁掌握一定的军事技能，这肯定需要下一番功夫。然而，即便刘氏留住了丈夫对自己的爱，并消弭了权威人物对自己的意见，但这位相士的女儿将来能否成为皇后，依然面临着很多挑战。

五、核心班底

李存勖核心班底的成员之间并无太多关联，但当中几个人物却是其统治的中流砥柱：晋阳宫中的宦官张承业（845—922），自大的枢密使郭崇韬〔卒于同光四年（926）〕，以及李存勖父亲最"敬重"的义儿李嗣源（867—933）。张承业在李存勖称王期间就在晋阳决策重大事项，而郭崇韬则在他加冕称帝后主理朝政。李嗣源跟李

1　见欧阳修：《新五代史》卷一一四《庄宗皇后刘氏传》，第143页。

存勖的关系最为持久，他们是终生的战友，但他也让李存勖头疼不已。这三人是李克用留给儿子的重要财富，他们都有强烈的道德感和独立精神，若他并不完美的儿子因一时冲动而作出最坏的决定，他们也能及时制止。

（一）宦官张承业

与汉、唐史书塑造的宦官形象不同，张承业既有一丝不苟的道德品质，也有远大的政治眼光。他本姓康，这个姓在当时的内亚胡人中非常流行，但没有任何迹象能说明他来自胡族。张姓则是他入宫后才改的，这大概是因为他认了一位张姓老宦官为义父。张承业出生于西京长安附近，之所以认识李克用是因为后者奉旨讨伐王行瑜时，他作为联络员往返于沙陀军队与朝廷之间，此后他又成为晋阳的监军。

张承业经常处理晋王与唐朝皇帝之间的秘密磋商，并于天祐元年（904）留在晋阳，因为当时朝廷在梁王朱温的煽动下，在长安屠杀了七百余名宦官。圣旨很快就传到各地节度使的手中，要求他们与朝廷一样处死留在地方的宦官，但李克用无视了这道圣旨，反而给张承业提供庇护。[1] 大难不死让张承业在李克用生前深感其大恩，并在克用死后仍尽力报恩。此后他多次化解了针对他和他的沙陀主公的危机，在此过程中，他显得十

---

1 见欧阳修：《新五代史》卷一《梁太祖上》，第8页；卷三八《张承业传》，第403—404页；薛居正：《旧五代史》卷二六《武皇纪下》，第351页；卷七二《张承业传》，第949—953页；司马光：《资治通鉴》卷二六六，开平元年四月乙亥条，第8675—8676页；王钦若等：《册府元龟》卷六六六《忠直》，第7683页；卷六六八《翊佐》，第7698页。

分果断，甚至是果敢，对于一位来自长安，习惯于宫中舒适生活的宦官来说，这些品质都是让人惊奇的。

作为晋阳王宫的主政者，张承业不但管理日常事务，还深通谋略。天祐五年(908)李存勖继位为晋王时，[1]他联合了包括李克用几个重要的义子在内的支持者，消灭了所有挑战新王的人，此事将会在第二章详细论述，[2]张承业也因此迅速巩固了他与新王之间的政治关系。李存勖喜欢称张承业为"七哥"，这意味着他们之间亲如兄弟。[3]尽管如此，张承业并没有像传统宦官那样，凭借与主公的亲密关系谋取私利，从而破坏朝纲。[4]相反，作为一个年长李存勖四十岁的人，张承业在李克用死后扮演了严父的角色，或者更准确地说，他像一位摄政的叔父。

张承业和曹氏乃同道中人，他们有共同的经历和相似的价值观。在他们的合作之下，晋展现出比同时代其他政权更为优秀的特质：高效与廉洁。据史书记载："自贞简太后、韩德妃、伊淑妃及诸公子在晋阳者，承业一切以法绳之，权贵皆敛手畏承业。"[5]通过君臣同心同德、牺牲小我，宦官张承业成功制造出一个奇迹：他在短短一代之内，把一个资源短缺、虎狼环伺的小政权，变成一统整个北方的大国。

1　译者按：李存勖在923年四月在魏州称帝，以唐为国号，故在此之前，称之为晋，在此之后，称之为唐，而本年四月以后，统一以同光为号。
2　见薛居正等：《旧五代史》卷二七《庄宗纪一》，第367—368页。
3　见司马光等：《资治通鉴》卷二七〇，贞明三年十月己亥条，第8820页。
4　见马良怀：《士人·皇帝·宦官》，长沙：岳麓书社，2003年，第146—156页。
5　欧阳修：《新五代史》卷三八《张承业传》，第404页。

张承业对晋王室的绝对忠诚已经得到证明，故他是曹夫人之外另一个能控制李存勖的人。在上文提到的关于赌资的冲突中，张承业占据了道德的制高点，他抵受住了李存勖的压力，说："臣，老敕使，非为子孙计，惜此库钱，佐王成霸业尔！若欲用之，何必问臣？财尽兵散，岂独臣受祸也？"接着他又重申在李克用去世前立下的誓言："臣受先王顾托之命，誓雪国家之雠。"[1]在这里，孝道能够引起李存勖的共鸣，但政治责任却未必，张承业正是充分利用了这一点。在劝导这对任性的父子方面，晋阳任何人物都无法与张承业相提并论，这得归功于他无懈可击的道德操守。

张承业可谓文武全才，他在财政管理方面也很有一手。事实上，在李唐王朝最后的一百年间，财政大权本就掌握在宦官手中。[2]后来他当上监军，又广泛参与军事事务——从指挥军队到管理后勤。李存勖在魏州八年，他就在太原"积聚庾帑，收兵市马"，此乃晋军取得最后胜利的关键因素。[3]作为晋的首席行政官，他对内招揽人才，对外寻求发展机遇。天祐八年(911)在燕政权迅速土崩瓦解后，小官冯道投奔晋阳。[4]他非凡的文学才华及高尚的人格令张承业印象深刻，后者立即对冯道委以重任，尽

---

1 以上引文见欧阳修：《新五代史》卷三八《张承业传》，第404页；另见王钦若等：《册府元龟》卷六六八《规谏》，第7701页。

2 Cambridge History of China, Vol. 3, pp. 600—601；马良怀：《士人·皇帝·宦官》，第275—280页。

3 见王钦若等：《册府元龟》卷六六八《翊佐》，第7698页。

4 见薛居正等：《旧五代史》卷五四《冯道传》，第612页；卷七二《张承业传》，第950页；司马光等：《资治通鉴》卷二六八，乾化元年十一月丁亥条，第8747页。

管其他同僚纷纷表示反对，既担心冯道经验不足又看不起他山野村夫般的行为。几十年后，冯道在政治上取得了辉煌的成就，亦证实了当初保荐他的那位晋阳老宦官的精准直觉。[1]

张承业的独立精神也延展到了军事上。他本人在组织及领导军队上的经验让他意识到，身为统治者应该避免指挥战场上的每一个细节，但在不同的时代，这恰恰是君主们共同的毛病。与此相反，他认为当己方处于弱势时，军队应该贯彻统军将领的领导与策略，从而给士卒传递信心。例如在天祐八年（911）针对梁军的柏乡之役中，即位晋王不过三年的李存勖就严厉斥责了大将周德威，认为他的部署浪费时间以致贻误战机。他把谨慎等同于怯懦，故要求速战速决。张承业冷静地为周德威说项："周德威老将，洞识兵势，姑务万全，言不可忽。"当形势转为有利于晋军时，周德威立即采取行动，最终打败梁军，这也证明了张承业的远见卓识。[2]在后来的岁月中，周德威在晋军中的价值、成就与日俱增，但如果此时李存勖无视了张承业的意见，就没有未来的周德威。

1　Wang Gungwu, "Feng Tao: An essay on Confucian loyalty," In *Confucian Personalities,* edited by Arthur Wright and Denis Twitchett, Stanford: Stanford University Press, 1963, pp. 123—145；陆扬：《论冯道的生涯——兼谈唐末五代政治文化中的边缘与核心》，载荣新江主编：《唐研究》第十九辑，北京：北京大学出版社，2014年，第287—330页。

2　引文见薛居正等：《旧五代史》卷七二《张承业传》，第950页；另见同书卷二七《庄宗纪一》，第371页；卷五六《周德威传》，第751—753页；欧阳修：《新五代史》卷二五《周德威传》，第260—261页；王钦若等：《册府元龟》卷六六八《规谏》，第7701页。

(二) 高参郭崇韬

天祐十九年(922)张承业去世后，郭崇韬成为李存勖最重要的助手，他同样是一位性格傲慢、思想独立之人。[1]他出生于山西北部的代州雁门(今山西代县)，在他在世期间这里居住着大量沙陀人。他最初是李克用的弟弟李克修的亲信，李克修在大顺元年(890)去世后，郭进入李克用麾下服务了将近二十年。[2]天祐十四年(917)，在李存勖即将离任的亲信孟知祥的推荐下，郭崇韬成为中门使，时约五十余岁。到那时为止，郭崇韬已经把自己一生大部分的时间奉献给晋了。[3]在晋王的班底中，中门使的权力覆盖了军事、财政和政策的制定，很像后唐时期的枢密使。李存勖管理麾下臣子十分严苛，在郭崇韬之前，已有好几任中门使因滥用权力或判断失误而被处决。[4]尽管这个职位充满风险，郭崇韬仍欣然就任。

郭崇韬虽然只是偶尔带兵，但在需要充分利用瞬息万变的形势以及转瞬即逝的时机时，他拥有名副其实的第六感，其直觉超越了战场上最好的将领。尽管他不通文学，却熟读兵书，并对其中策略顺手拈来。郭崇韬也有坚持自己信念的勇气，在同光元年(923)夏天，他策划出一个疑似自杀式的办法，以解除

---

1 关于郭崇韬，可参见欧阳修：《新五代史》卷二四《郭崇韬传》，第245—251页；薛居正等：《旧五代史》卷五七《郭崇韬传》，第763—772页；王钦若等：《册府元龟》卷三三一《退让二》，第3374—3375页；卷四〇六《清俭》，第4604页。

2 见薛居正等：《旧五代史》卷五七《郭崇韬传》，第763页。

3 见欧阳修：《新五代史》卷二四《郭崇韬传》，第245页。

4 见欧阳修：《新五代史》卷六四《孟知祥传》，第797页。

梁将王彦章对唐军的包围。当时，他亲自率兵在黄河下流修筑堡垒，以吸引王彦章的军队。就像命中注定一样，郭崇韬下定决心迅速施为，果然顺利铺展自己的计划，并获得胜利。[1]郭崇韬愿意通过冒险来扩大战果，这一点显然跟保守的张承业大不一样。强大而睿智的信念同样能说明郭崇韬为何在战争中甚少退让，他的这种大胆其实很对晋王的胃口，因为后者也是一个爱冒险的人。

郭崇韬在历史上最高光的时刻出现在同光元年（923）深秋，当时梁军将领康延孝刚刚变节归（后）唐，透露了梁军准备突袭唐军的计划。大部分将领都主张放弃唐在黄河以南孤立无援的地盘，退守黄河北岸。郭崇韬极力反对，认为退守河北只会动摇军心，甚至引发更多负面影响。相反，他英明地主张以战逆战："愿陛下分兵守魏，固杨刘（今山东东阿县东北），而自郓长驱捣其巢穴，不出半月，天下定矣！"此话让沮丧的李存勖精神为之一振，说："此大丈夫之事也！"[2]他立即接受了袭击梁都汴梁的计划。这次冒险行动让李存勖把自己铸造成其偶像李世民的形象，后者在几百年前也曾力排众议，冒着极高的风险袭击隋朝的首都长安并最终推翻隋朝。[3]对后唐来说也同样如此，正如郭崇韬所预测的，对宿敌梁朝的最后一击，就从这极其危险的

1　见欧阳修：《新五代史》卷二四《郭崇韬传》，第245页；薛居正等：《旧五代史》卷五七《郭崇韬传》，第763—764页。

2　以上引文见欧阳修：《新五代史》卷二四《郭崇韬传》，第246—247页；另见薛居正等：《旧五代史》卷五七《郭崇韬传》，第765页。

3　见赵克尧、许道勋：《唐太宗传》，第22页。

一步开始。

郭崇韬与李存勖之间并非完全没有矛盾，但持续的战争为他们提供了足够的凝聚力，然而一旦过渡到和平年代，这种凝聚力就会减弱。李存勖当晋王时已出现了独裁倾向，称帝后则程度更甚，郭崇韬的性格与其有相似之处，故两人之间很难合作。[1]在同光年间(923—926)当枢密使的时候，郭崇韬以铁腕处理朝政，并辅以稳定可靠的政策。他要求属下小心处事，稍有过失即严厉处罚。在节约用度的问题上，他与宦官张承业十分相似，反对朝廷各司任何形式的浪费，这种要求甚至延伸至宫中。同光元年(923)李存勖称帝之后，郭崇韬对朝政的意见，一如他过去的战略意见一样，十分睿智。事实证明，他在激情时刻作出的决定往往很有说服力。

李克用和李存勖的脾气，让欧阳修在《新五代史》中这样评价道："夷狄性果，仁而不明，屡以非辜诛杀臣下。"[2]他的观点代表了与他同时代的人对游牧民族性格的偏见：沙陀领袖的臭脾气正反映出他们与汉人的不同，这种不同并非对文化、环境和个人性格的表达，而是在于他们的天性。郭崇韬作为一个北方边陲之地的人更清楚这一点，于是他可以在不冒犯两代晋王的前提下对他们提出不同的意见。郭崇韬没有更好的选择，他是庄宗的朝政管理者，后者是后唐的第一位，也是十分重要的

1　见司马光等：《资治通鉴》卷二七〇，贞明五年三月戊子条，第8843页。

2　欧阳修：《新五代史》卷六《明宗纪》，第66页。译者按：欧阳修此语用于李克用和李存勖固无不可，但他作出这个评价，是针对后唐明宗李嗣源的。

一位统治者。与此同时,他的核心班底由来自不同种族的官员和将领构成,故此存在着各种各样的矛盾冲突。同时多年来,李存勖在与郭崇韬的激烈分歧中依然能够将其留在朝中,十分不易。他对身边这位高级参谋的青睐从未达到其父李克用对待盖寓那样的程度,但李存勖跟郭崇韬在发展唐王朝的宏大野心上取得了一致。

(三)义兄李嗣源

如果有人能在李存勖成年之后,依然遮盖他的光芒,这个人一定是李嗣源。他原名邈吉烈,父亲李霓出自山西北部的雁门,因善于弓马骑射而成为李克用之父李国昌的部将。[1]李嗣源继承了父亲作为武士的骁勇善战,并把自己雕琢成一个军事家。长期以来他都被认为是沙陀人,但实际上,正史只说他"世本夷狄",而夷狄这一概念往往被用于非沙陀的北方民族之人,所以他很有可能来自一个鲜为人知的部族。[2]

在李嗣源十三岁时,父亲就去世了,李国昌收养了他,但后来却是李克用把他收为义子,并取名李嗣源。"嗣"是李家下一代的标识,跟李克用的其他义子基本一致。[3]十几岁的李嗣源

1　见薛居正等:《旧五代史》卷三五《明宗纪一》,第481—482页;欧阳修:《新五代史》卷六《明宗纪》,第53—67页;此外,我也写了一本关于李嗣源的传记,见戴仁柱著,刘广丰译:《从草原到中原:后唐明宗李嗣源传》,北京:中华书局,2020年。

2　在最近一本关于李克用的传记中,作者认为李嗣源不一定是沙陀人,因为正史只说他"世本夷狄"。我在李嗣源的传记中,还是遵循已经形成长达几个世纪的历史观点,把他归为沙陀人,但实际上我拿不出更多的证据。见欧阳修:《新五代史》卷六《明宗纪》,第53页;樊文礼:《李克用评传》,第80页;戴仁柱著,刘广丰译:《从草原到中原》,第12—62页。

3　译者按:李克用也有义儿像其亲生儿子一样,取"存"字为名,如李存信、李存孝等。

显然住在晋阳的晋王府中,他与王室成员之间形成了紧密的联系,因为这位外来者被吸收成为沙陀集团的核心人物。李嗣源刚到晋阳的时候,李克用还没有自己的亲生儿子,所以他把自己的父爱都倾注给了几个义子,李嗣源便是这群军事天才中的一颗超新星。

他率领精英骑兵"横冲都"在战斗中创下了一个又一个奇迹,因此受到广泛的赞誉。例如在光化三年(900),他率军驰援进攻邢、洺二州的李嗣昭,在此过程中,尽管他中了四箭,身受重伤,但依然奋勇拼杀,最终打得敌人狼狈逃窜。他如此奋不顾身,获得了李克用的赞赏,为他"解衣授药,手赐卮酒"[1]。在他的晚年,李嗣源回忆起他与李克用家族之间的关系,认为他们对他的接受程度是十分罕见的,尤其是李国昌对他的感情,可谓"爱幸不异所生"[2]。这些感情都需要用战功回报,在李克用死后,李嗣源就变得越来越艰难了,因为他的每一份功绩,都是对李存勖的挑战,后者才是李克用真正享有特权的亲生儿子。李存勖不愿自己的光芒被其他人掩盖,尤其是义兄李嗣源,因为他拥有自己的传奇功勋。最终,两兄弟之间的竞争变得十分激烈,因为他们的军事天赋都是一流的。

在天祐八年(911)的柏乡之役中,梁军训练有素的骑兵以赤马和白马摆开阵势。李存勖在看到这些马匹的时候故作担忧之

1　薛居正等:《旧五代史》卷三五《明宗纪一》,第483页。

2　薛居正等:《旧五代史》卷三五《明宗纪一》,第491页。

态,且展现出其少有的谦逊,唯有李嗣源十分自信,并用近乎傲慢的语气说:"有其表矣,翌日归吾厩也。"[1]这并非虚张声势,他立即翻身上马,向梁军发起冲锋,并抓了两个梁军将领回营。在天祐十年(913)晋军灭燕的战争中,李嗣源被委以重任,不但协助大军消灭了刘守光的政权,还在幽州抵御了契丹的进攻。在同光元年(923)后唐对梁的最后一役中,李嗣源是郭崇韬以外第二位支持突袭开封的将领,两人共同谋划,安排了夺取开封的战略。[2]无论是对付外部还是内部的敌人,他都能尽忠职守,所向披靡,他与郭崇韬一起,成为庄宗皇冠背后的两只眼睛。如果没有郭崇韬与李嗣源的参与,庄宗最后能否征服北方都得打个问号。同样,没有他们的参与,庄宗要保住北中国也是不可能的。

　　同时,李存勖与李嗣源之间的竞争也让他们产生摩擦,从而影响他们的政治生活,让这对军事天才陷入无谓的争执和狡诈的阴谋之中。历史学家通常归因于李嗣源更为优秀的能力,以及李存勖对他的妒忌,并把后者描写成一个小人。李嗣源看人的眼光非常独到,故他常常可以为自己的军队补充最勇猛的战士,使之所向披靡。在天祐十年(913)的灭燕战争中,李嗣源抓获了敌军猛将元行钦,并把他收为义子,以加强两人之间的联系。李存勖很快得知了元行钦的能力,为他赐名李绍荣,并将

1　欧阳修:《新五代史》卷六《明宗纪》,第53—54页。
2　见戴仁柱著,刘广丰译:《从草原到中原》,第72—74页。

其纳入自己的军中。[1]

在继位晋王后短短五年间，围绕元行钦的争夺成为李存勖与李嗣源抢夺人才的早期标识，晋王似乎以这位老将的军队为目标，要把他军中的人才都吸纳到自己麾下。李存勖后来又想把李嗣源的另一副手高行周要去，为消除晋王对李嗣源的疑虑，高行周于天祐十二年(915)通过密使提醒李存勖说："代州（指李嗣源，其时为代州刺史）养壮士，亦为大王矣。行周事代州，亦犹事大王也。"[2]但这种再三的保证并无太大的帮助，李存勖开始疯狂招收义子，以编织自己的网络。他继位之初并没有这么做，而与李嗣源之间的竞争，肯定是他此时改变心思的主要原因。

同光元年(923)冬，在后唐朝廷款待后梁降将的一场酒宴上，兄弟间的紧张关系再次浮现。后梁崇元殿作为设宴地，令曾经身居高位的降将们如芒在背、惶惑不安。宴饮中，李存勖指着那帮降将向主帅李嗣源祝酒，并用挑衅的目光看着他说："此皆前日之劲敌，今侍吾饮，乃卿功也。"这番话吓坏了在场的降将，他们察觉到李存勖对义兄的嫉妒和对他们的猜忌。这群勇猛的武将立即伏倒在地，惊恐不已，直到李存勖自己化解这种严肃的气氛，并用开玩笑的语气说："吾与总管戏尔，卿无畏

1　见欧阳修：《新五代史》卷二五《元行钦传》，第270页；戴仁柱著，刘广丰译：《从草原到中原》，第67—68页。

2　司马光等：《资治通鉴》卷二六九，贞明元年七月条，第8794页。

也。"[1]李存勖的轻浮没有起到任何效果，尽管脾气平和的李嗣源始终默不作声。此外，这件事还能说明，兄弟间的竞争日趋激烈，其影响还延伸到一些不相干的人身上，他们当时还都不在李嗣源的圈子里。没过多久，两位义兄弟之间的矛盾就流传至预言家耳中并演变为流言蜚语。

天祐十九年（922）前后，李嗣源的一位朋友想要鉴定一下相士周玄豹——一位善于面相者的能力，他安排嗣源坐在众人之间，又让另一个人坐在主位上。[2]周玄豹立即认出主位上的不是李嗣源，并指出李嗣源是"贵将"，非座上之人可比。之后他更透露李嗣源日后将"贵不可言"，暗示他将来有可能成为人主。众所周知，几百年前，一位相士曾用"贵子"来形容唐太宗，尽管他当时只有四岁，还是个孩子。[3]这番吹捧显然让李嗣源十分受用，他即位后曾想请此人出仕为官，可臣子们对政局更为敏感，在他们的劝说之下，李嗣源才放弃了这个念头。[4]李嗣源有异心的流言很快就被传入宫中，在加冕称帝之后，李存勖立即培植亲信，并把他们安插到义兄的随从里，以随时窥伺他的一举一动，这种做法更让兄弟俩的关系雪上加霜。[5]

较李存勖而言，文化水平不高的李嗣源对中国历史知之甚

1　以上引文见欧阳修：《新五代史》卷四六《霍彦威传》，第505页；另见薛居正等：《旧五代史》卷三〇《庄宗纪四》，第412、417页；卷六四《霍彦威传》，第852页。

2　关于此事，见欧阳修：《新五代史》卷二八《赵凤传》，第309页；薛居正等：《旧五代史》卷七一《周玄豹传》，第945—946页。

3　见刘昫等：《旧唐书》卷二《太宗上》，第21页。

4　见欧阳修：《新五代史》卷二八《赵凤传》，第309页。

5　见欧阳修：《新五代史》卷三八《张居翰传》，第408页；卷五一《朱守殷传》，第573页。

少，但他不必接受经典教育就能了解唐初的"玄武门之变"。武德九年(626)，即唐朝建国后第九年，唐高祖李渊(618—626年在位)被次子李世民推翻下台，而在此之前，李世民与他的长兄——太子李建成发生了一系列冲突。[1]与典型的手足之争一样，太子对二弟所获得的军功无比焦虑，尤其是后者曾多次战胜突厥。两兄弟最初暗中较劲，想在经营财政资源和宫廷关系网上胜过对方，后来又互派杀手，甚至兵戎相见。最终，极具号召力的李世民射杀了太子李建成，并迫使父亲退位，李渊只能在儿子的软禁下度过晚年。这种兄弟阋墙的行为，以及随之而来对朝野内外政敌的清洗，很有可能动摇这个年轻的王朝。然而，唐太宗奇迹般地化解了危机。为了证明自己即位的合法性，李世民十分努力，最终成为后来几个世纪中仁君的典范，贞观一朝也被认为是盛唐王朝的代名词。

这段不算久远的历史定会让10世纪的唐朝复兴者心存警惕。李存勖对至亲们疑虑重重，但在大多数王朝里，他们往往是皇帝最有力的支持者，而李嗣源只能隐藏自己的抱负。他会成为那个时代的李世民，让历史重演吗？前事不忘，后事之师。可悲的是，前朝历史的阴影使得两位优秀的后唐共同建立者——李存勖与李嗣源之间的长期合作注定走向失败。

1　见司马光等:《资治通鉴》卷一九一，武德九年六月丁巳条，第6004 — 6014页；欧阳修、宋祁:《新唐书》卷七九《李建成传》，第3540 — 3545页；*The Cambridge History of China, Vol. 3*, pp. 182 — 189；赵克尧、许道勋:《唐太宗传》，第62 — 83页。

六、南平之主

短期来说，盛唐的历史没有让李存勖核心班底内的男男女女裹足不前，反而鼓励他们向共同的目标进发。尽管他们的职业、种族和脾气各不相同，但他们都对沙陀政权的潜力满怀信心，相信它能超越过往所有的游牧征服者，最终一统四方。这也在某种程度上解释了庄宗在同光三年（925）征讨蜀国（今四川地区）的决定，那时他才刚稳固了在中原的统治。拓跋魏是沙陀之前另一个以山西为基地，进而占领整个中原地区的游牧政权，但即便是他们优秀的领袖们，也没有想过要征服西南那块地大物博的土地。位于蜀国北部秦岭上高耸的关隘，是那些骑在马上的征服者的第一重障碍，当地的自治传统则是第二重障碍，夏季闷热潮湿乃第三重障碍。如此的历史障碍与自然障碍，让征服蜀国的挑战与中原完全不同。正史认为是一些外部因素触发了征蜀的时机，比如刚从蜀国回朝的使节所提出的建议。[1]但李存勖的使命感也为他的野心添柴加火。

中国中部的南平之主高季兴在同光元年（923）十一月入朝觐见李存勖，他此行的目的是要辨别传闻与实际，看看李存勖究竟是传说般的人物，抑或不过是凡人。两人见面谈了很长时间，并取得了对方的信任，在此过程中，庄宗也透露出他想平定南方各国的决心。他征询高季兴的意见：东方的吴国和西方的蜀

1　见欧阳修：《新五代史》卷六三《前蜀世家》，第792—793页。

国，应该先攻打哪一个，以及适用其军队的最佳战略。这场对话发生在李存勖攻占开封后一个月，而高季兴肯定认为此时谈论另外一次军事行动为时尚早——虽然他选择幽默以对。高季兴对这次会面的回顾非常宝贵，因为它映射出庄宗非凡的个人特质：魅力超凡，但也极其自恋。

南平之主在第一次见面后，对这位新登基的天子的评价甚低：

> 且主上百战以取河南，对功臣夸手抄《春秋》，又曰："我于手指上得天下。"其自矜伐如此。而荒于游畋，政事多废，吾可无虑矣。[1]

尽管高季兴对庄宗持否定态度，但他却在无意中看到了庄宗温和的一面。就在两人谈话正酣时，庄宗拍了拍他的背，这是一个十分谦和的动作，高季兴于是令工匠把庄宗的手印绣在衣服上，作为一个永久的纪念。对于一位年龄足足大庄宗一倍的人来说，高季兴对庄宗抚背的回应意味着，类似蕴含魅力的举动曾为庄宗赢得过一些支持者。但是，随着魅力的消失，亲密关系又能维持多久呢？

1　引文见欧阳修：《新五代史》卷六九《南平世家》，第857页；另见薛居正等：《旧五代史》卷一三三《高季兴传》，第1752页；吴任臣：《十国春秋》卷一〇〇《荆南一·世家》，北京：中华书局，1983年，第1433页；司马光等：《资治通鉴》卷二七二，同光元年十二月丁酉条，第8910页。

第二章 逐鹿中原

後唐莊宗像

《书》曰:"汤一征,自葛始。"天下信之,东面而征,西夷怨;南面而征,北狄怨,曰:"奚为后我?"民望之,若大旱之望云霓也。

——《孟子·梁惠王下》

一、代际纷争

(一) 明星陨落

国君的死亡,对中国历代以世袭制为核心的王朝而言是极大的不稳定因素;然而沙陀突厥的传承比其他大多数的政权更不稳定。天祐五年(908)正月十九日,李克用因脑肿瘤去世。几个月之后他被安葬在代州,此地在山西北部的太原与大同之间,李克用曾在此地任刺史。在他在世的八个儿子中,李存勖最为年长,于是他按照父亲的遗愿,承袭了晋王之位。接下来就是二十七天严格的丧礼。但死者尚未入土为安,一场考验李存勖魄力的阴谋就逐渐显露,在此期间,对个人的忠诚与对传统的顺从,两种价值观发生了冲突。[1]

史料认为李克宁"为人仁孝",但"仁而无断",很容易受到其他心怀鬼胎之人的煽动。[2]作为李克用众多亲生兄弟中最高贵的一位,李克宁往往会把个人私利放在家庭与族群之后,李克用去世前几个月就已经无法视事了,李克宁就在此时当上了监国,这是一种特别的信任。他和宦官张承业在李克用弥留之际

---

[1] 有些史料认为落落是李克用的长子,见薛居正等:《旧五代史》卷二六《武皇纪下》,第354页。李克用其他亲生儿子的名字中都有"存"字,这符合他们族人的命名模式,但落落的名字中却没有"存"字。更重要的是,他的名字没有出现在李克用的墓志铭上。见卢汝弼:《李克用墓志铭》,第164—166页。

[2] 关于李克宁,可参见欧阳修:《新五代史》卷一四《李克宁传》,第149—150页;薛居正等:《旧五代史》卷二七《庄宗纪一》,第267—368页;卷五〇《李克宁传》,第685—687页;司马光等:《资治通鉴》卷二六六,开平二年正月辛巳条、二月甲辰条,第8689—8691页;王钦若等:《册府元龟》卷六六八《翊佐》,第7698页;陈鳣:《续唐书》卷三七《李克宁传》,第305—306页;樊文礼:《李克用评传》,第163—169页。

都陪在他身边,并亲耳听到他的临终嘱托:"以亚子属公等。"[1]

显然,这次传承并未进行事先安排,李存勖也没有经过正式的仪式来确立他的世子地位,即使父死子继在沙陀领袖传承中已经实践过好几代了。尽管永别令人悲痛,但现实更让人担忧:晋王家族以及其他沙陀族人究竟能否接受李克用的这位儿子呢?毕竟他从没在政治上证明过自己。到三月份,李存勖依然未能从丧父的悲伤中自拔,张承业突然闯到他服丧的地方警告道:"夫孝在不坠家业,不同匹夫之孝。"[2]张承业语带威胁,这意味着这次传承毫无疑问比表面上所能看到的要凶险得多。

(二) 义儿众多

李存勖和张承业要面对的首要问题是李克用众多非正式收养的儿子,在史料中,他们被称为"义儿"或"假子",以跟另外一群被正式收养的儿子作区分,后者被称为"养子"或"嗣子"——他们很小就被收养,并在王宫里被抚养成人。李克用麾下足有一百名义儿,他们都被赐予了新的姓名,而他们又有自己的义儿与兄弟,这样一来,这个群体可能达到上千人之多,"其所与俱一时雄杰虓武之士",他们组成一支上层精英战斗部队,号称"义儿军",让沙陀军队在战场上所向无敌。[3]这种非正

---

1 欧阳修:《新五代史》卷一四《李克宁传》,第149页。
2 薛居正等:《旧五代史》卷二七《庄宗纪一》,第367页。
3 引文见欧阳修:《新五代史》卷三六《义儿传》,第385—396页;另见樊文礼:《李克用评传》,第69—75页。

式的收养行为,甚至是"义儿"这一概念,很可能起源于多个世纪之前的突厥,旨在于同化其他部族,从而扩充本族族人的人数;就这一点而言,突厥人数量庞大的义儿应该来自其他内亚族群。[1]把加强军队力量作为收养的主要目的,这显然不是五代独有的现象,但与过去相比,此时又有着一些重要的不同之处。

在沙陀的统治之下,边陲地区的汉人明显成为义儿集团的主力,而来自内亚的其他部族之人则只占少数,因为此时收养的核心目的在于补充最好的军事人才。义儿中最成功的几人深受李克用宠爱,让他们"衣服礼秩如嫡"。嫡子与义儿无甚区别,这与汉人的社会习俗背道而驰,因为在汉族社会里,收养必须小心谨慎,否则会遭到法律的惩罚以及社会的非议。[2]在军事集团内部,义儿与亲子的特权一致,代表着对传统的又一次违背。义父的慈爱当然可以带来很多义儿的忠诚,但也有少数义儿会利用他们的地位来虐待平民,互相倾轧,甚至煽动亲子与养子之间的矛盾。义儿不会通过法律登记正式收养,故他们很可能没有继承权,在政治传承中也无一席之地。

10世纪的原始史料经常不加选择地把"义儿"与"养子"混为一谈,尽管这两种现象都是独立发展起来的。近一个世纪以来,节度使们都是通过非正式收养手下的将校为义子,以承认他们所取得的功绩。其中最知名的案例要属西川(今成都平原及其以北

---

1 关于突厥人收养行为的论述,可参见樊文礼:《李克用评传》,第69页;元代也有收养制度,可参见刘晓:《元代收养制度研究》,载《中国史研究》2000年第3期,第113—124页。

2 见欧阳修:《新五代史》卷一四《李克宁传》,第150页;卷三六《义儿传·序》,第385页。

硬地威胁李存灏道:"汝勿妄言,我且斩汝!"[1]然而,他的声明没能阻止他的支持者。

可能是预见到潜在的挑战,李存勖此前便计划推迟即位时间,理由是自己太过年轻,缺乏经验。他跟李克宁的对话说明他当时只想安抚对手,而不是在自家后院来一次大屠杀:

> 儿年孤稚,未通庶政,虽有先王之命,恐不足以当大事。叔父勋德俱高,先王尝任以政矣,敢以军府烦季父,以待儿之有立。

李存勖可能只想试探一下,但他的叔父却把此话当真,并毫不犹豫,也没有玩弄花招就拒绝了。李克宁坚持道:"吾兄之命,以儿属我,谁敢易之!"[2]

尽管如此,在早些时候,六十岁出头的宦官张承业就警告过李存勖"凶猾不逞之徒,有怀觊望"[3]。他的暗示很可能是针对李存灏等义儿的阴谋,尽管有些史料说李克宁曾经得罪过这位宦官,从而招致他的反感。事实证明,来自叔父李克宁阵营的威胁足以让张承业采取严厉而果断的行动。[4]据《旧五代史》记

1　司马光等:《资治通鉴》卷二六六,开平二年二月壬戌条,第8690页。

2　以上引文见欧阳修:《新五代史》卷一四《李克宁传》,第149页;另见王钦若等:《册府元龟》卷六六八《翊佐》,第7698页;陈鳣:《续唐书》卷三七《李克宁传》,第305页。

3　薛居正等:《旧五代史》卷二七《庄宗纪一》,第367页。

4　见薛居正等:《旧五代史》卷七二《张承业传》,第950页;司马光等:《资治通鉴》卷二六六,开平二年正月壬午条,第8688—8689页;二月壬戌条,第8690—8691页。

载，李存灏等人的妻妾曾多次游说李克宁的悍妻孟氏，再由思想动摇的她去逼迫李克宁违背本心行事。[1] 孟氏乃孟知祥之妹，孟家已经为晋王服务了二十多年，且两家通婚的时间可能更早：孟知祥娶了李克让之女，又把妹妹嫁予李克宁，二李都是李克用的弟弟——后者此时正要挑战李存勖的地位。[2]

被他们的言语煽动后，李克宁成为阴谋集团中的积极分子。阴谋者需要寻求合作者，他必须与皇室无亲，但在晋阳城中又有足够的地位以指挥在首府中的行动。他们选择了史敬镕，一位晋阳本地人，并在李克用麾下服役多年。然而，这位军官只是假装同意，随即就出卖了那些阴谋叛变的人，到王宫里告发此事，曹氏立即联合张承业想出了应对之法。[3] 作为曹氏的闺中密友，李克用聪明而好斗的遗孀刘氏肯定也参与到谋划之中，尽管史料对她在此事中所起的作用只字未提。

告密者称，阴谋集团的领导人以负责王宫禁卫的张承业为首要目标。如若成功，李存勖和曹氏就会被监禁起来，送到开封，晋将从此依附于梁——这是对晋的彻底背叛，因为其政权的存在就是要推翻梁王朝。[4] 一向自大的李存勖在得知阴谋后突然变得阴沉起来，逃亡避祸的念头在他的脑海中一闪而过，从他的反应中也可以感知到当时敌人的强大。张承业不同意，他

1　见薛居正等：《旧五代史》卷五〇《李克宁传》，第687页。

2　见欧阳修：《新五代史》卷六四《后蜀世家》，第797、802页。

3　见薛居正等：《旧五代史》卷四九《贞简皇后曹氏传》，第671—672页。

4　见司马光等：《资治通鉴》卷二六六，开平二年二月壬戌条，第8690—8691页。

认为时间紧迫，必须先下手为强："不即讨除，亡无日矣。"[1]

最终，曹氏和张承业决定冒险，他们动员义儿军中依旧忠于晋王的人来加强王宫的守卫，同时让李存勖从前的侍从朱守殷〔卒于天成二年（927）〕召集宫中其他下人做好准备。之后，参与叛变的人都被邀请到府中饮宴，他们并不知道晋王的侍卫已经在周围设好了埋伏。将所有叛乱者逮捕后，李存勖控诉他的叔父道：

> 儿初以军府让季父，季父不忍弃先人遗命。今已事定，复欲以儿子母投畀豺虎，季父何忍此心！[2]

重复使用"忍"字，为李存勖犀利的指责增添了讽刺的意味。叔父李克宁只能转而推卸责任，将他所做的一切归咎于他人的奸计。尽管这个理由有真实的成分，却不足以让李克宁免于一死。然而，当初煽动他谋反的妻子孟氏，却在其兄长的调停下逃过一劫，这在以往是绝对不可能的。因此这也被认为是孟知祥在早期就能影响曹氏的一大标识。而李克宁与孟氏之子李瓖也被赦免了，这亦是罕见的仁慈。[3]于是，沙陀集团这场潜在的分裂危机就这样被化解于无形之中。

晋王的两位母亲，以及她们的心腹张承业，是已故老晋王

1　薛居正等：《旧五代史》卷五〇《李克宁传》，第687页。

2　见薛居正等：《旧五代史》卷五〇《李克宁传》，第687页；欧阳修：《新五代史》卷一四《李克宁传》，第150页。

3　见欧阳修：《新五代史》卷六四《后蜀世家》，第802页。

最核心的班底，他们在晋阳城中享有极高的地位，如果没有他们，要如此精准地化解这次阴谋，是难以想象的。政变是针对李存勖的，但他在处理叛徒的行动中作用甚小。因此，他的统治从一开始就欠下一笔政治债务，这注定让他加强对宫中长辈与密友的信赖，同时也让他在将来任用血亲和假子时倍感矛盾。不管掌权之人是谁，一个政权要从游牧领地过渡为稳定帝国，肯定会面临一些被传统束缚的保守派的反对。同时，让李存勖感到安慰的是，其他对手已经被他的核心班底果断消灭了，这让他得以联合父亲在集团内部的其他朋友，因为他马上就要对外采取新的行动了。

二、早期扩张

（一）召回周德威

在解决了继位之争后，李存勖认为晋阳基地足够安全，但他仍想对在外作战的军队试探其影响力。天祐五年（908）四月，他召回大将周德威，很可能出于对高级将领忠诚度的检验。周德威当时正在潞州作战，他麾下有五万由多民族精锐组成的蕃汉军，尽管在人数上有些水分，但这仍是当时全晋规模最大的军队。[1]鉴于李克宁曾想以晋归附于梁，尽管没有成功，但南部

1　见薛居正等：《旧五代史》卷五六《周德威传》，第750页；欧阳修：《新五代史》卷二五《周德威传》，第260页；司马光等：《资治通鉴》卷二六六，开平二年四月辛丑条，第8693页；樊文礼：《李克用评传》，第94页。

边疆的局势也让晋阳的决策者深感忧虑。李存勖肯定怀疑过对外作战的将领里有李克宁等人的同情者，所以他之前才想通过息事宁人的方式来解决问题。

在接到班师诏令的同时，周德威也被告知那个流产的阴谋，他肯定察觉到自己已经被怀疑了。因此，他必须小心谨慎，避免做出刺激新晋王的举动。他立即率领大军班师回晋阳，因为任何的迟疑都会被视为对新晋王的藐视，或更糟糕的是，被视为同情反贼李克宁。在抵达晋阳之后，他把大军留在城外，自己徒步入城，一个护卫都没有带。像这样的大将觐见，通常是可以带上千人作护卫的，因此周德威有意不这样做。[1]他入城后首先来到李克用的灵柩前，对着后者安躺的遗体放声痛哭。在随后与李存勖的交流中，周德威举止谦恭，与一些义儿的行为形成鲜明的对比，就这样，他平息了一切对他的怀疑。

（二）潞州解围

李存勖对周德威相当优容，几天之后，就邀请周德威随他一起去解潞州之围。潞州城在一年前被晋军夺取后，一直被梁军包围着，而此时的潞州守将，正是李克用的另一位义儿李嗣昭。李克用在弥留之际对李存勖所说的遗言中，强调了潞州对晋安全的重要性："若不解重围，殁有遗恨。"[2]这座城池是李克

1　见欧阳修：《新五代史》卷二三《杨师厚传》，第236页。
2　薛居正等：《旧五代史》卷五六《周德威传》，第750页。

用晚年对梁战争的收获之一,他也担心周德威和李嗣昭这两位汉族名将之间的矛盾会让晋军的解围行动功败垂成,毕竟他们都战力超群却又十分固执。[1]新晋王把父亲的担忧巧妙地告知了周德威,让他重振激情,自愿参与到这一任务当中。可喜的是,周德威和李嗣昭在潞州通力合作的同时,也言归于好,这对晋的霸业来说是更大的助力。

李存勖意识到晋军在人数上处于劣势,故只能通过技高一筹的战略和谋划来挫败敌人。他首先向契丹遣使求援,请求他们一起救援潞州,此举的目的仅仅是让他们保持中立。[2]在晋境内部,大量的谣言说李克用是诈死,目的在于出其不意地袭击梁军,这也让晋边境的敌人提高了警惕。[3]李存勖还发现,自己备受质疑的领导能力反而成为一种优势,他说:"梁人幸我大丧,谓我少而新立,无能为也,宜乘其怠击之。"[4]李存勖继续说道:"取威定霸,在此一举,不可失也!"[5]其中"取威定霸"一语出自李存勖最喜欢的经典《春秋左传》。

从他的沙陀父亲那儿承袭而来的洞察力,已经成为李存勖在战场上指挥作战能力的标识:利用出其不意的时机将战果最

1　见薛居正等:《旧五代史》卷五六《周德威传》,第750页;司马光等:《资治通鉴》卷二六六,开平二年五月辛未条,第8695页。

2　见薛居正等:《旧五代史》卷一三七《契丹传》,第1828页;姚从吾:《阿保机与后唐使臣姚坤会见谈话集录》,载氏著:《东北史论丛》上册,台北:正中书局,1959年,第217—247页,尤其是第231页。

3　见司马光等:《资治通鉴》卷二六六,开平二年三月壬申条,第8961页。

4　欧阳修:《新五代史》卷五《庄宗下》,第41页。

5　见司马光等:《资治通鉴》卷二六六,开平二年四月壬子条,第8693—8694页。

大化,并亲临前线以团结下属、鼓舞人心。李存勖神秘莫测的计谋,正如《孙子兵法》所云:"攻其无备,出其不意。"然而,他的统兵之术乃胡汉文化的一种独特的融合,将汉人的精良计算与沙陀领袖天生的战争直觉合二为一。

李存勖还会充分利用自然环境,比如在天祐五年(908)五月初,晋军向潞州进兵时在三垂冈所遇到的浓雾。他命李嗣源和周德威兵分两路攻打梁军夹寨,嗣源在东北,德威在西北,自己则从南面进攻。梁军瞬间被破,这也成为他们全面撤兵的前奏——此役中梁军损失一万多人,当中包括数不清的将校军官。是役,李存勖在盔甲之下身穿白色丧服,这是他作为新王所参加的第一场战斗,具有双重的象征意义:战功与尽孝。他在挽回沙陀荣誉的同时践行了最受汉人儒家尊崇的价值观。[1] 几周之后,他"凯旋告庙"[2],使自己的第一战完美落幕。在被李存勖无情击溃后,连梁祖朱温也不得不羞愧地承认:"生子当如李亚子,克用为不亡矣!至如吾儿,豚犬耳!"[3]

(三) 舒厄解困

尽管李存勖的胆大妄为在对梁战争中是一个优势,但从天祐五年(908)开始,也让晋军如绷紧之弦,这种情况持续多年,

1　见司马光等:《资治通鉴》卷二六六,开平二年五月辛未条,第8694—8695页;方震华:《权力结构与文化认同》,第56页。

2　见欧阳修:《新五代史》卷五《庄宗下》,第41页。

3　司马光等:《资治通鉴》卷二六六,开平二年五月辛未条,第8695页。

还不止一次出现在多个战场上。五月,晋军乘胜进攻泽州,此地与潞州唇齿相依,但由于梁军拼死抵抗,晋军不得不撤退。[1]十一月,李存勖派兵五千驰援东北方的幽州(今北京),此地是燕的中心地带。他应刘守光的邀请出兵,后者在晋军的援助下,击溃了其兄刘守文的进攻。[2]在成功援助刘守光后,晋军立即撤兵。

天祐六年(909)八月,晋军参与了一次野心更大的行动,他们与几位目中无人的节度使合作,对唐朝旧都长安用兵。晋军由李存勖亲自率领,辅以张承业与周德威,突袭山西南部黄河回旋处附近的晋州(今山西临汾)与绛州(今山西新绛),以牵制敌兵。此两地在历史上曾隶属河东,[3]它们的消失对晋的防御而言是一种威胁。晋军在此役中派出几万大军,长安也曾短暂落入与其接壤的岐王李茂贞之手。然而,当梁军的救兵到达后,李存勖被迫撤去包围晋州的军队。[4]只要河东南部还在梁朝的控制之下,晋的南方就无法安宁。

对晋而言,长安一役的根本目的不在于征服某个地方,而是分散敌人的兵力:西部地区持续的压力会把梁军在东部的资源吸引过去,东部才是晋军此时防御及将来扩张的战略要地。[5]

1　见司马光等:《资治通鉴》卷二六六,开平二年五月辛未条,第8695—8696页。
2　见司马光等:《资治通鉴》卷二六七,开平二年十一月甲戌条,第8706页。
3　见司马光等:《资治通鉴》卷一九二,贞观元年正月辛丑条注,第6033页。
4　见司马光等:《资治通鉴》卷二六七,开平三年六月乙未至庚申条,第8710—8712页;八月辛酉条,第8715—8716页。
5　见薛居正等:《旧五代史》卷二七《庄宗纪一》,第370—371页;司马光等:《资治通鉴》卷二六六,开平二年六月壬寅条,第8701页;卷二六七,开平三年六月乙未至庚申条,第8710—8712页;八月辛酉条,第8715—8716页。

让敌军处于守势,是李存勖在其统治之初使其河东基地成功避开被直接攻击的方法,尽管梁朝的战略制定者对晋作了一系列的部署。[1] 这种方法恰恰反映出李存勖在作战时的积极姿态,也正是他军事天赋的核心所在。相反,他的父亲总是困于防守战,这让晋军的耐力被不断消耗。因此,在不到一年的统治期内,李存勖已成功证明自己是一位优秀的战略家。

(四) 政治意识

李存勖即位晋王后,立即与他的辅臣着意于塑造自己的政治形象,以衬托他身为军人的真挚与质朴。《旧五代史》记载了一则故事,此事发生在天祐五年(908)夏天,距他即位为王不过半年:

> 帝每出,于路遇饥寒者,必驻马而临问之,由是人情大悦,王霸之业,自兹而基矣。[2]

史料中充满了李存勖与他的军队之间互动的故事,对于一个刚当上军事领袖的人来说,这是不可避免的。他在胜利之后总会举行热闹的庆典,而对于为晋捐躯的烈士,李存勖也会加以纪念,且反复提及,以宣扬他们的荣誉。他会像父亲那样,亲手为

1　见司马光等:《资治通鉴》卷二六七,开平三年六月乙未条,第8710页。

2　引文见薛居正等:《旧五代史》卷二七《庄宗纪一》,第370页;另见王钦若等:《册府元龟》卷一一八《帝德》,第188页。

受伤的士兵敷药,这种行为看似自发,却也从未背离家族的传统。[1]这种针对兵卒或平民的举动,说明他已经开始出现政治意识。上文中的故事就显得尤为珍贵,因为关于他早期与平民接触的记载实在太少了。作为一个小型地方政权的统治者,他并没有把臣民对他的热爱视为理所当然,而是通过点点滴滴的努力去收拢境内境外的民心。与普通百姓接触,应该是草原领袖角色中不可或缺的一部分,他首先是他们中的一员,其次才是一位统治者。

从天祐六年(909)末开始,晋的军事行动有所减少,大多数冲突都是小范围的,这种状况持续了将近一年。在此期间,晋在内部投资重建了如潞州这样的城市,它在被敌军长期围困之后,人口减少过半,经济也险些崩溃。[2]天祐七年(910)七月,在岐王李茂贞和其他几位节度使的请求下,李存勖派兵一万向西进发,围攻夏州(今陕西靖边),事实上,沙陀已经与他们结盟,共同对抗梁朝。但这次行动似乎仅仅是为了给梁朝制造一点麻烦,因为几周之后,晋军就退兵了。[3]但在不久之后,以镇州和赵州(今河北赵县)为中心的赵就给李存勖提供了一个历史机遇,一个他无法放过的机会。

---

1 见薛居正等:《旧五代史》卷六一《安元信传》,第817页;脱脱等:《宋史》卷二五四《侯益传》,北京:中华书局,1985年,第8879页。
2 见司马光等:《资治通鉴》卷二六六,开平二年五月辛未条,第8697页。
3 见司马光等:《资治通鉴》卷二六七,开平四年七月条,第8725页;八月壬戌条,第8725—8726页。

（五）驰兵救赵

赵王王镕在李克用时代就是沙陀的朋友，双方还偶尔分享对梁的情报，那是他们共同的敌人。但光化三年（900）梁突袭赵之后，赵转而与开封结盟，并每年向开封进贡。其后，王镕之子也与朱温之女成亲，从而加强了双方之间的关系。尽管如此，这种所谓的友好关系肤浅且短暂，双方在十年之后重新燃起战火。赵王的一位重要盟友，魏博节度使罗绍威在前不久去世了，同时，也有情报显示梁朝会立即采取行动，加强对这一地区的控制。

王镕迫切结成新的联盟，并在多方寻找潜在的盟友。他跟上一代晋王合作时偶尔也会发生一些冲突，但情况不算严重。地理位置也能说明为何王镕会主动找上晋，赵的重镇镇州乃是梁朝进攻的潜在目标，此地距晋的东部边境不过一百公里，与其首府晋阳也只有两百公里左右。[1] 大量敌军出现在自己后方，将会对晋的安全构成严重威胁。[2] 同样，李存勖也不容许其他对手取代他与王镕结盟，因为他已经听到有传言说王镕同时也主动向强大的燕王刘守光求援了。[3] 赵只是一个小政权，其辖境不过两个州，不足以对晋构成威胁，晋可以把它保护起来，放在狡猾的敌人身边成为一个搅局者。

1　见司马光等：《资治通鉴》卷二七七，开平四年十二月辛巳条，第8731页。

2　关于救援镇州之事，可参见薛居正等：《旧五代史》卷六《太祖纪六》，第92页；卷二七《庄宗纪一》，第371—372页；卷五六《周德威传》，第751页；欧阳修：《新五代史》卷五《庄宗下》，第42页；卷二五《周德威传》，第260—261页；卷三九《王镕传》，第413—414页；《刘守光传》，第425页；司马光等：《资治通鉴》卷二七七，开平四年十二月己未条，第8728—8729页。

3　见欧阳修：《新五代史》卷三九《刘守光传》，第425页。

然而，军中几乎所有将领都反对援赵，他们认为赵一贯反复无常，如若派兵援救，必须先让赵证明自己的诚意。李存勖没有对过去的事情耿耿于怀，他巧妙利用王镕祖母的丧礼，派出使者与赵密谈，最终达成协议。[1]在自己的军中，他反驳了诸将的意见，这是他即位以来第一次这么做，他认为必须抓住这一时机，这一点非常有说服力：

> 彼亦择利害而为之耳。王氏在唐世犹或臣或叛，况肯终为朱氏之臣乎？彼朱温之女何如寿安公主！今救死不赡，何顾婚姻！我若疑而不救，正堕朱氏计中。宜趣发兵赴之，晋、赵叶力，破梁必矣。[2]

这番话相当务实，它承认了各独立政权之间的关系乃是基于各自最大化的利益，过去赵的行事遵从这一原则，现在晋同样利用相似的理由让赵联晋抗梁。

更重要的是，按李存勖所言，救援行动所寻求的是"晋、赵叶(xié)力"，而不是像以往分裂时代的霸主，或者他们所处时代的最强者朱温那样，征服吞并邻国的土地。他预测新的联盟会把梁朝推翻，当中省略了无数现实问题，但他乐观的语气又十分诱人。至此，内部建设的短期需要，不得不让步于稳定外部

1　见欧阳修：《新五代史》卷三九《王镕传》，第414页；司马光等：《资治通鉴》卷二六七，开平四年八月庚申条，第8725页。

2　司马光等：《资治通鉴》卷二六七，开平四年十二月己未条，第8729页。

的长远目标，而要实现这一目标，就必须适时采取军事行动。随着晋阳与其他邻近政权的关系进入新阶段，天下的和战之局已与以往大不相同，李存勖若要成功跨越此局，必然面临重大的考验。

天祐七年（910）十二月，晋派出数万大军援赵，可谓"空国深入"。[1] 晋在此役中也安排了数位名将，经验老到的周德威率兵先行，到年底之时，李存勖亲自带兵与之会合，并由宦官张承业与义兄李嗣源护卫随行。[2] 定州的义武节度使王处直亦派兵五千支援，并在此过程中，与晋阳达成了战略性的盟约。[3] 如前所述，李存勖的生母曹氏是反对儿子亲自率兵的，而李存勖依然出现在军中，足以说明他为这次行动所作出的努力，这也是他在这一年里唯一一次参与的战斗。

晋王同时联合其他善于防守的地方部队前来援赵，比如有类似能力的定州军。晋军善于野战——这是游击战的雏形，其最佳的作战地点是郊野，然而，他们发现将要面对的梁朝将领，乃最善于围城战术的王景仁，故此，这一战最后的结果就取决于晋阳盟军的表现了。[4] 决定性的战斗发生在镇州以南的柏乡（今河北柏乡）。李存勖向周德威说道："我之兴亡，在此一举。"[5] 此话令

1　欧阳修：《新五代史》卷三九《刘守光传》，第425页。

2　关于这次战争，可参见司马光等：《资治通鉴》卷二六七，开平四年十二月辛巳条至开平五年二月壬午条，第8731—8739页；薛居正等：《旧五代史》卷二七《庄宗纪一》，第371—376页。

3　见欧阳修：《新五代史》卷三九《王处直传》，第419页。

4　见司马光等：《资治通鉴》卷二六七，开平四年十二月壬午条，第8732页。

5　司马光等：《资治通鉴》卷二六七，开平五年正月丙戌条，第8735页。

全军精神进一步绷紧。

由晋领导的三镇联军具有压倒性的优势，不过梁军在战场上也部署了八万人的兵力，主要集中在柏乡。史料上的数字向来有所夸大，一方面是战略动员的需要，这在同类战争中十分常见，另一方面则是史学家们在记录时往往会取整数，从而让数字有较大的增幅。但没有史料质疑梁军的质量，这也体现出镇州的战略价值之高。每名梁军士兵的盔甲制服"皆被缯绮，镂金银，光彩炫耀"，据说每一套都要耗费数十万铜钱。据史料记载，如此壮观的军容，令"晋人望之夺气"，尽管统帅周德威诋毁这些身披重甲的战士"志不在战，徒欲曜兵耳"。[1]他的嘲弄并不能否定战场上的事实，此时梁祖朱温也亲率军队北上攻赵，说明一如此前晋王所料，梁军的目的远不止骚扰那么简单。[2]幸运的是，李存勖并未如他的将校们一般天真乐观。

《孙子兵法》告诫曰："兵非贵益多也。"这个准则很快就被晋王证实，他通过有效的组织与严明的纪律，让晋军远胜武备精良的敌人。前线的晋军麾下有很多来自内亚的骑兵。相关的史料都把这些骑兵称为"胡"，他们大概是沙陀战略者精心挑选出来，与军中出类拔萃的弓箭手互为补充的。在战事的紧要关头，李存勖通过与周德威商议，决定放弃他原本主张的速战速

1　以上引文见司马光等：《资治通鉴》卷二六七，开平四年十二月壬午条，第8731页；另见薛居正等：《旧五代史》卷二七《庄宗纪一》，第372页；卞孝萱、郑学檬：《五代史话》，北京：北京出版社，1985年，第15页。

2　见欧阳修：《新五代史》卷二三《杨师厚传》，第236页；司马光等：《资治通鉴》卷二六七，开平四年十二月壬午条，第8732页。

决，后者认为快攻无异于自杀。相反，敌军战线过长，身心疲惫，甚至连粮草都难以为继，待士兵饥饿时就容易击破了。[1]

镇州的晋军指挥官还通过精明的部署来弥补他们物资的不足：他们把自己的骑兵散布在郊外，而让镇、定二州的本地军队留守柏乡县城。不同政权之间的合作，对于任何联盟来说都是一个极大的挑战，但李存勖的领导似乎不存在这样的问题，因为各镇首领都十分拥戴他。为等待合适的战机，李存勖曾颁布号令曰："骑军不见贼不许骑马。"[2]这样的政策能让晋的军备得以最大化保留，同时减少人员与物资的浪费。

高效的领导和战术，再加上近乎严苛的纪律，让以晋为首的联盟在天祐八年（911）正月末获得了决定性的胜利，此时距开战不过两月。《通鉴》写道，梁军在镇州的惨败让"河朔大震"[3]。胜利者获得大量的粮食、武器和甲胄，以及三千匹马。梁军的死亡人数据说超过两万，另外有三百名将校选择投降。[4]

这场压倒性的胜利既说明李存勖战略得宜，也说明梁对远方的掌控力微弱且独臂难支。它需要更聪明的政治策略，让胡萝卜和大棒相辅相成。晋的胜利还得益于燕王刘守光的优柔寡断，他曾是赵的盟友，但"赵人告急，守光不能出一卒以救之"[5]。

1　见司马光等：《资治通鉴》卷二六七，开平四年十二月壬午条，第8732页。
2　陶岳：《五代史补》卷二《庄宗能训练兵士》，第2487页。
3　司马光：《资治通鉴》卷二六七，开平五年正月丁亥条，第8736页。
4　见欧阳修：《新五代史》卷五《庄宗下》，第42页；薛居正等：《旧五代史》卷二七《庄宗纪一》，第373页；司马光等：《资治通鉴》卷二六七，开平五年正月丁亥条，第8736页。
5　司马光等：《资治通鉴》卷二六七，开平五年二月壬申条，第8738页。

他的缺席也为晋将来孤立燕增加了优势,燕反而越来越无缘于在中原发展。退兵前,李存勖留下周德威指挥三千兵马防守赵州,标志着晋与赵这对昔日对手,如今缔结了新的合作关系。[1]

(六) 与赵结盟

天祐八年(911)七月,李存勖在承天军(今山西平定东北)会见王镕,以肯定彼此之间契约的重要性。他的父亲曾经想发动对赵战争,但李存勖劝他为了晋的长远利益摒弃前嫌;实际上,梁才是晋的头号大敌。[2]因此,这次结盟对李存勖个人而言同样意义重大,这是对他政治觉悟的一种肯定。另外,此行也满足了李存勖的好奇心,让他一睹"美女如云,金帛如山"[3]的赵王国。

晋王与赵王见面的第一场宴会留下了很多记载,而李存勖即兴而起的歌声也为这次宴会增色不少:

> 镕德晋甚。明年,会庄宗于承天军,奉觞为寿,庄宗以镕父友,尊礼之,酒酣为镕歌,拔佩刀断衣而盟,许以女妻镕子昭诲。[4]

---

[1] 见司马光等:《资治通鉴》卷二六七,开平五年二月壬申条、壬午条,第8739页。

[2] 见薛居正等:《旧五代史》卷二七《庄宗纪一》,第376页;欧阳修:《新五代史》卷四《庄宗上》,第38页;卷五《庄宗下》,第42页;司马光等:《资治通鉴》卷二六八,乾化元年七月甲辰条,第8744页。译者按:根据上述材料,李存勖劝李克用时,虽然提及赵、魏、中山等政权,但所针对的,乃是当时的燕王刘仁恭,而李克用的恨意,也是针对刘仁恭的。

[3] 司马光等:《资治通鉴》卷二七一,龙德元年十二月辛未条,第8870页。

[4] 引文见欧阳修:《新五代史》卷三九《王镕传》,第414页;另见薛居正等:《旧五代史》卷二七《庄宗纪一》,第376页;司马光等:《资治通鉴》卷二六八,乾化元年七月甲辰条,第8744页。

李存勖当时只有二十六岁，几乎没有子嗣，故承诺把女儿嫁给王氏具有特殊的象征意义。很多人都知道他有给亲友唱歌的嗜好，但为另一位掌权者唱歌，这是只有他才能送出的礼物。[1]王镕也很感激这首歌背后的善意——两人借此机会，结下了伟大的友谊。

王镕随后认了李存勖当"四十六舅"，尽管后者比他年轻得多。且为了体现自己的诚意，王镕还在两人的最后一次会面中带上了自己的儿子王昭诲。王昭诲跟李存勖的女儿要在很久以后才能成亲，当时二人不过幼童。[2]在草原文化中，两家定亲之后，小新郎往往要住在未来妻子的家中，这种做法对两位拥有内亚血统的王来说无疑是熟知的，这或许是王昭诲在成亲之前的十余年就居于晋阳的主要原因。[3]有趣的是，晋"断衣而盟"的方式，与唐代初期"斩白马"的盟誓方式很不一样。[4]马对沙陀人来说可能太珍贵了，以至于他们不舍得为了一个简单的仪式去杀掉一匹纯白色的马。[5]

鉴于王家的历史地位，李存勖与王镕交好在当时来说很是得当。王家已经出了五任成德节度使，其势力在镇州根深蒂

1　见欧阳修：《新五代史》卷一四《庄宗皇后刘氏传》，第143页。

2　见司马光等：《资治通鉴》卷二六八，乾化元年七月甲辰条，第8744页。

3　见欧阳修：《新五代史》卷三九《王镕传》，第411页；Wright, The Sui Dynasty, p. 4。

4　有关唐代斩白马的盟誓方式，见司马光等：《资治通鉴》卷一九一，武德九年八月乙酉条，第6020页。

5　译者按：马对于沙陀人而言当然是非常重要的作战工具，但沙陀人本身有"扑马而祭"的风俗，即在祭祀先人时杀掉马匹，故这里不用"斩白马"的方式盟誓，应与珍视马匹无关。见刘广丰：《胡风漫润：五代时期北中国的文化探析》，载《中原文化研究》2020年第5期，第78—87页。

固，而晋王家族仅有两任。唐朝过去是通过联姻与情报共享与历代赵王交好的。王镕十岁继位，二十岁时就能保护自己的领地不受贪婪的邻国侵略，而在形势需要的时候，他也会出兵境外。[1]作为一个成熟的世袭家族，王家能在最大程度上证明刚起步不久的晋的合法性。与此同时，与赵结盟也成为晋与其他政权合作的典范：晋王不会威逼对手屈服，而是选择互惠互利的路径。

梁灭唐之后，晋不但拒绝使用梁的年号，还恢复唐朝最后一个皇帝的年号天祐，并一直沿用至此时。但就是通过这一虚拟的年号，晋阳否定了开封朝廷的合法性。[2]史料指出，赵王与定州中山王此时与李存勖一样，复称唐天祐年号。因此，三镇联盟几乎在一夜之间就为晋带来了政治效益。遗憾的是，东部的烽火尚未熄灭，北方又发生了棘手的问题，其后果甚至对未来几个世纪中国领土的统一产生了深远的影响。

三、对燕复仇

（一）旧恨新仇

强大的燕又称卢龙节度使，它以幽州为中心，向北延伸至东北地区，所涵盖的范围大小与晋相仿，但其战略地位却比晋

1　见欧阳修：《新五代史》卷三九《王镕传》，第411—412页。

2　见欧阳修：《新五代史》卷四《庄宗上》，第38页；司马光等：《资治通鉴》卷二六七，开平四年十二月己未条，第8729页。

更为重要。在历史上，幽州与晋阳的关系常因帝国政治或地方形势而反复变化。[1] 其前任节度使刘仁恭是在乾宁元年 (894) 在李克用的支持下上位的，却在乾宁四年 (897) 背叛了李克用，九年之后，他又迫于内部压力，重新与李克用结盟。[2] 燕自称拥有二十万大军，即便是这一数字的三分之一，也足以令人望而生畏，不敢轻率交战，因为当时在晋领导下的联军远低于十万人。天祐四年 (907)，刘仁恭被儿子刘守光推翻并囚禁，盖因儿子与父亲的一名妾氏有染，从而引发父子二人不和。此举令幽州地方精英感到愤慨，很多人因此潜逃外地。

刘守光最初宣称效忠晋阳，并承诺采取联合行动对付他们共同的敌人梁朝，但这些保证倒推起来都是言不由衷的。[3] 在短短几年内，刘守光的政治野心迅速膨胀，他甚至穿上了皇家服饰。[4] 晋王被燕王僭越的政治姿态激怒了，更糟糕的是，燕王最近还试图离间晋与其他盟友的关系。早在天祐五年 (908)，刘守光

1　关于卢龙节度使在唐朝时期的重要地位，以及北方游牧民族对它的威胁，可参见 David A. Graff, "Provincial Autonomy and Frontier Defense in late Tang: The Case of the Lulong Army," In *Battlefronts Real and Imagined: War, Border, and Identity in the Chinese Middle Period*, edited by Don J, Wyatt, pp. 43–58, New York: Palgrave, 2008, pp. 43—58, ⋅47—53。

2　见欧阳修:《新五代史》卷四《庄宗上》，第37—38页；薛居正等:《旧五代史》卷二六《武皇纪下》，第350、354—355页；樊文礼:《李克用评传》，第169—174页。

3　见司马光等:《资治通鉴》卷二六六，开平元年十一月戊子条，第8686页；卷二六七，开平三年五月癸酉条，第8710页；庚申条，第8712页。

4　有关晋与刘守光的矛盾，可参见薛居正等:《旧五代史》卷二七《庄宗纪一》，第375—376页；卷二八《庄宗纪二》，第379—384页；卷五六《周德威传》，第752—753页；卷一三五《刘守光传》，第1799—1806页；欧阳修:《新五代史》卷五《庄宗下》，第42—43页；卷二五《周德威传》，第261—262页；卷三九《刘守光传》，第422—427页；司马光等:《资治通鉴》卷二六七，乾化元年二月壬申条，第8738—8739页；卷二六八，乾化元年六月癸丑条至十一月丁亥条，第8742—8748页；乾化二年正月戊子条至三月戊申条，第8750—8754页；Standen, *Unbounded Loyalty*, pp. 68—72。

承受着来自其兄长刘守文的压力,后者对他在幽州的统治构成了威胁,而那时,正是李存勖为他提供了军事庇护。尽管李存勖很想迅速采取报复行动,但他最终还是没有诉诸武力,而是在天祐八年(911)派使者授予刘守光各项荣誉头衔,包括"尚父"和"尚书令"。他的谋士们认为这些象征性的善举能使对方放松警惕。[1]但刘守光并没有把这种好意当回事儿,他很快就背叛了晋,囚禁了晋使,并宣布自己是燕国皇帝。到了年底,燕军南下进攻易定,这是晋的同盟之一。[2]至此,晋阳的报复行动势在必行了。

(二) 出师镇压

晋军中最优秀的将领周德威和李嗣源再次披挂上阵,出兵攻燕,随后,赵的军队也加入其中。据说晋起初为这一战派出了三万人的军队。对晋而言,这是一次长途奔袭,敌军在人数和地利上都占有优势,这在中国的战争传统中是最令人担忧的情况。更重要的是,晋阳还冒着风险,调动了原本部署在南方对付大敌梁朝的资源。但是像宦官张承业这样的辅臣,历来主张对燕采取强硬政策,故他们支持这次行动,从而坚定了晋王的决心。[3]

---

1 见司马光等:《资治通鉴》卷二六八,乾化元年十月辛亥条,第8746页。

2 见司马光等:《资治通鉴》卷二六八,乾化元年十月辛亥条,第8746页;十一月丁亥条,第8747—8748页;薛居正等:《旧五代史》卷二七《庄宗纪一》,第376页。

3 见司马光等:《资治通鉴》卷二六八,乾化元年十月辛亥条,第8746页;十一月丁亥条,第8747—8748页;十二月甲子条,第8750页;薛居正等:《旧五代史》卷二七《庄宗纪一》,第376页;卷二八《庄宗纪二》,第379—380页。

这是个非常糟糕的时机，因为战争需要投入大量资源，有些可以预料，有的则不可预知。从天祐八年(911)正月开始，晋军就魏州一地与梁军进行拉锯战，这是天雄军所属六州之一，它对晋根据地而言非常重要。最初，李存勖亲自率兵攻打魏州，并在附近取得了一些小成绩，却没能拿下这座异常坚固的城池。该镇最终在名义上向梁朝投降，而后者也迅速巩固了它对该地区的控制。[1]晋军需要分兵此处，这也能解释晋为何在天祐九年(912)初收到定州的求援后延迟攻燕。

整个天祐八年、九年间的冬天，李存勖一直待在晋阳大本营的附近，他选择不亲自率兵伐燕。六十一岁的梁祖朱温小病初愈，开始出现在晋边境以东一些对梁朝而言至关重要的地方，包括天雄军。他同时指挥进攻了晋的盟友王镕治下的枣强县(今河北枣强东南)，此战十分激烈，大大削弱了地方军队。[2]当天祐九年(912)三月该县城最终沦陷时，朱温坚持屠城，以报复赵人令其蒙受损失。[3]晋军最多只能通过出其不意的伏击和偷袭攻击梁军，但这么做只能羞辱敌人却无法将他们彻底打败。由于拥有更为庞大的军队、统一的指挥系统以及老当益壮的统帅，梁朝有能力在各条战线上同时发动进攻。认清此点后，晋不得不根据形势的轻重缓急来调整他们的目标。然而对双方而言，燕

1　见司马光等：《资治通鉴》卷二六七，乾化元年正月癸巳条、二月己未条，第8736—8737页。

2　见欧阳修：《新五代史》卷二三《杨师厚传》，第236页；卷二五《史建瑭传》，第268页。

3　见薛居正等：《旧五代史》卷二二《杨师厚传》，第297页；卷二八《庄宗纪二》，第379—380页；司马光等：《资治通鉴》卷二六八，乾化二年二月丙寅至三月丁亥条，第8751—8754页。

都是举足轻重的。

（三）开封之变

燕的领地远离梁朝腹地，但梁依旧调动附近的盟友来救援它。[1]与此同时，晋军在天祐九年(912)四五月稳步进发，以阻止梁军北上获利。六月，晋军精神大振，因为他们收到来自开封的惊人消息：梁太祖被刺身亡。[2]杀死朱温的乃其私生子朱友珪，而此事起因于家庭内部矛盾，并非边境政策分歧。朱温是一个好色之徒，惯于强暴女性，甚至包括他的儿媳。朱友珪只统治了半年，就被一次宫廷政变给推翻了，彼时梁朝的军队都团结在更具合法性的继承人朱友贞周围，即后来的梁末帝。在此期间，内部的不稳让很多地方节度使有机可乘，通过各种方式摆脱梁朝的控制。[3]

开封城内不断增加的压力对晋而言是一个极好的时机，天祐九年(912)春天，晋的东部前线深受梁军困扰。同时，燕王刘守光不断向晋军请求投降，因为他在南方唯一的盟友梁朝正专心内务，无暇外事，而他自己又受到晋军来自西边的进攻。刘守光的请求被晋军统帅周德威断然拒绝，晋态度强硬的底气，似

---

[1] 见欧阳修：《新五代史》卷二三《杨师厚传》，第236—237页。

[2] 关于朱温之死，可参见薛居正等：《旧五代史》卷七《太祖纪七》，第107—110页；欧阳修：《新五代史》卷三《梁末帝纪》，第23页；卷一三《朱友文传》第136—138页；卷二三《杨师厚传》，第236—237页；卷四二《赵犨传附赵岩传》第462页；卷四五《袁象先传》，第494—495页；司马光等：《资治通鉴》卷二六八，乾化二年五月丙寅至六月辛巳条，第8758—8759页。

[3] 见王赓武著，胡耀飞、尹承译：《五代时期北方中国的权力结构》，上海：中西书局，2014年，第116页。

乎来源于八月梁河中（今山西永济）节度使冀王朱友谦叛梁归晋之事，而此事也加剧了开封城内的混乱局势。

（四）出兵河中

朱友谦 [卒于同光四年（926）] 与梁祖朱温的关系非同一般，二人同姓，朱友谦又把字辈改为"友"字，从而成为朱梁王室的虚拟血亲。[1]他在地方上的影响力以及与朝廷的联系，让他轻而易举地升为河中节度使，这是邻近长安的战略要地之一。朱友谦与梁朝先帝的私交，以及他对河中重镇的控制令弑父上位的朱友珪十分头疼。登基不过几周，朱友珪就立即召朱友谦回朝，以试探他的忠诚。朱友谦害怕遭遇不测，婉拒了朝廷的召令，转而投向晋阳。他的变节可谓是绝境中的孤注一掷，对李存勖则是个意外之喜。但晋若要接受朱友谦突如其来的投诚，就必须重新布防河中，因为梁朝已经派出大军前来讨伐。

河中位于晋阳西南几百公里处，靠近黄河河湾，晋要救援河中，对以骑兵为主的沙陀来说是一个巨大的挑战。但晋王看重河中作为未来盟友的价值，仍派出一支规模庞大的先遣部队，在十月加入战斗。李存勖"夜半秉烛战贼"[2]，打了围困河中的梁军一个措手不及。朱友谦在晋与河中之间的猗氏（今山西临猗南）与李存勖会见，并向他致以个人的敬意。

1　关于朱友谦，可参见欧阳修：《新五代史》卷四五《朱友谦传》，第492—494页；薛居正等：《旧五代史》卷六三《朱友谦传》，第844—848页；司马光等：《资治通鉴》卷二六七，乾化二年九月至十月条，第8761—8763页；王钦若等：《册府元龟》卷一四八《知臣》，第1657页。

2　薛居正等：《旧五代史》卷六三《朱友谦传》，第846页。

这是二人的第一次会面，李存勖在自己帐中设宴招待朱友谦，并允许这位喝醉的客人留在身边过夜，而完全没有亲信照看的朱友谦也就这样酣然入睡了。第二天一早当李存勖看见朱友谦的睡姿时，就对左右说："冀王虽甚贵，然恨其臂短耳！"[1]长臂在中国传统中是尊贵的象征，司马炎（236—290）就因"手过膝"而备受推崇。[2]而在沙陀文化中，长臂或许被认为是射手的一种天赋。[3]朱友谦的缺陷并没有让大家扫兴，两位首领狂欢到第二天，晋王又一次用自己的魅力消除了来者的疑虑。出于对李存勖政治地位的尊重，朱友谦后来认前者为叔，尽管他可能比晋王年长几岁。两人的关系在此后有所反复，热情美好的开局并不能预示未来的走向。

（五）还看幽燕

尽管晋阳西南的河中之事迅速解决，但孤立并击败东北的刘守光，却耗费了将近两年时间，此战从天祐九年（912）初开始，贯穿了整个天祐十年（913）。这场持久战反映出，尽管燕王昏庸无能，但燕依然有大量资源可以利用。晋军在天祐九年（912）四月就已经攻下了瀛洲（今河北河间），此地毗邻燕的首府幽州，后者很快就被晋军包围。晋军在前进的路上遇到了燕军大将单廷圭，

1　语见欧阳修：《新五代史》卷四五《朱友谦传》，第493页；另见薛居正等：《旧五代史》卷六三《朱友谦传》，第845—846页；王钦若等：《册府元龟》卷一四八《知臣》，第1657页。

2　见房玄龄等：《晋书》卷三《武帝本纪》，北京：中华书局，1974年，第49页；卷一一三《苻坚上》，第2883页。

3　见欧阳修：《新五代史》卷三六《李存孝传》，第392页。

周德威将其打败并活捉。[1]燕军的另一个重大损失乃猛将元行钦，他与李嗣源进行了八次战斗，无一不是短兵相接的白刃战，最后力竭被擒。李嗣源爱其神勇，将之收为义子。不久之后，李存勖也收元行钦为义子。[2]

从天祐九年到十年(912—913)，越来越多的燕将或是投降，或是变节，这让晋的围城大军势头十足，也迫使刘守光再次恳求停战。作为回应，李存勖在天祐十年(913)六月派张承业到前线与周德威商议军事，试图通过谈判解决问题。[3]一年的围困耗尽了晋的资源，而梁也开始重新对晋施压，威胁其邻的利益：一支号称有十万人的部队正奔袭赵境。[4]晋军必须尽快结束在北方的扩张。但在到达前线后，张承业认为刘守光没有诚意。[5]也许有间谍告诉他燕王正同时联络北方的契丹，但契丹拒绝了他的请求。如果他的谋划成功，契丹出兵可能会无限期地延长这场战争。[6]

幽州陷落，或者说整个卢龙军的败亡，似乎在等待李存勖于天祐十年(913)十一月亲自现身战场，这也是开战以来他第一次去北方前线。刘守光要求与李存勖私人会谈，后者以其特有

1　见司马光等：《资治通鉴》卷二六八，乾化二年五月甲申条，第8756页。

2　见司马光等：《资治通鉴》卷二六八，乾化三年三月戊辰条，第8769—8770页。

3　见薛居正等：《旧五代史》卷二八《庄宗纪二》，第379—383页；司马光等：《资治通鉴》卷二六八，乾化三年四月壬辰条，第8771页；六月壬申条，第8772页；辛卯条，第8773页。

4　见司马光等：《资治通鉴》卷二六八，乾化三年五月庚戌、壬子条，第8772页。

5　见欧阳修：《新五代史》卷三九《刘守光传》，第426页。

6　见司马光等：《资治通鉴》卷二六八，乾化三年三月戊辰条，第8769页；十一月甲辰条，第8777页。

的趾高气扬之态，不带一兵一卒就来到幽州城下。双方隔着城墙对话，探讨未来的关系，李存勖尽力展示出己方的诚意，而刘守光却惺惺作态逢迎对方，他说："今日俎上肉矣，惟王所为也！"[1]李存勖当场表示愿按照沙陀人的习俗折弓为盟，但刘守光据说在其幸臣的怂恿下，还想讨价还价，这彻底激怒了李存勖，于是他命令围城大军攻城。[2]

晋军同时从四个方向翻越过幽州雄伟的城墙，仅仅一天之后，幽州城就被攻陷了——这种情况极其罕见，除非城内发生了大规模的叛变。刘守光最初带着两位妻妾和三个儿子向北逃窜，但他迷了路，差点就在荒郊野岭中饥寒交迫而亡。大概在一周之后，他被晋军俘获，随后被锁拿回幽州，他的首府也在历史上第一次被沙陀人所占领。[3]这标志着北方少数民族开始统治今天的北京地区，并持续了近五个世纪。继沙陀之后，该地区先后被契丹、女真和蒙古所占领。再后来，北京又成了清朝的首都，使游牧民族在此地的统治延续了几百年，上述每个民族都在这里留下了自己的文化印记。北宋没能从契丹手上撬开一个口子以通往这一战略要地，这也让他们难以在东北的边境区域设防。

---

1 欧阳修：《新五代史》卷三九《刘守光传》，第426页。
2 见薛居正等：《旧五代史》卷一三五《刘守光传》，第1805页；司马光等：《资治通鉴》卷二六八，乾化三年十一月甲辰至癸亥条，第8777—8788页。
3 见司马光等：《资治通鉴》卷二六九，乾化三年十二月庚午条至甲申条，第8780—8781条。

（六）燕王成俘

当看到刘仁恭和刘守光父子成为阶下囚时，晋王戏谑道："主人何避客之遽也？"[1]当初，刘守光先是背叛了自己的父亲，继而盯上了父亲的辅臣。由于"刘守光不喜儒士"[2]，导致冯道、赵凤等大儒皆背他而去。《新五代史》写道："守光素庸愚，由此益骄。"[3]刘守光以虐待犯人闻名，包括将犯人关在铁笼子里放火烧或是用铁刷刮掉犯人的皮肉，直至他们死去为止。张承业曾就他的恶行预言道："恶不积不足以灭身。"[4]

除道德污点外，刘守光还缺乏战略眼光。天祐八年（911）当赵境面临梁朝大举进攻时，王镕同时遣使向燕、晋二王求救。尽管幕僚们赞成出兵援赵，但刘守光却以一句老话拒绝了王镕的请求，他说："且两虎方斗，可待之，吾当为卞庄子也。"[5]也许他认为梁会轻松取胜，就算救援也是徒劳；又或者他认为进一步削弱赵的实力对他大有好处，因为这个所谓的盟友并不忠实。[6]无论如何，他的拖延让晋王抓住机会与赵达成一致，为晋阳将来与燕摊牌埋下了伏笔。

刘守光父子在第二年的正月初一被押解经过镇州，此时，两代燕王都成了沙陀王的阶下之囚。赵王王镕心情甚好，要求

1　欧阳修：《新五代史》卷三九《刘守光传》，第427页。
2　欧阳修：《新五代史》卷四七《张希崇传》，第528页。
3　欧阳修：《新五代史》卷三九《刘守光传》，第425页。
4　薛居正：《旧五代史》卷一三五《刘守光传》，第1805页。
5　语见欧阳修：《新五代史》卷三九《刘守光传》，第425页；另见薛居正等：《旧五代史》卷一三五《刘守光传》，第1803—1804页。
6　见司马光等：《资治通鉴》卷二六七，开平四年十二月己未条，第8729页。

见一下他们。尽管这父子二人过去都是赵王的死敌，但此时他们被除去戒具，坐在宴席的主桌上，就像动物园里的动物一样被展示。史料说，他们"饮食自若，皆无惭色"[1]。他们此时可能还不知道，李存勖只是在养肥他们，以备将来的屠杀。

在9世纪80年代初，刘仁恭曾逃到晋阳，当时，李克用不仅给他提供了庇护，还帮他安置了住所。[2]故此，刘仁恭在乾宁四年（897）的背叛，以及其子刘守光在天祐四年（907）的叛乱，都让李克用大为恼火。在父亲去世七年后，李存勖终于大仇得报，他运用既符合汉人传统又符合沙陀习惯的礼仪——刘仁恭被晋王的弟弟李存霸带到代北李克用的墓地，"刺其心血以祭先王墓，然后斩之"[3]。而在此之前，刘守光已经在晋阳被处死了。

之前就提过，李克用在去世前给了李存勖三支箭，并说："此三者，吾遗恨也，与尔三矢，尔其无忘乃父之志！"[4]南方的梁朝乃此三个仇敌之首，之后就是燕王以及北方的契丹。燕曾经是东北地区最大的地方势力，它的崩塌有助于塑造李存勖正面的形象，因为他能够长臂管辖，主持正义。攻下燕的领地后，晋军吸收了大量的败兵，使军队规模增长了40%。[5]晋军的战力

---

1 语见欧阳修：《新五代史》卷三九《刘守光传》，第427页；另见薛居正等：《旧五代史》卷二八《庄宗纪二》，第383—384页；司马光等：《资治通鉴》卷二六九，乾化四年正月戊戌条，8781页。

2 见薛居正等：《旧五代史》卷一三五《刘守光传》，第1799页。

3 引文见欧阳修：《新五代史》卷三九《刘守光传》，第427页；另见薛居正等：《旧五代史》卷一三五《刘守光传》，第1806页。

4 欧阳修：《新五代史》卷三七《伶官传·序》，第397页。

5 见毛汉光：《魏博二百年史论》，载氏著：《中国中古政治史论》，台北：联经出版事业公司，1990年，第360页。

亦大幅增长，因为投降而来的燕军武士都被部署在各地，如元行钦、赵思温等，都是了不起的战士。[1]这场持久战的价值，以及李存勖作为战略家的天赋，都因此战最后的结果得到了证明。

（七）镇州之会

晋王在占领幽州两周后就离开了这里，他让伐燕大军的统帅周德威留下来，担任卢龙节度使。[2]当年夏天，赵王王镕与晋王李存勖在两镇边境的天长（今河北井陉西）会面，毫无疑问是商讨他们与梁朝的战争升级后的事宜。[3]在之前的协议中，晋就被允许在赵境驻军，这支部队由史建瑭率领。史料透露，这支部队只有三千名雇佣兵，即便加上本地的军队，在面对号称十万的梁军时，其规模依然太小。[4]当时各镇首脑都不愿意邀请他镇部队来本土作战，但赵却是个例外。据史料记载：

> 镕为人仁而不武，未尝敢为兵先，它兵攻赵，常藉邻兵为救。当是时，诸镇相弊于战争，而赵独安，乐王氏之无事，都人士女褒衣博带，务夸侈为嬉游。[5]

---

1 见欧阳修：《新五代史》卷二五《元行钦传》，第270—273页；脱脱等：《辽史》卷七六《赵思温传》，第1250页。

2 见薛居正等：《旧五代史》卷五六《周德威传》，第753页；司马光等：《资治通鉴》卷二六九，乾化三年十二月庚午条，第8780页。

3 见薛居正等：《旧五代史》卷二八《庄宗纪二》，第382页；司马光等：《资治通鉴》卷二六八，乾化三年五月壬子条，第8772页；八月乙亥条，第8776页。

4 见薛居正等：《旧五代史》卷二八《庄宗纪二》，第379页。

5 欧阳修：《新五代史》卷三九《王镕传》，第414页。

通过缔结正确的战略盟约，这个比晋小得多的政权却得以在更大程度上繁荣昌盛。

两位霸主的下一次会面发生在天祐十一年（914）初，由王镕邀请，意在加强双方的盟约关系，因为这对赵的生死存亡来说不可或缺。[1]李存勖本打算从燕境进入代北，然后回到他的晋阳城去，但为了能在赵境停留，他选择往南走，这是一条更长的路线。李存勖在镇州待了两周，在此期间，他与王镕在北郊会面，并一起打猎，二人都沉浸在欢愉之中。尽管王镕的身上有游牧民族的血统，但他狩猎的技术很值得怀疑，因为这位四十岁的赵王在史料中被描写为贪图安逸享受，尤其"骄于富贵"[2]。相反，晋王把狩猎和打马球当作自己最喜爱的休闲活动。即便带着一支庞大的军队，他也会找时间狩猎。对晋王而言，打猎与战斗是分不开的，故打猎既是休闲，也是专业训练。如此例所示，打猎还能提供机会给结盟各方巩固关系，不同背景的男人都能在这项普遍的休闲运动中加强彼此之间的友谊。

在消遣之余，李存勖跟王镕还谋划如何一起撕开梁军的防线，他们计划在天祐十一年（914）采取行动，而目标则在赵境的正南方。七月，晋、赵联军进攻了邢州，此乃梁朝在赵境南部的一个州，王镕支持李存勖对联军的领导。[3]为了避开邢州东部的

---

1 见薛居正等：《旧五代史》卷二八《庄宗纪二》，第383—384页；司马光等：《资治通鉴》卷二六九，乾化三年十二月甲申条至四年正月己亥条，第8780—8781页。

2 引文见欧阳修：《新五代史》卷三九《王镕传》，第414页；另见王钦若等：《册府元龟》卷一一五《蒐狩》，第1261页。

3 见薛居正：《旧五代史》卷二八《庄宗纪二》，第384页；司马光等：《资治通鉴》卷二六九，乾化四年七月条，第8784页。

梁将杨师厚，李存勖率军向南，来到了张公桥。在那里，一位裨将曹进金不知为何投奔了梁军，而一向顽固的李存勖也就此撤兵。十六年前，父亲李克用曾派兵在此地与梁军作战，却遭遇惨败。[1]李存勖不会对这种历史的巧合视而不见。邢州撤兵可以说是李存勖在近两年来唯一一次挫败，而且并非一次大败，这得归功于他卓越的军事领导能力，当然，他的军事班底也十分机敏，能让晋军避免冒进，陷入险境。

天祐十一年 (914) 春，李存勖接受了尚书令一职，这也是他人生的一个分水岭。[2]镇、定两镇之主在李存勖亲自造访后，公开支持他获得该头衔，几方也因此展现出和谐团结的气氛。他们三次请求，李存勖三次拒绝，但最终让步，接受了这个提议。众所周知，唐太宗在即位为君之前，曾任尚书令，有鉴于此，唐朝剩余的时间里再没有人担当此职了。[3]李存勖毫不客气地接受了这个职位，就是要表现出自己的自信，他相信自己有潜力重现太宗昔日的辉煌，后者的统治十分优秀，文治武功都堪称一流。李存勖因而亲手设立了一个政治标准，在未来战火纷飞的三个世纪里，有很多君主效仿他，但却没人能够复制他的成功。

（八）吉祥之兆

天祐十一年 (914) 的下半年，李存勖基本待在晋阳，办了些

1　见薛居正等：《旧五代史》卷二六《武皇纪下》，第356页。
2　见司马光等：《资治通鉴》卷二六九，乾化四年正月壬子条，第8782页。
3　见刘昫等：《旧唐书》卷二《太宗上》，第23页；赵克尧、许道勋：《唐太宗传》，第73—76页。

他个人的私事。有一则逸闻大概就是在此时产生的，据说晋王带着随从去打猎，并在晋阳附近的清水池旁支起帐篷休息。有几头巨蟒突然从附近的山洞中窜了出来，跃进池中。随后，一头红白色的巨蛇从池中冒了出来，其身足有四尺粗细，随从猎手立即用箭把它射死，当时李存勖刚好不在。随着蛇身沉入池中，"四山火光"，猎手们发现池中的鱼和龟都死了，浮在水上，于是他们"共刲剥食之，其肉甚美"。李存勖认为他们看见了一个吉祥之兆：梁就是那条被晋的弓箭手杀死的巨蛇；而他们确实享受着这种杀戮的愉悦。[1]

类似的传说在中国早期很能吸引历史学家，但到了11世纪却备受质疑，这也能说明为何这个故事只存在于笔记小说之中。[2]这些夸张的故事在未来几年会出现更多，这也说明晋王在河东以外地区出现的频率更高。这些故事有可能是由他自己的政治操盘手制作而成的，也有可能是个别预言家的杰作，后者总是随时留意各种吉兆，并以之娱乐亲朋，或吸引强者的注意。

(九) 教育孩子

除了打猎，李存勖也会把一些时间花在家庭上，尤其是随着气数愈盛，他的家庭也越来越大。毕竟，孩子多本身也是强大的标志，这不但是指男性的生育能力，更是指其财力，因为

1　见孙光宪：《北梦琐言》逸文卷四《唐庄宗出猎毙大蛇》，第444—445页。

2　另一个类似的神话来自汉高祖，可参见司马迁：《史记》卷八《高祖本纪》，北京：中华书局，1959年，第347页。

供养妻儿是要花钱的,更何况他妻妾成群,儿女众多。李存勖的很多孩子都是出生在天祐十一年(914)之后的,且多为妾氏所生,但他更关注他的长子李继岌,后者的小名叫"和哥"。[1]李继岌的生母并非正妻韩氏,而是李存勖宠爱的刘氏,他具体的年龄不详。刘氏大概在天祐元年(904)成为李存勖的妾室,当时她可能只有十四岁。如果她很快就怀孕了,并且李继岌也是她所生的第一个孩子,那么他出生的时间最早是在天祐二年(905),而当时刘氏只有十五岁,李存勖也只刚刚超过二十岁。[2]她之后没再生过儿子了,或至少没有儿子活过幼年。[3]

史料透露,李继岌自小得病,失去了生育能力(病阉),这样的劫难让父母过度保护他。因此,作为未成年人,李继岌从来没有离开过他们的视线。[4]他在很小的时候就被作为继承人来培养了:汉文化教育成为他童年时的基础教育,沙陀文化则只能在他的私人生活中得以体现。因此,李继岌一直到十几岁时才接受战争的启蒙,这比他父亲李存勖要晚得多,后者在很小的时候就随他父亲南征北战,并代表父亲到唐朝廷去接受皇帝的接见。李继岌很可能从会说话开始,就以汉语接受基础教育,

---

1 《旧史》认为李继岌有两位兄长,估计很早就已经去世了;《新史》则认为李继岌就是长子。见薛居正等:《旧五代史》卷五一《李继岌传》,第691页;欧阳修:《新五代史》卷一四《李继岌传》,第142页。

2 译者按:根据《新史》,李存勖在成为晋王之后才得到刘氏,时间最早也应在天祐五年(908),而李继岌出生的最早时间,则应该在天祐六年(909)。见欧阳修:《新五代史》卷一四《庄宗皇后刘氏传》,第143页。

3 见陈鳣:《续唐书》卷三七《李继岌传》,第307页。

4 见欧阳修:《新五代史》卷一四《李继岌传》,第154页。

但在他七岁时,李存勖才为他寻找儒家经典的导师。

大约在两年前,也就是天祐九年(912),李存勖接触过一位经义大儒,想让他辅导李继岌。[1]那名学者叫李严,乃幽州本地人,不久前因为东北地区的动乱而投奔晋阳。他以博学与雄辩著称,再加上懂得军事,令作为父亲的李存勖印象深刻。[2]李严"固辞"这一委任,个中原因史料没有说明,但这让脸皮甚薄的李存勖感到羞辱,差点就要把他杀掉。后来李存勖在世交孟知祥的极力劝说之下,才打消了这个念头。

李严拒绝当老师,这本来是一件鸡毛蒜皮的小事,却又极具象征意义。一方面,它说明李存勖极力为儿子提供最好的汉文化教育。尽管李存勖自己接受过很好的经典教育,但若以志存高远的君主的标准看,他的学术水平并不突出,所以他对自己的儿子提出了更高的要求。[3]另一方面,这件事也反映出李存勖的担忧:究竟广大社会精英对沙陀人的接受能达到一个什么程度?他们很可能比军事精英更加排外。若非反复受到民族歧视,李存勖绝不会仅仅因一个老师拒绝他,就有如此大的反应。在他称帝之后,更多的种族歧视事件会公然发生,所以李存勖并不是一个狂热的民族主义者,他只是因为自己的文化植入而对现实变得敏感而已。尽管一些顽固之徒让他倍感挫败,但这

1　见司马光等:《资治通鉴》卷二六八,乾化二年三月戊申条,第8754—8755页。

2　见欧阳修:《新五代史》卷二六《李严传》,第283页。

3　欧阳修描述李存勖对《春秋》的掌握程度是"稍习",见欧阳修:《新五代史》卷五《庄宗下》,第41页。

并没有减少李存勖对母亲所属文化的喜爱,故此,为儿子寻找汉文化导师的事将会继续。

四、魏州风云

(一) 梁、魏恩怨

除延请老师一事外,天祐十一至十二年 (914—915) 间的冬天对李存勖来说是太平无事的,但这种悠闲在未来将会成为奢侈品,因为东部的机遇将会吸引他离开晋阳,最开始只是离开的次数增多,但到后来,他干脆把自己的根据地搬离此处。天雄军又被称为**魏博节度使**,它由六个规模不大的州组成。尽管比燕的领地要小得多,但此地位处晋的东南、梁的正北,这样的中心位置让天雄军成为一处战略要地,同时,此地又以经常倒戈著称,这不得不让人担心当地的稳定程度会影响周边地区。

光化二年 (899) 后,天雄军名义上受梁控制,但该地常年局势动荡,易受本地牙兵影响,魏王罗绍威对梁朝也是"前恭而后倨"。牙兵作乱杀害上司,甚至谋害节度使,这在魏博如家常便饭。[1]至天祐三年 (906),在梁的干预下,罗绍威尽诛牙兵,但自身实力也大为削弱,从实际上结束了此地长达一个世纪的自治。[2]

---

1 见欧阳修:《新五代史》卷四二《赵犨传附赵岩传》,第462—463页。另有关牙兵的细节,可参见司马光等:《资治通鉴》卷一九六,贞观十五年十二月丙子条,第6173页。

2 有关梁出兵干预魏州牙兵之事,可参见薛居正等:《旧五代史》卷一四《罗绍威传》,第187—192页;欧阳修:《新五代史》卷三九《罗绍威传》,第415—418页;毛汉光:《魏博二百年史论》,第358—374页;樊文礼:《李克用评传》,第126—130、170—171页;卞孝萱、郑学檬:《五代史话》,第33页。

六年之后,梁朝更进一步,在大将杨师厚的主张下驱逐了年幼的节度使罗周翰,不再需要他的依附。杨师厚随即被任命为天雄军节度使,但他对梁朝的敏感程度更甚于前几任节度使,故尽管任期短暂,他仍设置了独立的银枪效节都,其功能类似牙军,令开封甚为恐慌。[1]梁贞明元年(915)杨师厚去世,梁朝终于找到机会重新把天雄军收归中央,但出兵收复魏博将面临两重危险,即不愿归降的内部人员的叛乱,以及外部的第三方干预。[2]

此时的梁帝乃末帝朱友贞(913—923年在位),他在乾化三年(913)二月一场由军事将领与皇室成员共同发动的阴谋中上位。末帝是朱温第三子,当时只有二十余岁,而且自小从未被当作继承人培养,所以常常在政治上显得天真幼稚。在处理天雄军的问题上,他的决定显然毫无准备,而之后他在执行自己的政策时又犹豫不决。梁贞明元年(915)三月,他下令把天雄军分为两镇,东部的魏、博、贝三州依旧归属天雄军,由贺德伦担任节度使。[3]

把天雄军一分为二的计划出自租庸使赵岩〔卒于梁龙德三年(923)〕,他是梁太祖的女婿,对末帝的影响力颇大。事实上,梁祖朱温

---

1 见欧阳修:《新五代史》卷二五《杨师厚传》,第236页;卷四二《赵犨传附赵岩传》,第462—463页;司马光等:《资治通鉴》卷二六九,贞明元年三月丁卯条,第8786页;王赓武著,胡耀飞、尹承译:《五代时期北方中国的权力结构》,第125—126页。

2 见欧阳修:《新五代史》卷二五《杨师厚传》,第235—236页;王赓武著,胡耀飞、尹承译:《五代时期北方中国的权力结构》,第116—117页。

3 见欧阳修:《新五代史》卷五《庄宗下》,第42—43页;卷二二《刘鄩传》,第226—227页;卷二五《杨师厚传》,第263—264页;卷三二《王彦章传》,第347—348页;卷四二《赵犨附赵岩传》,第462—463页;卷四四《贺德伦传》,第482—483页;卷四七《张筠传》,第521—522页;薛居正等:《旧五代史》卷八《梁末帝上》,第120—123、127页;卷二八《庄宗纪二》,第384—385页;司马光等:《资治通鉴》卷二六九,贞明元年三月丁卯至己丑条,第8786—8788页。

也曾拆分一些藩镇，以加强中央的统治。[1]尽管如此，想通过行政命令来让军队势力彻底重新洗牌，这需要朝廷无比的勇气，但最糟糕的是，梁朝廷在不久之前才因内部的阴谋而元气大伤。末帝和他的辅臣也预测到魏州的军事集团不会轻易就范，故他同时派出一支号称有六万人的军队，由大将刘鄩率领，以强制执行他的命令——刘鄩很快就会成为晋王的新对手。

魏州的牙兵确实在梁朝的镇压大军到达之前发动了叛乱，他们抱怨朝廷把藩镇分割开来会让军户十分难受，因为他们当中有很多人需要迁徙到其他地方去：

> 朝廷以我军府强盛，设法残破之。况我六州旧为藩府，未尝远出河门，一旦离亲戚，去乡里，生不如死。[2]

牙兵的号哭体现出他们对家庭的担忧，这理由看起来很充分，但他们后来的行动说明，这种呼天抢地的表演只不过是不愿意放弃他们在地方的既得利益罢了。牙兵挟持了新任节度使贺德伦，并把他作为人质，之后又杀了开封派来这里保护贺德伦的五百名亲兵。他们还拦住了梁朝的使团不让他们进入魏州，并逼迫节度使与晋结盟。就这样，梁朝内部这场大戏开始把李存勖卷入其中。

1　见欧阳修：《新五代史》卷四二《赵犨附赵岩传》，第462—463页。

2　欧阳修：《新五代史》卷四四《贺德伦传》，第482页。

(二) 沙陀介入

这场叛乱对晋王来说是一个极好的机遇，但他仍有所保留。大概二十年前，也就是乾宁三年 (896)，他的父亲也曾经出兵魏州，但却在撤兵的混乱中失去了一位心爱的儿子。[1] 李存勖在天祐八年 (911) 也曾攻打过魏州，最后也无功而返。[2] 但一封来自被囚禁的节度使贺德伦的密信说服了李存勖，让他决定再次进入该地区。这一次他从辽州带来了一支庞大的军队，并在天祐十二年 (915) 五月亲自率兵而来。晋驻留在赵的军队也同时往南方二百公里处的魏州出发，两军一路无事，最终在临清（今山东临清）会合。几天之后，李存勖在魏州北面的永济县（非河中治所，乃唐古县，即今河北临西县南）狠狠责骂了魏牙兵首领张彦。他说道："我今举兵而来，以安百姓，非贪人土地。"[3]

李存勖把自己塑造成百姓的保护者，让他们免遭地方牙兵的虐待，他以拯救者的姿态出现，并引用了唐高祖李渊起兵反隋时所说过的话。[4] 在斥责这些天雄地方将领时，他的话从过去谈到现在，从同情谈到军纪：

> 汝凌胁主帅，残虐百姓，数日中迎马诉冤者百余辈。我今举兵而来，以安百姓，非贪人土地。汝虽有功

1　见欧阳修：《新五代史》卷四《庄宗上》，第37页；樊文礼：《李克用评传》，第170—171页。
2　见司马光等：《资治通鉴》卷二六七，乾化元年二月己未条，第8737页。
3　司马光等：《资治通鉴》卷二六九，贞明元年五月条，第8789页。
4　见赵克尧、许道勋：《唐太宗传》，第20页。

于我，不得不诛以谢魏人。[1]

其实晋王所提到的这些控诉，大部分来自被牙兵关押起来的节度使贺德伦，他派人给晋王秘密传递的话语揭露出牙兵无耻的抢掠以及他们一手造成的死亡。[2]

张彦带着五百银枪效节军去谒见李存勖，后者把他和另外七名同党杀了，"余众股栗"，不过李存勖还是说："罪止八人，余无所问。"[3]而为了安抚余党，李存勖不但赦免了他们，还在一天之后把他们补充到军队里，以增加自己的兵力。几个世纪之前，唐朝就是用这种怀柔政策征服天下的。沙陀王肯定意识到了这一时刻的意义，以及他的举措所引起的关注度。[4]他同样避免了把一支军队逼上绝路，从而引起兵变。

在刚被释放的节度使贺德伦的邀请之下，晋军于天祐十二年 (915) 六月初占领了魏州。贺德伦猜测，只有李存勖才有足够的声望来整合城内各支互不统属的军队，于是他决定把权力交出去，并说服谨慎的李存勖兼领天雄军节度使之位，而他本人则被任命到山西北部当大同节度使。他走到晋阳的时候，却被张承业留了下来。[5]也许在张宦官的心目中大同节度使有更好的

---

1 语见司马光等：《资治通鉴》卷二六九，贞明元年五月条，第8789页；另见薛居正等：《旧五代史》卷二八《庄宗纪二》，第385页。

2 见欧阳修：《新五代史》卷四四《贺德伦传》，第483页。

3 司马光等：《资治通鉴》卷二六九，贞明元年五月条，第8789页。

4 Cambridge History of China, Vol, 3, p. 167.

5 见司马光等：《资治通鉴》卷二六九，贞明元年六月庚寅条，第8790页；戴仁柱著，刘广丰译：《从草原到中原》，第68页。

人选,但更可能是,他在接见贺德伦及其随从后对他有所怀疑,这种疑心是随着形势的变化而产生的。无论如何,李存勖所期待的跟刘鄩的对峙并没有发生,因为开封朝廷不知为何把这一地区的军队撤走了。[1]

晋王很快就加强了天雄军的兵力,并任命一位能力出众的义兄李存进为都巡按使。李存进是振武汉人,是李克用破朔州时获得的将领。李存进治军严厉果断,在魏博任上,"治梁乱军,一切以法",故在短短几天之内就恢复了魏州的秩序。[2]晋王把义兄委任为都巡按使,证明他确定由河东直接管理天雄军,而不是像对赵那样,保留当地人出任这里的高级职位。这种方法与占领燕时如出一辙,这完全适用于敌意接管,因为这些地方有很多对晋口是心非的首领,也存在很多棘手的问题。

(三) 培植势力

魏徵曾对想扩张唐朝领土的太宗皇帝说:"战胜易,守胜难。"[3]有鉴于此,天祐十二年 (915) 的整个夏天,晋王李存勖都留在魏州,他要用自己的影响力来统一此地的政令。其后不久,他就试图改革当地乱政,并更换一些让人讨厌的官员。最开始,他颁布了严苛的命令:"自今有朋党流言及暴掠百姓者,杀无

1　见王赓武著,胡耀飞、尹承译:《五代时期北方中国的权力结构》,第116—117页。

2　引文见欧阳修:《新五代史》卷三六《李存进传》,第394页;另见司马光等:《资治通鉴》卷二六九,贞明元年六月庚寅条,第8790页。

3　司马光等:《资治通鉴》卷一九五,贞观十四年十二月乙巳条,第6161条。

赦！"[1]他甚至族诛了司空颋，后者是附近的贝州（今河北清河）人，在魏州是很有影响力的官员，他想联络自己的堂侄，让他引梁军来收复魏州。司空颋乃前天雄军节度使贺德伦的亲信，所以杀掉他可能有利于晋对该地区的接管。[2]

天雄军中剩余的牙兵注意到李存勖的严厉，他们对晋王还缺乏具体认知，尽管老一辈的人对其父亲执行军纪的严厉程度依然心有余悸。除了严格执行法律外，另一个保证晋在天雄军利益的措施，是把关键的财政与军事职位留给晋王的亲信。[3]晋入主魏州后进行了大规模的人事更替，这显然会在当地人里埋下仇恨的种子。

晋的目标是控制魏州及其周边更广泛的地区，但其难度超乎想象。此事对晋王的能力而言也是一次重要的考验：为了实现这一目标，他必须持续奋斗几年，而非仅仅几个月，在此过程中，他可能得不到身在晋阳的家人及密友的支持。在未来八年里，魏州将会成为晋的根据地，所以李存勖投入时间与精力来经营此地很有必要。晋王一面有目的地进行着政治与军事清洗，一面实行着另一个不太明显的计划，那就是任用当地一些官员，比如孔谦就被重新任命为支度务使，他将通过耗竭魏博六州之力来为晋的利益服务。他在同光元年（923）之后为后唐奠

1　司马光等：《资治通鉴》卷二六九，贞明元年六月庚寅条，第8790页。
2　见司马光等：《资治通鉴》卷二六九，贞明元年五月条，第8989页；六月庚寅条，第8791页。
3　见薛居正等：《旧五代史》卷九二《薛融传》，第1233页。

定经济基础的过程中，扮演着相当重要的角色。[1]魏州下面的一些小镇也被要求搜罗人才，这一方面是为了扩大晋的政治影响，另一方面则是为了巩固并加强晋在该地区的统治。

最终，晋人对天雄军的建制达成一致意见，即承认此处为"霸府"，应该统管六州，而不是分成两个独立的藩镇来削弱其势力。[2]相关的辩论并未留下任何记录，但晋人废除梁末帝对魏博的调整并恢复它原本的行政建制，对未来的后唐王朝造成严重的影响。李存勖的动机完全是出于蔑视任何与梁朝相关的事物，即便如分割强藩这种十分有远见的政策，他也是如此对待。

（四）贝州顽抗

在获得魏州与博州（今山东聊城）之后，当时的天雄军仍与一州处于敌对状态，即北方的贝州。有人建议晋王先攻取贝州，然后再以此地为基地，向东攻取德州（今山东陵县）和沧州（今河北沧州）。由于贝州与赵接壤，而其刺史张源德又与梁将刘鄩合作，故优先平定此地的战略意义会更大。好战的李存勖却反对这个提议，他主张采取中国古老的战法，把风险降到最低，因此要先进攻较弱的城池，再对付强的。他说：

> 贝州城坚兵多，未易猝攻。德州隶于沧州而无

---

[1] 见薛居正等：《旧五代史》卷七三《孔谦传》，第963—965页；欧阳修：《新五代史》卷二六《孔谦传》，第280页；司马光：《资治通鉴》卷二六九，贞明元年六月庚寅条，第8791页。

[2] 见司马光：《资治通鉴》卷二七一，龙德二年九月丙午条，第8877页。

备，若得而戍之，则沧、贝不得往来，二垒既孤，然后可取。[1]

晋军因此在天祐十二年(915)六月底向德州进发，且一如之前所料，德州毫无防备，从而被一举攻破。然而，对贝州的争夺持续了一年，这也说明李存勖认为此地的防御更强是有可靠情报为依据的。

在初秋之时，晋军攻陷了原天雄军最南端的澶州(今河南濮阳西南)，此地在黄河沿岸。[2]澶州落入晋军手中不过月余，就被梁军夺回了，但这短暂的占领却让晋军捕获了梁将王彦章的家属，他们那时候都住在澶州城里。晋王随后派出使者威迫王彦章投降，但王彦章不为所动，反而杀掉使者。根据《通鉴》记载，此举激怒了晋王，为了报复，他把王彦章的家人都杀掉了。[3]但在《新五代史》的描述中，王彦章的家人得到了仁慈的宽恕，他们被转移到晋阳居住，并且所受待遇"愈厚"。[4]

（五）摆脱伏兵

天祐十二年(915)七月发生了不少惊心动魄的事，李存勖差点就难逃一死。他当时在魏县(今河北大名西北)劳军，偷偷带着一百

1　司马光等：《资治通鉴》卷二六九，贞明元年六月庚寅条，第8791—8792页。
2　见薛居正等：《旧五代史》卷二八《庄宗纪二》，第385页。
3　见司马光等：《资治通鉴》卷二六九，贞明元年七月条，第8792页。
4　见欧阳修：《新五代史》卷三二《王彦章传》，第348页。

人去窥视敌军营帐，希望不被发现。不幸的是，糟糕的天气和复杂的地形让这支小队很容易遭到伏击。刘鄩的军队安排了五千名精英战士埋伏于此，他们把李存勖等人包围了好几圈，并在一个下午杀了他七名侍卫。沙陀王在战火中异常英勇，他身边的侍卫夏鲁奇 (883—931) 也是如此，后者一人就杀死对方一百余名伏兵，而他自己也遍体鳞伤。[1]夏鲁奇是一个传奇的搏击高手，他几年前在军中协助周德威攻燕，从而让他受到更多的关注。李存勖得以逃脱可谓一个奇迹，他感叹道："几为虏嗤。"同时，他亲自给另一位援救他的人石敬瑭喂食胡人的酥饼。[2]虽然他这次逃脱了危险，但敌人也把目光转向了晋的另一处地标。

(六) 袭击晋阳

梁军看到晋王长时间不在晋阳，于是设计出一个别出心裁的计划，要去攻取他的根据地。他们上一次袭击晋阳是在唐天复二年 (902) 春天，尽管他们最终没能拿下这座城池，但也足以威胁当时晋阳的领导人，让他们时常担心梁军再次来袭。[3]这次梁军由刘鄩率领，在天祐十二年 (915) 七月离开黄泽 (今山西左权东南)向北进发，这支军队规模不大，人数很可能在五万到十万之间。

---

1 见欧阳修：《新五代史》卷三三《夏鲁奇传》，第347页；薛居正等：《旧五代史》卷七〇《夏鲁奇传》，第927—928页。

2 李存勖语，见司马光等：《资治通鉴》卷二六九，贞明元年七月条，第8792条；喂食酥饼事，见欧阳修：《新五代史》卷八《晋高祖本纪》，第77页。

3 见欧阳修：《新五代史》卷一《梁太祖上》，第7页；卷四《庄宗上》，第38页；卷二二《刘鄩传》，第226页；卷二五《周德威传》，第262页；薛居正等：《旧五代史》卷二八《庄宗纪二》，第286页；司马光等：《资治通鉴》卷二六三，天复二年三月戊午条，第8569—8570页；卷二六九，贞明元年七月条，第8792—8793页。

梁军离开黄泽最开始并没有被发现,因为刘鄩使用了一个小计谋,他让假人骑在驴上,在城墙上来回巡逻,晋军远远看到,就以为是士兵骑在马上。当晋军发现镇中没有烟火,已经是几天之后的事了,而这也是他们所发现的第一条线索。

李存勖从魏州派了一支规模不大的军队回防晋阳,但刘鄩的军队最终没能完成任务,因为他们遭遇了不合时宜的暴雨,以及由此造成的粮食短缺和瘟疫。另外,留守晋阳的宦官张承业也得到了梁军来袭的情报,他调动了一切可以调动的资源来增强防御。救援部队已经上路,幽州派出了一千骑兵,而另一支部队则由李存勖的义兄李嗣恩率领,从魏州出发。[1]在这些内外因素的共同作用之下,梁军针对晋阳的计划很快就有所调整,尽管他们已经深入晋的后方,离晋阳不足一百公里。若非留守晋阳的张承业足智多谋,以及各地指挥将领共同反应,敌军恐怕早已列阵于晋阳城下了。

(七)狡诈的刘鄩

晋王与刘鄩可谓棋逢敌手,后者跟前者的父亲一样,在战场上有丰富的经验。李存勖曾评价刘鄩曰:"吾闻刘鄩用兵,一步百计。"[2]几个月之后,他的话得以印证,当时刘鄩派了六人秘密到魏州沙陀营中,假装商讨投降之事。到达晋营之后,他们

---

1 见欧阳修:《新五代史》卷三六《李嗣恩传》,第390页;《李存璋传》,第395页;薛居正等:《旧五代史》卷二八《庄宗纪二》,第386—387页;卷五六《周德威传》,第753页。

2 司马光等:《资治通鉴》卷二六九,贞明元年七月条,第8793页。

想贿赂晋王的厨师，在饭菜中下毒，但在他们找到合适的厨师前阴谋就已经败露了。[1]这说明，就算是晋王的厨房，在当时也非禁地。

李存勖承认刘鄩"长于袭人"，但也找到了他的弱点，即"短于决战"。[2]是年秋天，刘鄩想攻下临清，截断晋军的补给，但被周德威阻拦了。当刘鄩的军队往南向黄河进发的时候，突然由进攻转为防御。刘鄩大军最后藏身在魏州东面的莘县（今山东莘县），几乎弹尽粮绝，他们不得不修建一条甬道，从莘县直通二十里外的黄河，以联通对岸友好的城镇，获得补给。[3]在晋军的连番攻打之下，刘鄩已经有点招架不住了。除了反制对方的主动权外，李存勖还能提前预测到刘鄩的每一个行动。

刘鄩的军队与晋军一日数战，晋王忧心前线，于是亲自领兵，试图截断敌军的补给，并打击他们的士气。就在晋军攻打梁军的补给线，并开始取得成果之时，刘鄩却面临着梁朝廷对他的怀疑。梁末帝就前线战略的细节提出质疑，认为目前的战法是"老师费粮"。刘鄩一系列模糊的回应让开封朝廷十分不满，于是派出监军，想给前线部队增加压力。按照梁朝一贯的做法，只有怀疑某位将领阴谋叛乱时，才会对他的军队派出监

1　见薛居正等：《旧五代史》卷二八《庄宗纪二》，第387页；司马光等：《资治通鉴》卷二六九，贞明元年十月辛亥条，第8797条。

2　见司马光等：《资治通鉴》卷二六九，贞明元年七月条，第8793页；欧阳修：《新五代史》卷二二《刘鄩传》，第227页。

3　引文见欧阳修：《新五代史》卷二二《刘鄩传》，第277页；卷二五《周德威传》，第262页；另见薛居正等：《旧五代史》卷二八《庄宗纪二》，第386页；司马光等：《资治通鉴》卷二六九，贞明元年七月条，第8793—8794页。

军。刘鄩辩称晋军"诚为劲敌，未易轻也"，之后又偷偷诋毁末帝"深居禁中，不知军旅，徒与少年新进辈谋之"。至此，就算是刘鄩自己的部下也希望能速战速决，而不是漫长地等待战机。[1]内外压力交织在一起，让这位梁军将领心力交瘁。

几个月过去了，李存勖意识到必须尽快把刘鄩赶回到他自己的土地上去，让魏博掌控在自己手里。[2]天祐十三年(916)二月，当春天过半之时，晋王已然失去耐心，出发前往附近的贝州，并放出流言，让人以为他是要回晋阳。他这趟回家之旅看起来会持续很长时间，因为他已经离家十个月了。当然，这只是一个策略而已。刘鄩急于利用晋王离开的时机，他在半夜派出一万梁军袭击魏州南城，随后自己也率兵与先遣部队在东城下会合。然而，他们遭到了晋军的拼死攻击，在城下，晋王义兄李存审率兵包抄，城中的李嗣源也带兵出战。此时，李存勖所率领的军队从贝州近郊回转而来，突然出现在战场上与刘鄩部接战。晋军从四周掩杀而来，并用"方阵"来围剿刘鄩部的"圆阵"，最终梁军大败，刘鄩只能带着几十骑兵往南突围。这位梁军将领最后逃回梁朝，他面临着朝廷的传召，需要对此战提交一份详细的报告。晋王此时可以心满意足地上路了，他于五月回到了晋阳。[3]

1　以上引文见司马光：《资治通鉴》卷二六九，贞明元年八月条，第8795—8796页；另见欧阳修：《新五代史》卷二二《刘鄩传》，第227页。

2　见欧阳修：《新五代史》卷二二《刘鄩传》，第227页。

3　见薛居正等：《旧五代史》卷二八《庄宗纪二》，第387—388页。

（八）再袭晋阳

然而，同样是二三月间，梁兵再次攻袭晋阳，这次他们派出三万人的军队，人数不比上次行动，但却更有组织。与此前不同的是，他们不是从晋阳东边的黄泽岭攻来，而是从西南的阴地关（今山西灵石西南）进攻。这条进攻路线出人意料，仲春时节的北方又干爽少雨，梁军因此把毫无准备的晋阳守军打了一个措手不及。敌军不但围住了晋阳城，还多次进攻城墙，这对张承业或是晋阳王室的能力而言都是前所未有的考验。由于城中的精兵良将都随李存勖南征魏州去了，故张承业只能发动工匠和百姓守城，以等待南边潞州派来的援军。[1]守军甚至动员了李克用的一位老朋友，已经退役的大将安金全。尽管攻守双方的力量差异巨大，但晋阳还是成功挫败了入侵的敌军，并在此过程中降低了敌人未来再次攻击的可能性。

就在晋阳被围困期间，张承业处理了贺德伦，后者原是魏博节度使，就在一年之前，他把魏州交让给了晋王。张承业把贺德伦拘禁在晋阳，这也代表着上层军官对后者忠诚的怀疑，而这种怀疑乃是随着一系列事件产生的。在晋阳受困之时，贺德伦手下很多人叛逃到梁军，这让晋阳内部产生了不稳定的因素。[2]作为惩罚，贺德伦被斩首，而不是赐死，由此估计他对此事也负有一定责任。无论如何，在李存勖回家的时候，晋阳的内

1　见欧阳修：《新五代史》卷二五《安金全传》，第273页；卷三六《李存璋传》，第395页；司马光等：《资治通鉴》卷二六九，贞明二年二月辛丑条，第8801页。

2　见欧阳修：《新五代史》卷四四《贺德伦传》，第483页；司马光等：《资治通鉴》卷二六九，贞明二年二月辛丑条，第8801—8102页。

外危机都已经解除了。他在家里待了两个多月，又重新回到魏州统领军队，并主持了一次劝降行动。两个月之后，他又回晋阳小住了一段时间。李存勖不在的时候，东部重要的扩张行动依然在进行着，这说明李存勖逐渐乐于把军事任务委派给其他人了。[1]

（九）贝州悲歌

李存勖休假期间，相州（今河南安阳）与贝州相继投降，这是天雄六州中坚持到最后的两个州。[2]晋军在围困相州一段时间后，就兵不血刃地夺取了这座城池，但贝州却抵抗了晋军整整一年。在一个记载中，食物的消耗和供给的断绝激怒了城中将校，他们杀了守将张源德，并交出了这座城池。[3]但根据另一份记载，这些将校之所以杀害张源德，是因后者想要投降，而前者却一心抵抗，但随后他们也因弹尽粮绝而投降。[4]不过两则记载都指出，贝州剩余的三千守军在投降前与晋军将领谈妥了条件，他们被允许"被甲执兵"出城，在获得赦免之后再解除武装。《新五代史》记载说："晋军许诺，贝人三千出降，已释甲，晋兵四面围而尽杀之。"[5]

1　见薛居正等：《旧五代史》卷八《梁末帝纪上》，第126—127页；卷二八《庄宗纪二》，第38页；司马光等：《资治通鉴》卷二六九，贞明二年八月丙午条，第8804页。

2　见司马光等：《资治通鉴》卷二六九，贞明二年八月丙午条至九月条，第8804—8806页。

3　见欧阳修：《新五代史》卷三三《张源德传》，第356—357页。

4　见司马光等：《资治通鉴》卷二六九，贞明二年九月条，第8806页。

5　欧阳修：《新五代史》卷三三《张源德传》，第357页。

约二十年前，燕王刘仁恭在贝州以相似的方式残酷对待降兵。[1]晋军将领这种出尔反尔之举，与一年前在魏州那种高度仁慈的政策完全不同，当时他们赦免了所有地方军士。所谓"将在外，君命有所不受"，这一战李存勖身在晋阳，前线将领也难以联系到他去作决定。但更可能的是，贝州的屠杀是早有预谋的，攻方将领与地方权力的代理人合谋为此，从而传递一个信息。

此前，贝州官兵们为了能有足够的资源坚守城池，不断在夜色掩护之下出城劫掠，造成极大危害的同时让住在郊野的百姓离心离德。[2]在近距离目睹他们暴行的文官武将眼中，再严厉的惩罚也难以抵其罪之万一。再者就算不是李存勖本人同意，晋阳高层也会在某种程度上支持晋军的强硬手段，因为贝州的将校还以下犯上杀死了他们的长官，故对他们严厉的处置也能威吓其他地方潜在的不守规矩的士兵。鉴于魏州过去时常兵变，极不稳定，这个信息对此地尤为重要。但大屠杀是不容易被忘记的，死者的幽灵总会有办法从坟墓里爬出来进行报复。[3]

五、胡与汉

（一）对南外交

到天祐十三年（916）末，晋已经掌握了黄河北岸的所有土地，

1　见欧阳修：《新五代史》卷三九《刘守光传》，第423页。
2　见司马光等：《资治通鉴》卷二六九，贞明元年八月条，第8795页。
3　译者按：后来导致庄宗兵败被杀的魏州之乱，就是从贝州开始的，此乃后话。

但黎阳（今河南浚县）除外，这个通往南方的交通要道依然掌握在梁军手中。为巩固沿河的领土，李存勖不得不再次回到魏州。几个月前，开封的皇宫侍卫发动了一次规模不大的兵变，这说明最近在沿黄河前线的一系列挫败开始在梁都开封引起政治反应，一些梁军将领开始变得疯魔。[1]李存勖想通过与梁朝南部的小政权进行外交活动，从而进一步给梁朝制造麻烦，他的目标是东部的杨吴和中部的马楚，希望他们能成为插入开封的尖刀。他的努力将会在未来某个时刻产生实质性的成果，尽管此时看来还微不足道。[2]

（二）契丹入侵

就在南方前线相对稳定的时候，晋与北方契丹的关系突然急转直下。天祐十三年（916），耶律阿保机正式按照汉人的标准建立起自己的王朝，当中包括父死子继的继承制度，但这个王朝被称为"辽"还是在未来。[3]契丹与沙陀的军事冲突，显然让前者更进一步下定决心，加速他们在政治前线的步伐。

在10世纪初，契丹是中国北部边地的游牧族群中最具战略眼光的一个。天祐二年（905），阿保机与李克用"约为兄弟"，并帮助晋孤立燕在东北的无能统治。但不到两年，就在梁推翻了

1　见司马光等：《资治通鉴》卷二六九，贞明二年四月癸卯条，第8802页。

2　见司马光等：《资治通鉴》卷二六九，贞明二年十一月条，第8807页；十二月戊申条，第8808页。

3　Cambridge History of China, Vol. 6, pp. 60 — 61.

唐朝之后，阿保机便与之缔结了外交关系。他对山西北部，尤其是云州地区发动了进攻，侵害了晋的利益，这让李克用愤愤不平，后者曾在临死前让儿子立下誓言对契丹进行报复。[1]

尽管契丹与晋有冲突，但阿保机还是在天祐五年（908）李克用去世后，向晋阳派出使者，以示慰问。在过去，他们两人至少见过一次面。[2]他通过一些象征性的举动来释放自己的善意，包括偶尔跟新晋王探讨军事，这也标志着他对改善契丹与晋阳的关系很感兴趣。为了让双方的甜蜜关系更进一步，李存勖甚至称年长的阿保机为"叔父"。就这样，双方共同铸造了足够友好的关系，以使他们在接下来的八年里没有发生过严重的冲突。也就是这八年，契丹在其他地方迅速扩张。[3]燕国动乱，随后落于晋手，这让东北地区留出广阔的空间，再加上晋王后来专注于中原内部之事，给契丹创造了机会。故此，沙陀需要为双方即将发生的敌对状态负一定责任，而彼时，他们的资源分散各地，幽燕一带变得相对空虚。

天祐十一年（914）攻陷燕国之后，晋王任命弟弟李存矩为燕西部的新州（今河北涿鹿）及武州（今河北宣化）防御使。[4]当地百姓很快开

1　见司马光等：《资治通鉴》卷二六六，开平元年五月丁丑条，第8679—8680页；开平二年五月己丑条，第8700页；欧阳修：《新五代史》卷七二《契丹传》，第885—889页；脱脱等：《辽史》卷一《太祖本纪》，第2页；Mote, *Imperial China*, pp. 62—63；*Cambridge History of China*, Vol. 6, pp. 57—58；樊文礼：《李克用评传》，第174—179页。

2　见脱脱等：《辽史》卷一《太祖本纪》，第3页；Mote, *Imperial China*, p. 45。

3　见司马光等：《资治通鉴》卷二六九，贞明二年十二月戊申条，第8810页；脱脱等：《辽史》卷一《太祖本纪》，第11页。

4　见司马光等：《资治通鉴》卷二六九，贞明三年二月甲申条，第8811—8812页；欧阳修：《新五代史》卷四八《卢文进传》，第539页。

始不满存矩的滥权行为，士兵也对晋持续调动燕军离乡怨恨万分。不久，李存矩便在一次兵变中被杀。周德威当时是卢龙节度使，但这位将军打仗厉害，行政却是一塌糊涂：他排挤熟知契丹事务的本地将领，有些被他杀掉，有些则逃到北部边界以外，这说明晋人占领幽州之后，与本土人士相处得极不和谐。[1]

契丹是从今天中国的东北地区发展起来的，他们将幽州看作自己的后花园，而此处的动荡也给了他们足够的理由，使其从天祐十三年（916）开始插足其他边境城市，包括云州和新州。这是多年以来沙陀与契丹之间所爆发的第一次全面战争。一开始，晋军表现十分糟糕，死伤超过一万人。[2]契丹的行动足以威胁到晋王，迫使他在天祐十三年（916）九月亲自带兵到前线救援，从而打断了他与家人的团聚。[3]敌人在李存勖到达前就撤退了，于是人们传言光他的声望就足以吓退敌兵，他对此也乐见其成。

天祐十四年（917）春，契丹派大军进攻新州，据史料记载，这支军队号称有三十万人。兵力上的优势让他们很快就占领了新州，之后又围困幽州长达两百余天。远在魏州前线的晋王让两位身经百战的将军——义兄李嗣源与李存审率兵救援。此后，

1　见司马光等：《资治通鉴》卷二六九，贞明二年二月甲申条，第8813—8814页；脱脱等：《辽史》卷一《太祖本纪》，第6—12页；卷七一《淳钦皇后传》，第1199—1200页。

2　见薛居正等：《旧五代史》卷二八《庄宗纪二》，第389—390页；欧阳修：《新五代史》卷七二《契丹传》，第887—888页。

3　见司马光等：《资治通鉴》卷二六九，贞明二年九月条，第8805页。

阎宝也率领他的镇、定援兵加入其中。[1]李嗣源的部队与成千上万名契丹骑兵以及大量步兵相遇，而他自己的七万军队绝大多数是步兵。契丹骑兵与步兵的比例是四比一，而一些野史则说沙陀的步骑比例是六比一。[2]无论在质量还是数量上，契丹都占有绝对的优势。

李嗣源很镇定，也很机敏，他想了很多办法来维持晋军对契丹的作战优势，他命步兵在山中潜行，而不走敌方骑兵更占优势的平原，以免暴露。他和李存审还以巧取胜，让士兵们点燃柴草，使得狼烟蔽日，令敌军难以察觉他们的行动，然后命晋军骑兵躲在狼烟之下进攻敌军前方，而步兵则包抄后方。两军如蟹螯之势夹击，由于伪装得当，且行动迅捷，对敌军造成了极大的破坏。[3]在白刃战中，李嗣源成功斩杀了一名契丹将领，从而动摇了他们的军心。邻镇的援军会进一步增强晋军的实力，迫使敌人退兵。经验告诉李嗣源，契丹大军移动速度如此之快，是因为他们从来不会背负辎重物资：他们会抢掠地方村庄以补给粮食，并从战败的敌军手里抢来武器和燃料。[4]他必须利用对方的弱点，并保护好晋军的物资。

1　见薛居正等：《旧五代史》卷二八《庄宗纪二》，第389页；卷一三七《契丹传》，第1828页；欧阳修：《新五代史》卷二五《周德威传》，第264页；司马光等：《资治通鉴》卷二六九，贞明三年三月条，第8814—8815页；卷二七〇，贞明三年七月辛未至八月辛丑条，第8816—8819页；陈鳣：《续唐书》卷四〇《符存审传》，第329—331页；Cambridge History of China, Vol. 6, p. 64；戴仁柱著，刘广丰译：《从草原到中原》，第69—70页。

2　Mote, *Imperial China*, p. 47.

3　见司马光等：《资治通鉴》卷二七〇，贞明三年八月庚子条，第8818页。

4　见司马光等：《资治通鉴》卷二七〇，贞明三年八月甲午条，第8817页。

到天祐十四年（917）八月，契丹旗下成千上万的士兵或遭杀戮，或被俘虏，这也意味着沙陀在此战中大获全胜。[1]此外，幽州被围超过半年，也说明当初晋将李存审、阎宝的判断是错误的，他们当时嘲笑契丹"势不能久"，因为他们缺乏粮食、补给和对此战的绝对信心。[2]李嗣源对敌人的后勤力量有更加清晰的判断，据说，幽州守将周德威在确认城内的同袍安全之后，"握（李嗣源）手流涕"[3]，这说明此前的他对能否在这一战中活下来感到十分悲观。自此之后，李嗣源就成为晋军将领中唯一一个能捍御契丹之人，因为他的战术刚柔并济。[4]这次大胜的消息很快就引起各地的震动，并形成晋军无敌的形象。

这一战，晋王并未亲临东北前线，而是让有能力的将领全权负责。此举所反映的信心是有历史根源的，从其评论中可以看出来："昔太宗得一李靖犹擒颉利，今吾有猛将三人，复何忧哉！"[5]这句话不但承认在如这次抵抗契丹入侵的长途任务中敢于用人乃是必须，还肯定了历史上唐太宗在制定边疆政策时所扮演的角色，而这种角色在三百年后李存勖所处的时代依然能够鼓舞人心。也只有这样，晋才能够在多条战线上实现自己的战略目标。[6]然而，话虽说得好听，但却与现实中李存勖的私生

1 　见司马光等：《资治通鉴》卷二七〇，贞明三年八月庚子条，第8818页。

2 　见司马光等：《资治通鉴》卷二六九，贞明三年四月条，第8815页。

3 　见司马光等：《资治通鉴》卷二七〇，贞明三年八月辛丑条，第8818页。

4 　见欧阳修：《新五代史》卷二四《郭崇韬传》，第250页。

5 　司马光等：《资治通鉴》卷二六九，贞明三年四月条，第8815页。

6 　贞观四年（630）擒获东突厥的首领颉利，不但让唐朝保卫了自己的边疆，还分化了它的敌人，详见 Cambridge History of China, Vol, 3, p. 222。

活格格不入，他最后是被自己的荒唐行为摧毁的。

（三）赌徒

天祐十四年 (917) 十月，李存勖在晋阳待了不到一个月，可就在这一个月里，他就因赌博之事得罪了张承业，双方为此还有过激烈的交锋，这一点我在上一章已经谈到过。李存勖用剑威胁张承业，结果换来母亲对他一顿责打。[1]奇怪的是，天祐十三年与十四年对晋而言可以说是压力最大的两年，年轻的晋王经常长时间与晋阳的亲人和朋友分开，所以他的任性似乎与最近在战场上的几次胜利没有多大关系。此外，一些逸闻显示，赌博是晋阳流行的消遣方式，在沙陀人到来之前它就已经成为当地的一种文化，所以李存勖这种玩物丧志的行为，对当时的有钱人来说很普遍。[2]最后，张承业所苛求的厉行节约似乎大可不必，因为根据李存勖自己所说，当时"库钱常百万缗"[3]。

张宦官强硬拒绝李存勖之事，需要从时代和个人的两个角度理解。最近两年，晋阳已经被敌人袭击了两次，更不用说在李克用晚年的时候也被袭击过一次。这三次反围城战张承业都有参与指挥，这让他比任何人都要敏感，因为他深知在整个战争过程中资源会匮乏到什么程度。他的主要责任是管理晋阳的

---

[1] 见欧阳修：《新五代史》卷三八《张承业传》，第404页；司马光等：《资治通鉴》卷二七〇，贞明三年十月己亥条，第8819—8820页。

[2] 唐太宗年轻的时候在太原，也喜欢赌博，见刘昫等：《旧唐书》卷三《太宗下》，第52页。

[3] 欧阳修：《新五代史》卷二八《张宪传》，第312页。

财政,必须利用有限的资源来维持两大开销,包括防御晋阳的开销和维持军队的开销,尤其是后者,因为最近东北的战事,以及南方长期的部署,早已耗资过度。

与军府中的其他人不一样,张承业知道一个残酷的现实:晋唯一的短板就是财政,晋军的命运与境内的资源是密不可分的。他用资源耗竭的后果来警告李存勖说:"财尽兵散,岂独臣受祸也?"[1]张承业更提出财政完整对一个政权的重要性,尤其是像晋这样一个物资并不算丰富的政权,更需要公私分明。他提醒李存勖说:"此钱,大王所以养战士也,承业不敢以公物为私礼。"[2]此话所反映的,乃是他为官的原则。

张承业希望他的家人与朋友跟他一样谨慎,他把政治决定与个人考虑分开,有时候也会产生让人震惊的后果。他的一个侄子仗着他在晋阳的地位,横行霸道仗势欺人,有一次杀死了一个贩牛的人。张承业直接下令处死这个侄子——这是最为严厉的惩罚。他顶住压力,不予减刑,甚至对李存勖亲自求情也无动于衷。[3]显然张承业所向往的公平乃是基于中国最好的传统,但在沙陀领袖看来这是不人道的,后者更倾向于在军中纪律严明,但作为补偿,那些军人和幕僚的家人可以在私生活上有所放纵,这也算是对他们辛苦工作的一种报酬。因此,政策

---

1 欧阳修:《新五代史》卷三八《张承业传》,第404页。

2 司马光等:《资治通鉴》卷二七〇,贞明三年十月己亥条,第8819页。

3 见司马光等:《资治通鉴》卷二六九,贞明二年十二月戊申条,第8808页;欧阳修:《新五代史》卷三八《张承业传》,第404页。

上的冲突，往往遮盖住晋阳城内不同族群之间的文化差异。李存勖的母亲赞同张承业也不是一个巧合，他们有共同的文化价值观，故在某种情况下，她不惜责罚自己的亲生儿子来维护这种价值观。[1]

(四) 种族矛盾

张承业的洞察力不会受眼前的蝇头小利所蒙蔽，这让他总是能以独特的方式来调停晋核心班底内最大的分歧：一些明显与种族主义有关的事件。汉人也许能主导民政，但在晋军中，尤其是高层将领和中层军校，更多的是沙陀人以及其他游牧民族之人，包括回鹘、突厥和吐谷浑。[2]内亚人的汉语水平普遍都很低，这让他们因为语言问题而受到歧视，只有李存勖除外，他是少数能游刃于两种文化之间的人。

就在李存勖留在晋阳期间，掌书记卢质因为喝醉酒，十分轻傲地直呼李克用诸子为"豚犬"。[3]沙陀人经常在打猎的时候带着一大群的猎狗或者其他受过训练的动物，在这种喜庆的活动中，人与动物之间建立起了感情的纽带。在游牧生活中，狗无处不在，一些大型犬往往会被用来保护女性、看守战俘，以及追捕逃犯。[4]同样，内亚人也更喜欢把狗当作家养宠物，与之相

---

[1] Eberhard, *Conquerors and Rulers*, p. 149.

[2] 见樊文礼：《李克用评传》，第76—79页。

[3] 见司马光等：《资治通鉴》卷二七〇，贞明三年十月己亥条，第8820页；欧阳修：《新五代史》卷三八《张承业传》，第405页；薛居正等：《旧五代史》卷七二《张承业传》，第952页。

[4] 见欧阳修：《新五代史》卷三三《张敬达传》，第361页；Wright, *The Sui Dynasty*, p. 4.

反,汉人上层阶级更喜欢一些精致柔弱的宠物,如猫、鸟和金鱼。于是,旁观者很容易把游牧民族对狗的喜爱与他们在战争中好斗的本能相提并论。[1]此外,相传五代时北方有"狗国",在那里,人与狗交配,"生男为狗,女为人"。[2]这类传说就是要把北族人描述得不像人,其原因乃是因为他们长有更长的体毛。

10世纪的内亚人因而对那些把他们恶意比喻为狗的言行十分敏感。卢质如此诋毁李存勖的兄弟,后者本应痛下杀手,若非张承业及时出手,幽默地缓解了当时紧张的气氛,卢质是很难逃过一劫的。张承业对李存勖说:"卢质嗜酒无礼,臣请为王杀之。"李存勖显然是被张承业的话惊到了,在这个历史时刻,他选择温和处理此事,他说:"吾方招纳贤才以就功业,公何言之过也!"张承业立即起身恭贺晋王,把这次交锋变成让晋王学会自我克制的一课,他说:"王能如此,天下不足平也!"[3]

在这个真情流露的时刻,张承业又一次取得胜利,因为他成功让晋王换位思考,从而认识到这种反应是"过"了,即便卢质的冒犯是真实存在的。尽管如此,李存勖对汉臣使用"狗"这样的字眼变得更为敏感。十年之后,在洛阳皇宫,伶人敬新磨差点被杀,因为他在被一条恶犬追着跑时,说了如下话语:"陛

1　见欧阳修:《新五代史》卷三三《沈斌传》,第363页。

2　见欧阳修:《新五代史》卷七三《四夷附录二》,第907页。

3　欧阳修:《新五代史》卷三八《张承业传》,第404—405页。

下毋纵儿女啮人!"[1]把沙陀皇族比喻为狗,敬新磨的话本来就让听者十分震惊,所以如果庄宗把此伶人杀掉,是没有人会批评他的。在那时候,"狗"乃诋毁之语,至少出自汉人之口就是如此。敬新磨与李存勖之间这次突发的冲突说明,就算李存勖即位称帝,这些根源于文化与种族差异的浑话也不会消失,尽管随着北族人的汉语读写水平进一步提高,这些戏谑之语可能会呈现出其他微妙的意思。

六、兵锋南向

(一) 杨刘之战

在处理完这种有可能导致分裂的种族侮辱后,李存勖决定在边疆事务上加倍努力,因为在这一领域里,他霸道的性格会被接纳,甚至受到尊崇。十一月,消息传到晋阳,说黄河因天寒结冰。李存勖道:"今冰自合,天赞我也。"随即奔赴魏州,与将领们商讨进攻之事。[2]下一个月,他离开了州城,向东南而行,往黄河进发。他避过敌军的监视,更进一步往东渡过结冰的黄河,直逼杨刘城下,此地在黄河南岸,与博州相对,这里的水位降至几尺深浅,而城中守军也缩减到只有数千人。[3]

---

1 欧阳修:《新五代史》卷三七《伶官传》,第399页。

2 见司马光等:《资治通鉴》卷二七〇,贞明三年十一月丙子条,第8821页。

3 见司马光等:《资治通鉴》卷二七〇,十二月戊戌条至己巳条,第8822—8823页;薛居正等:《旧五代史》卷二八《庄宗纪二》,第391页。

多种史料指出，三十四岁的李存勖亲自踏上冰河，并像其他士兵一样背负芦苇前进，其艰苦程度有如最卑贱的奴仆。他把战斗当作接触性运动，对它的喜爱程度不亚于唐太宗，后者在战斗最激烈的时候，可以两天不吃饭、三天不解甲，此类逸闻李存勖最熟悉不过了。[1]这些芦苇丛被用来填塞杨刘城墙外的护城河，晋军在毁掉沿河的栅栏后，随手就把它填平了。在守将被俘后，杨刘城落入北军之手，他们也因此在黄河南岸占据了一个据点。[2]在回到黄河北岸之前，李存勖还劫掠了附近的郓州（今山东东平）和濮州（今山东鄄城）。他此举是纯粹的恶作剧，还是试探这两座城池的防守是否对梁朝京城的安全不可或缺呢？史料没有给出答案，但几个月之后晋军会回到同一个地方，这说明此次任务有着更重要的目的，那就是为未来的战事收集情报。这两座城池在同光元年（923）夏天晋军与梁的最后决战中同样十分重要，故对此地是否熟悉是今后能否作出可靠决策的关键。

晋王的大胆让梁朝廷手足无措。渴望反击的末帝浪费了一周时间跑去洛阳，想进行南郊大祭，但由于缺乏准备而不得不取消这次典礼。[3]他的辅臣早前提出这种祭典对天子而言有象征意义，而从汉代开始，这种典礼都会在东都洛阳进行。敬翔认为这种祭祀意义不大，他是梁朝的崇政使，为人忠诚，但说话

---

1 见赵克尧、许道勋：《唐太宗传》，第30、61页。

2 见欧阳修：《新五代史》卷五《庄宗下》，第43页；卷二一《敬翔传》，第209页；薛居正等：《旧五代史》卷九一《李周传》，第1203页。

3 见司马光等：《资治通鉴》卷二七〇，十二月戊戌条至己巳条，第8822—8823页。

不留情面。他警告末帝境内的弱点会让境外的敌人有机可乘：

> 故时河朔半在，以先帝之武，御貔虎之臣，犹不得志于晋。今晋日益强，梁日益削，陛下处深宫之中，所与计事者，非其近习，则皆亲戚之私，而望成事乎？臣闻晋攻杨刘，李亚子负薪渡水，为士卒先。陛下委蛇守文，以儒雅自喜，而遣贺瓌为将，岂足当彼之余锋乎？[1]

敬翔显然对末帝重用赵岩这样的佞臣十分痛苦，他的话更指出了末帝一个无法修补的缺陷：他缺乏其父所拥有的人格力量。

李存勖天生勇武，作为敌军的首领，他对梁而言是一个很大的威胁，因为梁朝已经从意志刚强的创立者过渡到第二代统治者，后者只能在京城里指挥军队，而不能在前线率兵打仗；只能依靠制度与传统来维持统治，而不能靠魅力与威严来实施统治。在被敬翔责备后，末帝采取了错误的行动，他不顾一切，下令掘开黄河堤坝，想以此阻止晋军前进，而负责这次行动的是谢彦章。洪水确实迫使晋军暂时退却，但到了夏天，他们又卷土重来，这一次他们兵力更多，决胜之心也更大。李存勖再次亲自率兵，晋军又令梁守军死伤惨重。[2] 晋军不断壮大，因为受排挤的将领和疲惫的士兵开始背弃开封，而这种现象在文官

1　引文见欧阳修：《新五代史》卷二一《敬翔传》，第209页；另见同书卷三《梁末帝纪》，第26页。
2　见司马光等：《资治通鉴》卷二七〇，贞明四年二月甲子条，第8824页；六月壬戌条，第8830页。

当中也同样明显。[1]宰相赵光逢"告老"致仕，但他在后唐同光年间被起复为官，这说明他此时致仕是有其他原因的。[2]

（二）杨刘遇险

梁军掘开堤坝的卑劣行为，不但没有打击到晋军的士气，反而刺激了他们，让他们采取了迄今为止最大胆的行动。天祐十五年（918）八月，李存勖召集了整个东北地区的部队。晋军号称有十万步骑云集魏州，其中有三分之一来自幽州，由蕃汉总管周德威率领。[3]大部分部队经过杨刘，向南攻击郓州以及黄河南岸的濮州，这两座城池正是李存勖在一年前袭击过的地方。这次行动很有可能也是一次试探，但却也算是决战前的预演。梁增强了该地区的兵力，并在此安营扎寨几个月，但其间并没有与晋军进行大规模的战斗，因为双方都在试探对方的强弱。

正在双方对峙胶着之时，梁军设下埋伏，差点就能俘获李存勖。当时情况比以往都要糟糕：沙陀王和他几个卫兵，被几千敌军内外包围了几十圈。他抵挡住了敌人的进攻，又一次活了下来，并等到了义兄李存审所率军队前来救援。另外一次死里逃生最终让李存勖的辅臣和盟友纷纷请求他撤离前线，因为胜负未分，在战场上有太多不可估计的因素。赵王王镕遣使给

1　见司马光等：《资治通鉴》卷二七〇，贞明四年二月甲子条，第8824页。

2　见司马光等：《资治通鉴》卷二七〇，贞明四年四月己巳条，第8825页。

3　见薛居正：《旧五代史》卷二八《庄宗纪二》，第391—392页；司马光等：《资治通鉴》卷二七〇，贞明四年八月条，第8833页。

李存勖传信,明确提出这一问题:"元元之命系于王,本朝中兴系于王,奈何自轻如此!"李存勖十分风趣地回应曰:"定天下者,非百战何由得之!安可深居帷房以自肥!"[1]他此话乃是取笑王镕生活过于安逸,却让别人代替他上战场打仗,他敢对王镕作出如此评价,说明二者之间关系匪浅。

晋军阵营内也有人要求晋王更加小心,其中包括义兄李存审。有一次,李存勖走出军营,正准备上阵作战,李存审拉着他所骑马匹的缰绳,哭着说道:"大王当为天下自重。彼先登陷阵,将士之职也,存审辈宜为之,非大王之事也。"王镕等人的劝告,以及李存审此次的话语,最开始都被李存勖无视了,直到他在杨刘被伏击,并被李存审救出之后,他才稍稍改变了这种令人担忧的态度。在此之前,李存勖曾躲开李存审偷偷跑上战场,并对左右说:"老子妨人戏。"[2]他把战争比喻为"戏",说明他绝不满足于坐镇后方的指挥工作。

(三)觊觎开封

天祐十五年(918)冬天,黄河边上又发生了一次战争。唐高祖李渊只用了不到四年时间就一统天下,而天祐十五年(918)正是唐朝立国三百周年,也是李存勖即位晋王十周年。[3]两个历史

---

1 司马光等:《资治通鉴》卷二七〇,贞明四年八月乙丑条,第8835页。
2 语见司马光等:《资治通鉴》卷二七〇,贞明四年八月乙丑条,第8835页;另见薛居正等:《旧五代史》卷二八《庄宗纪二》,第392页。
3 见赵克尧、许道勋:《唐太宗传》,第25、56页。

性的纪念刚好在同一年，这似乎激发了李存勖及其幕僚的想象力，同时，他本人也渴望在前线有实质性的行动，以满足他逐渐提高的政治期望，于是，他开始觊觎敌人的京城开封。晋军在十二月初渡过黄河，驻扎在南岸。[1]

梁军内部的竞争与猜疑，使得经验丰富的大将谢彦章被杀，此事让晋王大受鼓舞，他宣称："彼将帅自相鱼肉，亡无日矣。"[2] 梁军的士气当然会因类似之事而受到打击，但李存勖的自信乃是来自对梁朝武士的轻蔑，他认为他们都是懦夫，只要自己大军一到，彼必定望风而逃。他想亲率十万大军直捣汴梁，其中三万来自附近州府，三万来自幽州，三万来自他最近的军事基地天雄军。十二月十九日，他"下令军中老幼"[3]回魏州，这说明在他军中有老弱残兵。事实上，晋军为达到目的，确实征募了未成年男子参军，这种恶行会给天雄军造成不良的影响。

（四）德威身死

十二月二十二日，李存勖亲自率兵，在濮州南部的临濮县驻扎，其后又进军到胡柳陂（今河南濮阳东南）。梁军援兵出现在晋军后方，以阻其退路，并削弱了他们进攻的势头。尽管晋军的策略完全可行，但无论是人力还是时间都不对。周德威早前反对

1　见薛居正等：《旧五代史》卷二八《庄宗纪二》，第392—393页；司马光等：《资治通鉴》卷二七〇，贞明四年十二月庚子至甲子条，第8837—8842页。

2　司马光等：《资治通鉴》卷二七〇，贞明四年十二月戊午条，第8838页。

3　薛居正等：《旧五代史》卷二八《庄宗纪二》，第392页。

如此冒险，尤其反对立即进军。他性格谨慎，宁愿暂不进行全线决战，而是等到敌军"粮饷不给，进退无据，因以乘之"。周德威推断，所谓哀兵必胜，北军逼近汴梁，梁军必然会死战到底。他还担心在一次行动中投入过大。李存勖语带轻蔑地反驳道："今敛门不战，非壮夫也。"[1]

开封之行前进不利，晋王不得不寻找山丘避难。李存勖麾下负责保护辎重的兵士看见梁军云集，纷纷弃车而逃。他们既缺乏战斗经验，也无合适的装备，这两点都是致命的。随后，来自幽州的军队又发生大规模的逃亡以及骚乱，从而干扰到任务的执行，这实际上也是在提出一个问题：把刚刚投降的士兵部署在远离家乡的地方，是否能在战斗中起到应有的效果？总之，晋军对战略的执行不力，导致敌军获胜。

更糟糕的是，在胡柳陂之战中，晋军大将周德威和他的一个儿子战死，让这个悲剧更为可悲的是，这本来是可以避免的。事后，李存勖与诸将相拥而哭，他承认道："吾不听老将之言，而使其父子至此！"[2]他的忏悔应该是真的，但悲哀的是，周德威绝对不是他在战争中豪赌的最后一个牺牲品。李存勖经常期待出现最好的结果，但从来不作最坏的打算，这对战略家而言是一个十分危险的缺陷。用拿破仑的话来说："我是以最坏的结果为基础来作打算的。如果我小心谨慎，那是因为我不习惯给

1　语见薛居正等：《旧五代史》卷五六《周德威传》，第754页；另见欧阳修：《新五代史》卷二五《周德威传》，第262页。

2　欧阳修：《新五代史》卷二五《周德威传》，第263页。

敌人留有任何机会。"[1]

胡柳陂之战受挫后，李存勖想退回临濮，但义兄李嗣昭警告他，说给敌人留有任何休息的余地都是非常危险的。相反，他坚持道："宜以精骑扰之，因其劳乏，可以胜也。"[2]与李嗣昭一样主张采取积极行动的是阎宝，他指出，此时晋军已经深入敌境，撤退是非常危险的。[3]阎宝的建议十分明白地指明一个事实：晋军已经过于深入，难以撤退。于是李存勖带着他最为重要的中军继续沿黄河往西，向濮阳推进，他还在觊觎开封，或者他是假装如此。晋军到达濮阳后得以休整，而李存勖在听到梁军也是死伤惨重后，很可能十分开怀。[4]

（五）嗣源失色

在袭击开封的计划夭折后，李存勖与义兄李嗣源的关系大跌。胡柳陂一战中，李嗣源看到晋军受挫，再加上他失去了养子李从珂的音信，于是他指挥手下军队往黄河北岸的相州撤退。另外，也有传言说李存勖已经往北撤军，这种传言很可能是他故意放出来迷惑敌军的。在证实失踪的晋王依旧在濮阳之后，李嗣源立即重新渡河与他会合。两人见面之后，李存勖奚

1　Jay Luvaas, *Napoleon on the Art of War*, New York: Simon & Schuster, 2001, p. 132.
2　欧阳修：《新五代史》卷三六《李嗣昭传》，第387页。
3　见司马光等：《资治通鉴》卷二七〇，贞明四年十二月癸亥条，第8840页。
4　译者按：作者此处省略了一场重要的战斗：是日，晋军匿藏于胡柳陂的山坡上。李存勖接受阎宝和李嗣昭的建议后，派他们乘夜色到山下袭击梁军，造成梁军死亡三万人，而晋军也是死伤惨重。经此一役，晋军才得以突围，然后往西攻下濮阳。见司马光等：《资治通鉴》卷二七〇，贞明四年十二月癸亥条，第8840—8841页。

落李嗣源道:"公以吾为死邪?"李嗣源立即叩头谢罪,这一刻对这位老将来说一定十分难受。[1]李从珂的情况则要好得多,他在这次大战中自始至终跟随着李存勖。晋王在此战的总结晚宴上向李从珂致意,后者在此战中英勇奋战,也是在某种程度上弥补了其养父莫名其妙的平庸表现。

天祐十六年(919)正月,晋王一回到魏州,就立即对沿黄河前线的军事领导层进行改组。在此前曾救下晋王一命的义兄李存审攻下了战略要地德胜渡(今河南濮阳),并修筑南北二寨以作防御。此时由于周德威已死,故他被任命为内外蕃汉马步军总管。[2]不管是对李嗣源的责骂,还是对李存审的奖赏,都说明李存勖一直都在强调高级将领的忠诚,尤其是他的义兄们,他们在战场上有显赫的战功,但其忠诚度又不大可靠。

周德威死后,晋必须找人代替他任卢龙节度使,由于此地十分重要,故李存勖自己兼领此职。这个做法跟他在一年多以前对天雄军所做的是一样的,只不过此时他并无意把根据地迁到幽州而已。他让李嗣昭权知幽州,但考虑到这位义兄本就担任着昭义节度使之职,故这个任命也是临时性的。[3]也是因为这个原因,后来晋王选择宦官马绍宏提举幽州府事,是有高度象征性意义的。作为晋阳宫中的老人,马绍宏被授予皇家李姓,

---

1 见司马光等:《资治通鉴》卷二七〇,贞明四年十二月甲子条,第8841页。

2 见欧阳修:《新五代史》卷二五《符存审传》,第264页。

3 见欧阳修:《新五代史》卷三六《李嗣昭传》,第387页。

以示恩宠。[1]由于李存勖身在他方，故幽州的日常管理就自然而然落在马绍宏身上了，这个任命往往被视为宦官影响扩大的证据。但李存勖重用宦官并非一朝一日之事，张承业对晋阳的管理就是最典型的例子，不过有一点不同的是，张承业从来没有在晋阳以外的任何地方任职，就算带兵出征，也是偶尔为之。

由于目睹了父亲的义子们所做出的各种荒唐行为——有些甚至可以说是破坏——李存勖敏锐地避免了用这些虚拟血亲来代表自己的权力，至少在他成为晋王的头十年里他是这么做的。作为他的权力代理人，最理想人选本应该是他的血亲，但李存勖的叔父都已经去世了，而他几个年轻的弟弟又大多是平庸之辈，故他也十分明智，没有对他们委以重任。至于儿子，尽管李存勖十几岁就娶妻，二十多岁便有多位夫人，到了三十多岁时已然后宫佳丽如云，但在历史记载中，他只有五个儿子，其中四个在此时都还是幼儿。[2]他的父亲也是很晚才有儿子，李存勖出生时他也将近三十岁了。总之，由于缺乏男性血亲，当李存勖需要找人做一些敏感任务时，可供选择的人选就不多了，故他不得不考虑宦官。在这一点上，史料没有透露马绍宏与刚被提升为中门使的郭崇韬之间有尖锐的矛盾，尽管后者对整个宦官阶层带有个人的偏见，这种偏见此时应该已经形成，并在日后逐渐浮现出来。

1　见薛居正等：《旧五代史》卷二九《庄宗纪三》，第395页；司马光等：《资治通鉴》卷二七〇，贞明五年三月丙戌条，第8843页。

2　见欧阳修：《新五代史》卷一四《庄宗五子》，第152页。

七、修内御外

（一）冯道解意

为了回应手下幕僚之前所表达过的担忧，李存勖把军中重任委派给了其他人，自己在天祐十六年（919）七月回到晋阳与家人团聚，并且在晋阳待到了十月。在此期间，他与幕僚之间又发生了一次争执，这预示着他在未来的统治中与文臣关系不会十分友好。一向在财政上比较保守的郭崇韬请求减少陪晋王吃饭的将校人数，此举估计是为了减省开支。这一要求激怒了晋王，因为他考虑到减省这种开支不但会打击士气，并且随着战争不断扩大，此时提出这个要求也不合时宜，他的这种考虑是可以理解的。他强调说："孤为效死者设食，亦不得专，可令军中别择河北帅，孤自归太原！"他这是威胁，说自己将无限期留在晋阳，并把魏州的事务都委派给其他人。

李存勖强求冯道起草一道命令来宣布他"自归太原"的决定，但冯道逡巡不为，他指出郭崇韬的不是，但却也劝说晋王曰：

> 大王方平河南，定天下，崇韬所请未至大过；大王不从可矣，何必以此惊动远近，使敌国闻之，谓大王君臣不和，非所以隆威望也。[1]

---

[1] 司马光等：《资治通鉴》卷二七〇，贞明五年七月丙戌条，第8848页。

面对晋王的责备，郭崇韬作出了让步，这也让冯道能够心平气和地调停李存勖与幕僚之间的矛盾。晋王、郭崇韬与冯道这个三人领导核心将会在不久的将来浮出水面，因为张承业年事渐高，他会交棒给年轻的幕僚们，这些人得到过他的提拔，政治理念也与他相似。

(二) 捍御德胜

天祐十六年 (919) 晋王在魏州太平无事地度过了春天，到了四月，敌军进攻德胜寨，前方告急，他再次率兵奔赴前线。[1]德胜寨跨越黄河两岸，分为南寨和北寨，与濮阳县仅相隔几公里。此时两寨都在晋的控制之下，于是梁将贺瓌进攻南寨，想阻止晋军从这个离魏州最近的渡口渡河。

梁军调拨了十多艘蒙着牛皮的艨艟，用竹索把它们绑在一起，拦在河上，不让晋军渡河，从而把德胜南寨孤立起来。在北岸，晋王与将领王建及针对这些威风八面的战舰组织了一次成功的袭击，他们首先招募了一些熟悉战舰及其缺陷的人。王建及率领这些雇佣兵，带着放火装置顺流而下，冲向敌方的艨艟，以破坏船上的装备。起火之后，敌军船上顿时大乱，与此同时，几百个晋军武士在己方战船的命令之下，披甲操斧袭击敌方艨艟，把捆绑它们的竹索砍断，这些艨艟立即顺着水流溃散开来。

1　见薛居正等：《旧五代史》卷二九《庄宗纪三》，第395—396页；欧阳修：《新五代史》卷二五《王建及传》，第270页；司马光等：《资治通鉴》卷二七〇，贞明五年四月乙巳条，第8844—8845页。

梁军在此战中损失了该地区的一半兵力，包括贺瓌，他后来在抑郁中离世。[1]到此时为止，晋军依然控制着德胜南寨。

李存勖不在的时候，沿黄河前线的军事加固工程一直在推进着。他的一位义兄李存进精通这种军事工程技术，他在黄河上建造浮桥，以方便晋军往来德胜南北二寨。有人提醒李存进说，该地区缺乏连接浮桥的竹索，以及作固定之用的铁牛和石囷。但他没有因此止步，而是采用新的技术以充分利用当地可以获得的材料：他用芦苇编织的绳索来代替竹索，并用巨型战舰来代替铁牛和石囷，以固定浮桥。他的杰作让李存勖十分振奋，后者后来亲自到此处视察，并"解衣以赐之"。[2]此事说明，晋王逐渐开始欣赏战争背后的技术。

十月，晋王从太原回到魏州前线，晋军开始扩充德胜北城，由此发动了数万工匠和士兵。其时，晋"日与梁人争，大小百余战"，在此过程中涌现出很多年轻的将领，如左射军使石敬瑭、横冲兵马使刘知远。未来这两位沙陀人都会建立自己的王朝。[3]随着领土不断扩大，晋王在他这一代里培养出新的人才显得尤为重要。主动帮助这些年轻人成长，也让晋王得以实施他的新政策：让不同的人在敏感的军事职位上轮换。他首先在天祐十七年(920)初，换掉了魏州的银枪效节都将李建及。[4]高级将领

1　见欧阳修：《新五代史》卷二三《贺瓌传》，第240页。

2　欧阳修：《新五代史》卷三六《李存进传》，第394页。

3　见司马光等：《资治通鉴》卷二七一，贞明五年十月条，第8850页。

4　见司马光等：《资治通鉴》卷二七一，贞明六年三月条，第8853—8854页。

的轮换，在梁朝是被广泛使用的政策，其作用在于限制地方的世袭权力，这个政策也为晋所用，不过最初仅限于一些有问题的地方。即便如此，魏州军队还是会对任何可能干预他们内部事务的举措感到不快。

（三）元行钦之勇

天祐十六年（919）十二月，焦躁不安的李存勖率军在黄河南岸发动突袭，试图切断梁军的补给线，并劫掠梁朝的领地。这次行动最初是成功的，但在撤退的路上战况发生了逆转。[1]晋王和他的侍卫在濮阳附近的村庄遭遇伏击，几百名敌军包围了他们。幸运的是，他的义子元行钦认出了他的旗帜，于是单骑奋击，两军进入混战状态。元行钦"奋剑断二矛，斩一级"[2]，李存勖才得以逃脱。大概二十年前，元行钦在近乎相同的情况下救了燕王的性命，故他在濮阳的举动，证明他已经完全忠于新主。关于这件事的另一个记录则认为此乃一次近乎致命的战斗，而在此战中，沙陀王不像一个天命所归之人，而更像一个亡命之徒。正如《新五代史》简洁地评价道："庄宗好战而轻敌。"[3]

李存勖不愿意立即往前推进战线，而是继续骚扰敌军，最终，晋军第二次占领了濮阳。梁将王瓚在获得最初的胜利后，

1　见薛居正等：《旧五代史》卷二九《庄宗纪三》，第396页；司马光等：《资治通鉴》卷二七一，贞明五年十二月戊戌条，第8851—8852页。

2　薛居正等：《旧五代史》卷七〇《元行钦传》，第926页。

3　欧阳修：《新五代史》卷二五《元行钦传》，第271页。

很快就遭到了毁灭性的打击，并损失了数万兵将。他很快被开封朝廷撤换。李存勖在濮阳之战后回到军营，哭着拥抱元行钦说："富贵与卿共之！"[1]元行钦的将星会在未来几年冉冉升起，他会从一个普通将校变成晋王的亲信。与此同时，李存勖也倍感失落，因为此前晋军败绩时被梁军俘获了许多将领，他们很多都被当场杀害了，唯独石君立免于一死。他被押解回开封，并作为战犯被关押了将近三年，梁朝廷想方设法劝降他，但最终都是徒劳而已。[2]

（四）再战河中

天祐十七年（920）夏秋之间，河中节度使，"臂短"的朱友谦又一次遭遇危机。如前所述，在朱温被刺杀后，朱友谦便背弃了梁朝。晋派兵保护他，让他免遭梁朝廷的报复。在梁末帝即位之后，朱友谦恢复了与开封的关系，又仍与晋藕断丝连。[3]在天祐十七年（920），他驱逐了邻近的同州（今陕西大荔）节度使，并以其子为留后。这种违制之举激怒了梁末帝，他想杀鸡儆猴，因此在不承认朱友谦儿子的地位的同时派兵攻打同州。朱友谦于是向晋求援，然而这一次他的亲人和手下的军事精英们都持反

1　欧阳修：《新五代史》卷二五《元行钦传》，第271页；另拔濮阳事，见司马光等：《资治通鉴》卷二七一，贞明五年十二月戊戌条，第8851—8852页。

2　见薛居正等：《旧五代史》卷六五《石君立传》，第866页。

3　见欧阳修：《新五代史》卷三《梁末帝纪》，第27页；卷五《庄宗下》，第42页；卷二二《刘鄩传》，第227页；卷二五《符存审传》，第264页；卷三六《李存贤传》，第395页；卷四五《朱友谦传》，第493页；薛居正等：《旧五代史》卷六三《朱友谦传》，846页；司马光等：《资治通鉴》卷二七一，贞明六年四月己酉条、六月丁巳条、七月条、九月条，第8854—8857页；龙德元年五月丙戌条，第8866页。

对意见。[1]河中可能会发生叛乱，开封的行动也会给晋带来威胁。因此，李存勖迅速反应，部署强兵援救朱友谦。同州同时是唐皇陵之所在，这是晋王出兵的另一个原因，作为唐朝遗产的宣扬者，他必须联合地方势力，以保护这些神圣的建筑不受战火损害。[2]

八月，梁军与晋军在同州全面开战。梁军由刘鄩与段凝率领，而晋军则由晋王的三位义兄李嗣昭、李存审和李存贤共同率领。[3]晋军进攻了梁军包围同州的堡垒，并分兵往西走，袭击更远的华州（今陕西渭南一带）。他们更是三番五次用奇兵欺骗梁军，包括把精锐的晋军混在羸弱的河中部队里，从而麻痹梁军，出其不意而袭之。晋军不足月余就大获全胜了，可谓是轻而易举，从前强大的刘鄩被梁朝廷解除了兵权，不久之后在朝廷的命令下被毒死。[4]刘鄩与朱友谦是姻亲，所以他私下写信，试图说服朱友谦让他投降。但当战场失利，和谈又没有成果时，他就会引人怀疑了。刘鄩所受的不公待遇让末帝人心尽失，后者与军队的关系日渐紧张，因为军中有很多人是同情刘鄩的。有记载说，很多梁将选择叛梁归晋，把他们的未来押在沙陀王身上，是因为李存勖当时的势头正猛，形势也对他更为有利。[5]

1　见司马光等：《资治通鉴》卷二七一，贞明六年四月己酉条，第8854页；九月条，第8857页。
2　见司马光等：《资治通鉴》卷二七一，九月条，第8857页。
3　见欧阳修：《新五代史》卷二五《符存审传》，第264页。
4　见司马光等：《资治通鉴》卷二七一，龙德元年五月丙戌，第8866页。
5　见薛居正等：《旧五代史》卷九四《孙彦韬传》，第1254页。

八、同盟之患

（一）王镕之死

天祐十八年 (921)，晋的王朝大业在政治上取得了重要进展，但这一年同样发生了一些重大的军事逆转。晋最早的盟友，赵王王镕之死就发生在年初，这在很大程度上是由他自己一手造成的。王镕的宫殿和花园十分铺张，后宫姬妾上百，此外，他还喜欢遍访名山大川，求仙问道。[1]他随从的宫娥侍女、宦官、侍卫等有时甚至超过一万人，即便以皇帝的标准来看这都过分奢侈。由于他把精力都集中在自己的私生活上，这无疑为宦官打开了一扇窗户，让他们可以插手王国的政事，当中最臭名昭著之人乃石希蒙。《新五代史》记载："石希蒙与镕同卧起。"[2]这句话确认了两人之间暧昧关系，这种关系又引起了一些不好的影响，很多高级幕僚因此产生怨恨的情绪。石希蒙积极怂恿王镕放纵自我，而这也在军中引起极大的不满；赵王宫中妒忌石希蒙的宦官也同样产生了怨怼的情绪。

天祐十七年 (920) 末，王镕再次出游。在这次长达一个月的旅行中，一位高级宦官李弘规串通了王镕的侍卫苏汉衡以及他的手下，一齐出现在王镕的营帐里，要求处死石希蒙。王镕拒

1　见薛居正等：《旧五代史》卷二九《庄宗纪三》，第297—298页；欧阳修：《新五代史》卷五《庄宗下》，第43—44页；卷二六《符习传》，第277页；卷三九《王镕传》，第414页；司马光等：《资治通鉴》卷二七一，贞明六年十二月壬申条，第8859—8860页；龙德元年二月条，第8864—8865页。

2　欧阳修：《新五代史》卷三九《王镕传》，第414页。

绝了,可侍卫们依然在他的眼皮底下把石希蒙斩首了;作为报复,他也处死了李弘规和苏汉衡。王镕还要把凶手的几十名家人处死,并委任大将张文礼彻查此事。毫无根据的流言开始在军中散播,不出所料,军队发生了叛乱。一千多名侍卫在首鼠两端的张文礼的带领下,在王镕住处把这位五十岁的赵王残忍杀害了。

在此之前,王镕正是由于"惑爱之",把张文礼收为义子,并赐名王德明。[1]尽管张文礼之前是燕王的牙将,但他的军事知识微不足道,之所以能够指挥地方军队,完全是赵王的支持。赵王还让张文礼参与跟晋等盟友的联合军事行动,这也让后者能够在境外建立起自己的人际网络。但在史料中张文礼被描述为"狡狯"。在杀害了自己的义父之后,他把王家人全部都杀了,以为自己登上赵王之位扫清障碍。为了威胁忠于王镕的乌震,张文礼残忍地折磨他的家人,但此举只会让这位将军"愤激自励",更是决心报仇。[2]

张文礼杀了王镕后,立即请求晋王把自己封为成德节度使。在军事幕僚的压力下,李存勖同意了这个请求,因为他们的理由是"吾方与梁争,不可更立敌于肘腋"。按照李存勖冲动的性格,他是不会同意这种安抚行为的。王镕遇弑的消息传来后,他立即暴跳如雷,史料说他"投杯悲泣"[3]。李存勖有时候会打趣

---

1 见欧阳修:《新五代史》卷三九《王镕传》,第415页。
2 见欧阳修:《新五代史》卷二六《乌震传》,第297页。
3 司马光等:《资治通鉴》卷二七一,龙德元年四月条,第8865页。

王镕奢华的生活,但他同样认为王镕是一位真诚可爱的朋友,他对生活有激情,对盟友也足够忠诚。尽管王镕的名声并不好,不过是李存勖的酒肉朋友,但这几年来,他也已经成为晋阳的有力支持者。此外,李存勖已经答应把一个女儿嫁给王镕的儿子,这种姻亲关系更让此时的李存勖义愤填膺。[1]晋王想要压住自己立即报仇的冲动是很难的,但其他战场的诉求迫使他不得不再三考虑各种选择。

(二) 出兵伐赵

赵将符习此时正带领一部分赵军在晋王麾下服役,谋杀王镕的阴谋让他十分愤慨,他也担心自己在赵境内的家人会成为阴谋者的下一个目标。因此,他向晋王请求采取行动对付叛乱分子。符习心情沉重地对李存勖说:"自闻变故以来,冤愤无诉,欲引剑自刭,顾无益于死者。"[2]与此同时,间谍也截获了一些书信,都是张文礼向他从前的敌人梁朝及契丹求援的内容,晋王为此大为恼火。这些不同的因素一起迫使李存勖把征讨行动提上日程。[3]

对晋而言幸运的是,张文礼派来与晋谈判的使者李鏻不再认张文礼为主,而是"阴为庄宗画文礼可破之策"[4],这让符习等

1　见欧阳修:《新五代史》卷三九《王镕传》,第414—415页。
2　司马光等:《资治通鉴》卷二七一,龙德元年七月条,第8867条。
3　见薛居正等:《旧五代史》卷一三七《契丹传》,第1829页。
4　欧阳修:《新五代史》卷五七《李鏻传》,第656页。

一干晋军将领的任务变得简单。符习是赵人,此时他正率领着一群优秀的外地人,如阎宝、史建瑭和任圜等,向赵攻袭而来。八月,晋军攻下了赵州,刺史王鋋迅速投降。当时,张文礼已经因"腹疽"而死,但其子张处瑾继续在邻近的镇州抵抗晋军,受人尊敬的晋军大将史建瑭就是在那里战死的。在没有获得决定性胜利以彰显荣耀之前,李存勖是不会罢休的。此外,他肯定十分不解:正当他与黄河北岸过去的友好势力发生冲突时,晋军在南岸沿黄河前线还能继续推进,其中还包括十月对梁军的一次大胜。[1]

让形势更显复杂的是,赵的北面正是义武节度使王处直的领地,他认为晋军伐赵乃是从间接统治转向直接统治的重要一步,而这将有损他的利益。[2]义武在最近几年都与沙陀结盟,王处直的儿子王郁也长期在晋境内居住,并在晋的庇护下做官担任新州团练使一职,此地曾经是燕的势力范围。那时,王郁已经失去了父亲的宠爱。天祐十八年(921)夏天,王郁选择逆袭,于是他接触王处直,并替后者联系契丹,以求结盟。这个想法遭到定州一众军官的反对,包括王处直的养子王都,后者把王处直夫妇软禁起来,并大肆屠戮在定州的王氏族人,之后,王都与晋阳重新结盟。事实证明,这是一个十分意外的转折。

1　见司马光等:《资治通鉴》卷二七一,龙德元年十月己未条,第8868页。

2　见欧阳修:《新五代史》卷三九《王处直传》,第419—420页;司马光等:《资治通鉴》卷二七一,十月龙德元年十月己未条,第8868—8869页;十一月至十二月辛未条,第8870页;脱脱等:《辽史》卷二《太祖纪下》,第17—18页。

(三) 惩戒契丹

阿保机决定站在被推翻的王处直一边,出兵干预定州,他无视了其妻述律后的建议,后者往往能够预测军事行动的最终结果。天祐十八年(921)末,他的军队在往南开向定州之前,率先袭击幽州。[1]在王都告急之后,晋王立即率领五千精英战士从镇州驰援定州。很多幕僚担心此行会分散南方战场的资源,毕竟那边正与梁军全面开战。郭崇韬反驳了这种悲观的情绪,他推断说:"契丹为王郁所诱,本利货财而来,……契丹闻王至,心沮气索,苟挫其前锋,遁走必矣。"[2]从潞州来的义兄李嗣昭,也同意这个意见。

这些幕僚的乐观让李存勖大为振奋,他把这次抗击契丹的任务与唐太宗抗击突厥相提并论,赋予了这次任务更大的意义。他说道:

> 霸王举事,自有天道,契丹其如我何!国初,突厥入寇,至于渭北,高祖欲弃长安,迁都樊、邓,太宗曰:"猃狁孔炽,自古有之,未闻迁移都邑。霍去病,汉廷将帅,犹且志灭匈奴,况帝王应运,而欲移都避寇哉!"文皇雄武,不数年俘二突厥为卫士。今吾以数万之众安集山东,王德明厮养小人,阿保机生长边地,岂

---

1 见司马光等:《资治通鉴》卷二七一,龙德元年十二月辛未条,第8870页;薛居正等:《旧五代史》卷一三七《契丹传》,第1829页。

2 司马光等:《资治通鉴》卷二七一,龙德二年正月甲午条,第8872页。

有退避之理，吾何面视苍生哉！尔曹但驾马同行，看吾破敌。[1]

《通鉴》记载，李存勖称契丹为"小虏"。打退契丹就证明晋拥有更高的天命，足以统治天下，同时让沙陀君主与邻近的"小虏"区别开来，因为"虏"不像晋那样能成为唐朝的继承者，他们不具备合法性。这同样说明李存勖信心十足，坚信北方的统一很快就会实现，毫无疑问，天命将会随着后唐王朝的建立降临到他的身上。梁朝不能完全守住天命，而契丹是根本没有天命。

李存勖及其麾下兵马的行动十分迅速，他们突然出现在定州附近的新城（今河北无极西），打了契丹一个措手不及，还俘获了阿保机的一个儿子。定州城下的契丹军队随即退保望都（今河北望都）。契丹的退却，让从南方而来的李存勖以莫测之兵打败他们。他在几天之后成功到达定州，并受到当地军队的热烈欢迎，主将王都亲自来到他的马前迎接，并许诺把自己的一个女儿嫁给他的长子李继岌。不久之后，晋军在望都再次打败契丹，尽管李存勖陷入重围，差点功败垂成。这一次，他只带了一千亲军，但却被数倍的伏兵包围着。之后就是一整个下午的激战，李存勖也亲自加入战团，一直到他的义兄李嗣昭带兵前来救援。[2]契丹

1　语见薛居正等：《旧五代史》卷一三七《契丹传》，第1829页；另见司马光等：《资治通鉴》卷二七一，龙德二年正月甲午条，第8872页。

2　见欧阳修：《新五代史》卷三六《李嗣昭传》，第387页；薛居正等：《旧五代史》卷一三七《契丹传》，第1829页；司马光等：《资治通鉴》卷二七一，龙德二年正月戊戌条，第8872—8873页；脱脱等：《辽史》卷二《太祖纪下》，第17页。

军队在撤退的时候由于饥饿，蒙受了巨大的损失：持续的暴雪让他们失去前进目标，难以寻找食物。[1]他们的困境也显示出不带辎重参战的坏处。

李存勖在与契丹军队的直接战斗中获得胜利，而这次胜利意义重大。就连他自己都不得不承认，同辈当中没有人在战力与组织上能与契丹相比。契丹军的行动十分精准，且有组织，在撤退时甚至没有造成一丝混乱。李存勖在评价他们的行动时，十分羡慕："虏用法严乃能如是，中国所不及也。"[2]没有任何行动比撤退更加危险，这是战争的规律，而这也显得契丹军队的成功撤离更具价值。[3]李存勖依然能从这次决定性胜利的荣光中有所得益，因为通过此战，他能巩固对长城以南一大片土地的控制，包括战略要地幽州。此外，阿保机在此战中也受到了惩罚，今后他若再要为一些地方掌权者出头，必须三思而后行。

九、万事俱备

（一）加冕的请愿

天祐十八年（921），晋的政治进程不断向前推进。在此之前，梁朝东面和西面的吴与蜀已纷纷要求晋王即位称帝，他们都是

1　见司马光等：《资治通鉴》卷二七一，龙德二年正月戊条，第8872—8873页。

2　司马光等：《资治通鉴》卷二七一，龙德二年正月戊条，第8873页。

3　关于撤退的危险，可参见Luvaas, *Napoleon on the Art of War*, p. 128。

南方最富有的王国，此时也都不服从开封朝廷的命令。[1]吴的请求尤其值得关注，其主在五年前曾无视过李存勖的建议。这两个南方政权可能认为沙陀地处黄河北岸，在其治下他们更容易保持自己的自治权，但这绝对是个误解。从正月开始，北方十镇节度使同样请求李存勖加冕称帝，当中包括他的五位义兄，以及定州、镇州与河中三个重要盟友。契丹此时刚采用汉人制度建立帝制，就时机而言，这也许也是其中一个因素。在众节度使请愿后，李存勖也在形式上多次推脱，但他最终还是回应道："予当思之。"[2]此话今天听起来似乎更显犹豫，但在当时的听者耳中却是未必。

与李存勖对称帝与否的态度发生转变的同时，唐朝的传国玉玺被找到了（更大可能是为让人信服而伪造出来的）。传国玉玺在四十年前的黄巢之乱中在长安被盗取，但此时它却神奇地落入魏州一个和尚手中，而魏州正是目前晋军府之所在。[3]这个和尚也许是通过刘氏认识李存勖的，她是虔诚的佛教徒，也是魏州本地人。事实证明这是一个十分重要的发现，因为玉玺乃是国宝，由宝玉精心制作而成，它与其他文化里的皇冠一样，是皇帝权力的象征。所谓传国玉玺，即由皇帝代代相传，它最终也会作为朝代更替的实质证据，出现在下一个王朝的府库

---

1 见欧阳修：《新五代史》卷五《庄宗下》，第43—44页；卷六一《吴世家》，第757页；卷六三《前蜀世家》，第790页；司马光等：《资治通鉴》卷二七一，龙德元年正月甲辰条，第8862页。

2 欧阳修：《新五代史》卷五《庄宗下》，第44页。

3 见司马光等：《资治通鉴》卷二七一，龙德元年正月甲辰条，第8862页。

中。对于一个欲图恢复唐朝之名及其精神的政权而言，这个玉玺能带给它与旧朝最实质的联系。

（二）父亲的箴言

唐朝玉玺被发现使人们为之欢庆，奏请李存勖称帝的请愿也纷至沓来，这一切似乎都是给他安排好的。他对这种骚动与揣测显得有点惊讶，继而拒绝了加冕的请求。他提到了几十年前父亲李克用在面对相同的请求时所作出的慎重反应：

> 昔王太师亦尝遗先王书，劝以唐室已亡，宜自帝一方。先王语余云："昔天子幸石门，吾发兵诛贼臣，当是之时，威振天下，吾若挟天子据关中，自作九锡禅文，谁能禁我！顾吾家世忠孝，立功帝室，誓死不为耳。汝他日当务以复唐社稷为心，慎勿效此曹所为！"

在这番推心置腹的话语最后，李存勖坚定许诺道："言犹在耳，此议非所敢闻也。"[1]

李克用的话有意消除一些人的担忧，他们担心他急于即位称帝，或者担心当时的客观形势已经不再是简单恢复唐朝统治了。这番话同样流露出李克用晚年的情绪：他对唐朝忠心耿耿，

---

[1] 语见司马光等：《资治通鉴》卷二七一，龙德元年正月甲辰条，第8862页。天祐四年夏天，蜀王王建来信，提议李克用与王建"各帝一方"，实际上就是平分天下，见司马光等：《资治通鉴》卷二六六，开平元年四月乙亥条，第8675页。关于唐昭宗幸石门（今陕西蓝田西南），可参见欧阳修：《新五代史》卷四《庄宗上》，第36页。

他可以占领唐朝的京城，但却不能抢夺唐朝的皇位。对他而言，忠诚不是光说不练的，那是一种信仰，一种激情。我们同样可以看到李克用对朱温的厌恶，后者所谓的忠诚是假的，仅仅是为了方便自己谋朝篡位。他的儿子李存勖若要遵从父亲的原则，就必须控制住自己的冲动，以及将领们的狂热情绪。此外，从历史上说，开国皇帝若要加冕，就必须在战场上创立一系列不世之功——这是天命具体化的启示——但就最近的战事而言，上天并没有给出多少正面的信息以预言晋王可以称帝。

（三）宦官的警告

唐朝传国玉玺被发现时的庆贺，以及众多恳求李存勖称帝的请愿，足以让七十六岁的张承业警觉起来。[1]这位久病在床的宦官坐着肩舆，克服路途艰辛，从晋阳来到魏州，试图说服李存勖放弃称帝，因为后者并未设想此举的后果。他在晋王面前回忆起了李克用，想以此请求李存勖耐心等待时机，他说道：

> 大王父子与梁血战三十年，本欲雪国家之雠，而复唐之社稷。今元凶未灭，而遽以尊名自居，非王父子之初心，且失天下望，不可！

1　译者按：根据《通鉴》叙事顺序，先是诸镇劝进，李存勖以李克用之言拒绝，然后诸将及藩镇再三劝进，李存勖令有司买玉造法物，然后才有和尚传真献传国宝之事，然后才是张承业劝晋王推迟称帝。换言之，李存勖所谓的许诺，早在获得传国玉玺之前就已经改变了。见司马光等：《资治通鉴》卷二七一，龙德元年正月甲辰条，第8862页。

实际上，只要梁朝皇帝还在开封城里统治着，改易天命就不是一件成熟的事情，这只会提醒人们两个家族正在进行法统之争。他的话其实也是提醒晋王，中国的最高统治权是不能分享的：从历史的角度看，只有一个人能成为天子，那就是占领中原之人。

张承业所提出的第二个让李存勖推迟称帝的理由同样令人信服，那就是忠于唐朝统治所能带来的魔力，他说：

> 梁，唐、晋之仇贼，而天下所共恶也。今王诚能为天下去大恶，复列圣之深雠，然后求唐后而立之。使唐之子孙在，孰敢当之？使唐无子孙，天下之士，谁可与王争者？[1]

恢复唐朝正是晋一直以来孜孜以求之事，他们不承认梁朝的年号，也不像南方一些政权那样创立自己的年号，而是保留唐朝年号，就是最好的证明。在唐朝皇室里寻找合适的继承人，这肯定是不可能的事情，因为唐朝最后一位皇帝以及他数百名家人，早就在天祐四年(907)时被梁朝统治者屠戮殆尽了。[2]不过，做出一些寻找继承人的表面举动依然会令人感到满意，还能让李存勖合法摄政。

1　以上两段引文见欧阳修：《新五代史》卷三八《张承业传》，第405页。
2　见欧阳修：《新五代史》卷四三《李彦威传》，第469页。

张承业对继承问题的热心证明他对前朝确实忠心耿耿。就像很多被从长安派出前往晋阳的人一样，为晋效劳可以让张承业与其他人联合在一起，共抗梁朝，从而无须面对唐朝已经灭亡这个既成的事实。十几年后，张承业依然抱有这个幻想，并且他也意识到，若由一个没有李氏皇族血脉的人继承皇位，就意味着一个完全与前朝割裂的新王朝诞生。李存勖以唐朝法统继位，制造唐朝得以延续的假象，只不过是一种自欺欺人罢了。有一条史料记载说，张承业回到晋阳，绝食而死，以示抗议。[1]不过另一条史料说，他是在天祐十九年（922）十一月去世的，这离他与李存勖交谈已经差不多两年了，因此他是自然死亡。[2]无论是哪种情况，在未来几个月里，这位宦官的担忧只会让他的身体情况恶化，同时，这也更说明晋王在魏州称帝之事，正紧锣密鼓地进行着。

（四）画日之笔

七月，晋王下令求唐旧臣，以期在唐朝模式的基础上建立文官班底。[3]在过去的十多年里，官员的任命并没有传统的招募及考核程序，这种安排肯定会降低治理的质量，所以这最后的调整，应该会产生实际的利益。早期所招揽的人当中，最出名的是前唐礼部尚书苏循，他来自朱友谦的领地河中。一代之前，

1　见欧阳修：《新五代史》卷三八《张承业传》，第405页。
2　见司马光等：《资治通鉴》卷二七一，龙德元年正月甲辰条考异，第8863—8864页。
3　见司马光等：《资治通鉴》卷二七一，龙德元年七月条，第8866页。

大概在天祐三年(906)，当朱温准备除掉最后一位唐朝皇帝的时候，苏循就已经附会梁王以求进用，但却受到朱温的轻视，后来甚至让他罢官归田。[1]

天祐十八年(921)当苏循出现在魏州之时，他对晋王展现出更大的激情，"蹈舞呼万岁而称臣"，然后"又献画日笔三十管"[2]。在唐朝的时候，皇太子若在正式继位之前监国，当他就某奏章表示同意时，就会用毛笔写下一个"日"字（画日），以代替"可"字，后者是在位的皇帝才能使用的。[3]向李存勖献画日笔，实际上是确定他储君的地位，并且肯定他即位称帝对唐朝而言乃是迫切之事。受到这样的恭维，李存勖十分高兴，他没有像朱温篡位前那样阻止这些不当的行为，比如避免接受苏循的跪拜。[4]大概二十年之后，李存勖的这种厚颜行为，让人们清楚看到他此时并非心怀壮志，而是野心勃勃。

十、持续动荡

（一）再战德胜

在此前的几个月里，晋的战略焦点都在北方，到天祐十九年(922)初，他们必须把目光重新聚焦于南方与梁交战的边界上。

1 　见欧阳修:《新五代史》卷三五《苏循传》，第380页。

2 　引文见欧阳修:《新五代史》卷三五《苏循传》，第380—381页；另见薛居正等:《旧五代史》卷六〇《苏循传》，第812页。

3 　见欧阳修、宋祁:《新唐书》卷四九《百官四上》，第1296页。

4 　见欧阳修:《新五代史》卷三五《苏循传》，第380页。

德胜的南北二寨跨越黄河两岸，如今依然很不稳定，很容易受到来自开封的攻击。就在去年的冬天，梁军对德胜北城实施了一次袭击，晋军事前得到了情报，并设下陷阱，才粉碎了梁军的这次图谋。在此战中，梁军损失了超过两万人。[1] 晋军的防御由李嗣源和李存审负责，后来，也就在同一个冬天，他们发现了梁军想趁晋王不在之际偷袭魏州的计划。[2] 由于李存审所率领的一众将领在战场上表现出色，梁军的这次偷袭最终还是失败了。梁军还向德胜发起了进攻，据说有五万军士开向北城，并设下障碍，切断北城与外界的联系，从而阻止援兵的到来。李存勖听到消息后，在二月离开了北方前线，匆匆赶回魏州。他在五天之内赶完了七百公里的路程，实在让人钦佩。梁军得知他回来之后，很快就撤兵了。

(二) 镇州不稳

就在这个冬天，随着德胜的局势得以缓和，从前王镕的领地镇州的局势却又恶化了。在天祐十八年 (921) 十一月时，李存勖曾亲自带兵攻打镇州，但后来因为定州情况危急，请求晋的援手，所以他从镇州撤走了。在此之后，晋军在阎宝的率领下围困镇州并持续了整个冬天，他们切断了镇州的补给，导致城

---

1 见薛居正等：《旧五代史》卷六四《戴思远传》，第855—856页；司马光等：《资治通鉴》卷二七一，龙德元年十月己未条，第8868页。

2 见司马光等：《资治通鉴》卷二七一，龙德二年二月条，第8873—8874页。

内粮食和武器严重短缺。[1]当城中五百饿兵出城求食时，阎宝并没有意识到这可能是一个计谋。这些镇州士兵偷袭了晋军围城的障碍物，并袭击了围城军兵，之后几千人随之涌出，放火烧掉了晋军的辎重，并偷取晋军的粮食。阎宝逃到了赵州，这迫使晋王任命李嗣昭到镇州继续率兵围城。但不幸的是，在到达镇州不到一个月后，李嗣昭就意外战死了。[2]他不但作战勇猛，且长于管理之道，是李存勖的义兄中少有的人才，他的死让李存勖大受打击，好几天不进酒食。但他与李嗣昭的后人关系却有点紧张，他们正如其他地方桀骜的节度使一样威胁晋阳，这又给镇州的局势带来了不明朗的因素。

到天祐十九年（922）秋天，镇州持续不稳的局势要求李存勖采取进一步行动，他任命义兄李存进为北面招讨使，负责此处的镇压行动。李存进曾经是义儿军的指挥官，在德胜立有赫赫战功，在魏州又跟李存勖有十分密切的合作关系，他在恢复魏州民间与军队秩序的行动中扮演了十分关键的角色。[3]在九月，也就是他到镇州四个月后，张处瑾的弟弟张处球趁晋军早上割草放牧之际，率七千余人掩杀而来。尽管李存进被打了个措手不及，但他还是战胜了镇州兵，可他自己也在此役中战死了。代替他成为北面招讨使的是李存审，这已经是这一年里担任此

---

1 见司马光等：《资治通鉴》卷二七一，龙德元年十月己未条，第8868页；十一月条，第8870页；龙德二年二月丙午条、四月甲戌条，第8874—8875页。

2 见欧阳修：《新五代史》卷三六《李嗣昭传》，第387页；司马光等：《资治通鉴》卷二七一，龙德二年四月甲戌条，第8875页；脱脱：《辽史》卷二《太祖纪下》，第18页。

3 见欧阳修：《新五代史》卷五《庄宗下》，第44页；卷三六《李存进传》，第394页；司马光等：《资治通鉴》卷二七一，龙德二年五月乙酉至九月丙午条，第8876—8877页。

职的第四人了。几周之后,镇州军中有人变节,李存审成功镇压了叛军。事实证明,他是一位十分高效的将领,颠覆了人们所认为的镇州乃诅咒之地的看法。备受虐待的镇州百姓在被晋军解放之后,纷纷要求生吃叛贼张处瑾的肉,而他死去的父亲张文礼也被分尸于市。

晋军为重新攻取镇州付出了惨重的代价,很多大将战死,向南扩张的势头也因此受阻,但战场上的将士却十分克制,没有像往常那样进行屠杀与抢掠。相反,李存审为保护地方财富,特意将清廉的郭崇韬请来,并提名出自当地的名将符习为节度使。[1]符习拒绝了这项任命,并提请晋王亲自担任以镇州与赵州为中心的成德节度使。各镇大权集于一身,正反映出晋王的权威无处不在,作为一位即将称帝的亲王,这也正是他所期待的。

除权力外,晋王还有另一种期待。在攻取镇州之后的某一个时间,他决定从故赵王宫中给自己选取一百多个美女,这些女性最后大概都是老死在洛阳皇宫里的。[2]此举似乎相当恶劣,至少从汉文化的角度看就是如此,因为李存勖宣称跟王镕的关系十分友好。但接收死去的兄弟和密友的妻妾,这种行为在内亚已经有很长的历史。作为一个有内亚血统的人,王镕若能得知自己的后宫能被一位挚友照顾,也定能含笑于九泉了。

---

1 见薛居正等:《旧五代史》卷五七《郭崇韬传》,第764页;欧阳修:《新五代史》卷二五《符存审传》,第264页;司马光等:《资治通鉴》卷二七一,龙德二年九月丙午条,第8877页。

2 见欧阳修:《新五代史》卷二八《任圜传》,第306页。

第三章 大唐复兴

後唐莊宗像

其君之举也，内姓选于亲，外姓选于旧，举不失德，赏不失劳。

——《左传·宣公十二年》

一、建元同光

(一) 班底重组

从继承父亲爵位,到彻底征服梁朝的前夜,李存勖足足用了十五年,这对他来说太过漫长,过程也不乏艰辛。十年前被嘲笑为"斗鸡小儿"[1]的他,如今却将以黑马的姿态逆转局势,让还在怀疑他的人闭嘴。天祐十九年(922)末一系列的任命同样反映出他敏锐的政治触觉,包括以乌震为赵州刺史,及以张宪权镇州军府事,两地都曾是赵王领地。[2]乌震是王镕手下的一名军卒,凭借忠诚与自律晋升为将校。长期以来,他都能在战斗中坚守职务,公大于私,令晋王十分动容,于是才有了后来对他的提拔,这也是乌震飞黄腾达的开始。[3]张宪则是晋阳本地人,李存勖尚未继位时就在后者手下办事,后来又追随晋王从晋阳来到魏州。他是一个多才多艺的人,不但文辞优美,也精通音律,此外还嗜书如命,更是一位藏书家。很快,张宪便展现出一名优秀官员的特点,他"尤精吏道",凡事据理力争,判词精准犀利,从来不会纵容任何人,哪怕是朝廷上最有权势者。[4]

1　此话出自王彦章口中,见薛居正等:《旧五代史》卷二一《王彦章传》,第292—293页。

2　见司马光等:《资治通鉴》卷二七一,龙德二年九月丙午条,第8877页;十二月条,第8878页。

3　王镕被杀后,乌震随符习进攻镇州,他是赵州人,故张文礼把他的家人都抓到镇州作为要挟,但乌震不为所动,家人则被张文礼断腕割鼻,乌震悲愤异常,身先士卒,最终助晋军攻陷镇州,李存勖才为之动容。见欧阳修:《新五代史》卷二六《乌震传》,第279页;王钦若等:《册府元龟》卷八〇四《义第四》,第9350页。

4　见薛居正等:《旧五代史》卷六九《张宪传》,第911—914页;欧阳修:《新五代史》卷二八《张宪传》,第312—313页;脱脱:《宋史》卷二六三《张昭传》,第9086页。

此外，晋王与魏州司录（主管地方税务的官员）赵季良进行了一次交流，这件事同样为新政权的建立发出了正面的声音。当时，由于自然灾害和行政失当，魏州的税收有所拖欠，李存勖将责任归咎于司录官。作为地方税务官，把逼税之事上升到一个更高的高度，并以此挑战斗志激昂的皇帝，这是需要莫大勇气的，可赵季良在与李存勖的激烈交锋中就这么做了，他问道："殿下何时当平河南？"这个问题最初让晋王十分困惑，他生气地回答道："汝职在督税，职之不修，何敢预我军事！"

赵季良没有退让，而是进一步劝谏晋王，他说："殿下方谋攻取而不爱百姓，一旦百姓离心，恐河北亦非殿下之有，况河南乎！"赵季良的断言令李存勖十分震惊，不过并非负面，因为这是在提醒他作为统治者在旷日持久的战争中所应一直承担的责任。据史料记载，李存勖很高兴，"自是重之，每预谋议"。[1] 赵季良话中最后的断言肯定是有所夸张的，但晋王把他纳入核心班底当中，并把乌震和张宪委任到地方当官，这些都说明这位即将崛起的皇帝信任的是有能力、有信念的人，而不是所谓的名门望族。同时，这也证明他愿意接受有建设性的谏言。无独有偶，睿智与纳谏相结合，正是唐太宗的标志，而唐太宗则正是李存勖在统治事务上的偶像。[2]

就在天祐十九与二十年之交（比照公历，此时已是公元923年），王朝制

---

[1] 以上引文见司马光等：《资治通鉴》卷二七一，龙德二年十二月条，第8878页。

[2] 见赵克尧、许道勋：《唐太宗传》，第158—169页。

度大定之时，另一件事发生了，此事迫使晋王必须补充官员，甚至不得不作出妥协。最为反对李存勖即位称帝的张承业在不久之前去世了。在过去近三十年中，他可谓是晋阳王宫的中流砥柱，故此，据说李存勖知道这位宦官去世的消息，即"悲恸，连日辍食"。他甚至叩问苍天，为何夺走王国最重要的人才："天夺孤之子布也。"所谓子布，乃三国时期东吴的优秀政治家张昭(156—236)，他不但以犀利的政策谋略闻名于世，在战场上也十分英勇。[1]没有任何人比太夫人曹氏对张承业之死更为悲伤，对她而言，张承业既是私人护卫，也是政治参谋，此外，在李克用去世之后，他也相当于她年轻的儿女们的半个父亲。因此，曹太夫人像子侄一样为张承业服丧，以表达她对他的哀思。[2]

尽管如此，张承业仍是晋阳城里最反对李存勖加冕称帝之人，他的离世，反而给了李存勖更大的自主权。随着东南的杨隆演采用王号，自称吴王，李存勖称帝的时机就更成熟了。[3]这个十分富裕的王国对晋并没有军事威胁，但李存勖仍想遏制这些南方小国蠢蠢欲动的野心，并通过加冕成为新一代生气勃勃的皇帝，以取代奄奄一息的开封政权。于是，在天祐二十年(923)二月，晋王的命令下达到各层官吏，求取唐朝时期的著名学者，以让他们为这个过渡时期服务。就在二月，豆卢革和卢程分别

---

1 见王钦若等:《册府元龟》卷六六八《规谏》，第7701页。

2 见薛居正等:《旧五代史》卷七二《张承业传》，第953页；司马光等:《资治通鉴》卷二七一，龙德二年十一月戊寅条，第8877—8878页；王钦若等:《册府元龟》卷六六八《翊佐》，第7698页；《规谏》，第7701页。

3 见欧阳修:《新五代史》卷六一《吴世家》，第756页；卷六四《吴越世家》，第840页；司马光等:《资治通鉴》卷二七二，同光元年二月丁卯条，第8880页。

被任命为行台左、右丞相[1]——这一选择并非没有争议。

晋王最开始的丞相人选是受人尊敬的卢质，他既出身于名门望族，也算能力出众，并有在唐朝廷任职的经历。此外，他还是最早归顺李存勖父亲的人之一，故对存勖而言，这算是一份理想的政治履历。但卢质拒绝了，因为他"性疏逸，不欲任责"。[2]李存勖唯有选择豆卢革为左丞相，这看来也是官僚集团所偏向之人选。后者的父亲曾任唐舒州（今安徽潜山）刺史，而他本人只当过王处直的掌书记，并没有在京城为官的经验。可以说，除了出身名门的优势，他不过是个庸碌之才，而正由于他"素不学问"，故也只能"默默无所为"了。[3]豆卢革既缺乏历史知识，又没有资深大臣凭经验积累而来的悟性，故也不能像他们那样富有创造性，引过去之典故以解当今之问题了。

右丞相卢程算是豆卢革的补充，他曾在唐末天复年间中进士第，并同样担任过晋阳长官的高级助理，更由此接触到晋的关键人物，包括张承业与郭崇韬。尽管卢程在能力上远超豆卢革，但他自命不凡，处处与人作对，总是妒忌比他优秀的人，和豆卢革一样令人反感。[4]晋王对官僚传统的妥协是经过深思

---

1 见司马光等：《资治通鉴》卷二七二，同光元年二月丁卯条，第8880页；薛居正等：《旧五代史》卷六七《豆卢革传》，第883—884页；欧阳修等：《新五代史》卷五《庄宗下》，第44页。

2 引文见欧阳修：《新五代史》卷五六《卢质传》，第643页；另见薛居正等：《旧五代史》卷九三《卢质传》，第1228页。

3 引文见欧阳修：《新五代史》卷二八《豆卢革传》，第301—303页；另见薛居正等：《旧五代史》卷六七《豆卢革传》，第883—884页。

4 见薛居正等：《旧五代史》卷六七《卢程传》，第886—888页；方震华：《权力结构与文化认同》，第99页。

熟虑的，但此举很快就会让他自己的文官领导层信心受挫。

社会地位对文官而言意义重大，但也让刀头舔血白手起家的军事领袖困惑不已。几年前，晋军中的掌书记王缄在胡柳一役中战死，于是李存勖就选择他的行政助理冯道来当掌书记。在李存勖把晋的大本营从晋阳搬到魏州之前，冯道就已经移居晋阳好几年了，故两人应该是熟悉的。李存勖的任命遭到卢程的激烈反对，后者忌恨冯道出身乡野，反被选任要职，他说："主上不重人物，使田里儿居余上。"[1]因此，在朝廷重臣或者一些重要职位的人选上，此时的晋王不得不优先考虑门阀而非能力，他用人的偏好也不得不屈从于王朝合法性的需要。在同光一朝，冯道只能扮演小角色，这既是基于他低下的出身，也是因为他在不久之后要为去世的父亲服丧。[2]

从一开始，李存勖就已经意识到他跟文官高层的很多妥协是需要付出代价的。两位丞相的自恋与自大在魏州的第一次朝会中显露无遗，且根据《新五代史》记载，其过程十分滑稽：

> （卢）程、（豆卢）革拜命之日，肩舆导从，喧呼道中。庄宗闻其声以问左右，对曰："宰相担子入门。"庄宗登楼视之，笑曰："所谓似是而非者也。"[3]

---

1 语见薛居正等：《旧五代史》卷六七《卢程传》，第887页；另见欧阳修：《新五代史》卷二八《卢程传》，第304页。

2 见欧阳修：《新五代史》卷五四《冯道传》，第612—613页。

3 语见欧阳修：《新五代史》卷二八《卢程传》，第304页；另见王钦若等：《册府元龟》卷三三五《窃位》，第3370页；卷九二九《谬举》，第10765页。

最后一句话从字面上理解，就是"所谓真的，其实是假的"，这暗示着丞相们呆头愣脑、笨手笨脚的行为，与他们的职位极不相称。尽管李存勖语出轻浮，但他显然指出此二人除具名外毫无贡献，而反过来，这也会让他对文官领袖的尊重锐减，尤其是在一些具有象征意义的时刻。

（二）登基称帝

李存勖在中国农历天祐二十年四月二十五日，即公元923年5月13日复兴唐朝，并登基为唐朝皇帝。[1]在历史上，该政权被称为后唐。此等大事对沙陀突厥而言是第一次，而这一年又恰恰是李存勖的父亲李克用逝世十五周年。登基的地点被选在魏州，从八年前开始，此地就成为李存勖的军事基地和政治中心。即位坛被匆匆修筑在魏州牙城之南一个马球场上，精力充沛的李存勖应该经常在这里运动。

三十八岁的皇帝宣布大赦，并改元同光。由于"同"与铜镜的"铜"同音，在中国古代，铜镜有正身之意，故这一年号也预示着在各种镜子的映射下，本朝将获得光辉之治。唐太宗曾将诤言与善政比作铜镜，正所谓"人以铜为镜，可以正衣冠，以古为镜，可以见兴替，以人为镜，可以知得失"，[2]这种比喻在10世

---

1 见欧阳修：《新五代史》卷五《庄宗下》，第44页；薛居正等：《旧五代史》卷二九《庄宗纪三》，第403页；司马光等：《资治通鉴》卷二七二，同光元年四月己巳条，第8881—8882页；Denis Twitchett, and Paul Smith, ed, *The Cambridge History of China, Vol, 5, Part 1: The Sung Dynasty and Its Precursors, 907—1279*, Cambridge: Cambridge University Press, 2009, p. 66。

2 司马光等：《资治通鉴》卷一九六，贞观十七年正月戊戌条，第6184页。

纪同样能引起共鸣。李存勖生前被称为同光帝，死后庙号为庄宗，意为严肃的先祖。他以魏州为东京，以晋阳为西京，但这只是暂时的，之后他会为自己的王朝选择最终的都城。

根据过往皇帝即位的传统，文武大臣将会获得大量赏赐。除此之外，朝廷还给予照顾老人的家庭以及数代同堂之家一些特权，这对开国皇帝而言十分普遍，这种恩典也延伸到京城外的文人群体。[1]庄宗还发布了一道阻止各地往京城奏报祥瑞的命令，这是模仿三百年前唐太宗的做法。除效法古人之外，同光帝显然也担心会重蹈蜀国的覆辙，那里出现大量祥瑞，但却没有给野心勃勃的伪帝王建带来合法性，反而招来一大堆谣言。[2]

新朝廷将任命两位枢密使：郭崇韬和张居翰，且由于战事持续，这一职务甚至比宰相更为重要。两人对新王朝都忠心耿耿，前者是战略高参，主持着外朝的事务；后者乃资深宦官，代表着内廷的利益。张居翰就像他的前任张承业那样，继续居住在晋阳，这让郭崇韬在临时的都城魏州里成为一人之下、万人之上的存在。曾经作为宰相第一人选的卢质接受了翰林学士承旨（翰林院长官）一职，而冯道则成为翰林学士，当他的副手。两位学士在文学与政治上皆具有极好的造诣。[3]庄宗在一些任命当中，也倾向于以才能为本，如他任命原魏博、镇冀观察判官

1　这些恩典包括：内外文武职官，并可直言极谏，无有隐讳；民年八十以上，与免一子役；民有三世已上不分居者，与免杂徭。见薛居正等：《旧五代史》卷二九《庄宗纪三》，第403页。

2　见欧阳修：《新五代史》卷六三《前蜀世家》，第783—791页；司马光：《资治通鉴》卷一九三，贞观二年九月丙午条，第6056—6057页；Cambridge History of China, Vol, 3, p. 189; Cambridge History of China, Vol, 5, pp. 67—74。

3　见薛居正等：《旧五代史》卷二九《庄宗纪三》，第404页。

张宪为工部侍郎,充租庸使,以外戚孟知祥为太原尹,尤其是后者,其任职之所,乃太后、太妃及其他李氏宗室所处之地,当中包括庄宗孱弱的弟弟李存纪。[1]就这样,文官集团第二阶层官员的光芒盖过了他们的上司,也就是两位宰相豆卢革与卢程。

几天之后,庄宗追册皇族祖先,这其中就包括了他的父亲李克用,后者被追册为"武皇",庙号"太祖"。与此同时,代县的李克用墓被重新命名为建极陵。[2]此外,宗庙也在晋阳建立起来,用以祭祀已故的唐朝君主和沙陀先祖,后者号称是前者的继承者。[3]此举创造了一个独一无二的皇室家族,尽管其中的血统杂乱无章。

与登基大典几乎同时进行的,乃是对上一代皇室女性的册封。庄宗将曹氏册封为太后,她仅是父亲的侧室,却又是他的亲生母亲;而他父亲的正室刘氏,则被册封为太妃,从其正统的地位看,这显然是一种违制。在中华帝国,正室与妾的社会地位和法定权利是有明确划分的,把生母的地位提升到嫡母之上,乃违背传统孝道之举。李存勖似乎遵循内亚流行的做法,在那里,家庭制度更加灵活。此时,无论太后还是太妃都居住在晋阳,跑到魏州接受册礼对她们而言都过于劳累,故宰相卢

---

1 见薛居正等:《旧五代史》卷二九《庄宗纪三》,第404页;司马光等:《资治通鉴》卷二七二,同光元年四月己巳条,第8882—8883页。

2 见司马光等:《资治通鉴》卷二六九,乾化四年正月壬子条注,第8782页;樊文礼:《李克用评传》,第2—6、228—229页。

3 李存勖所立七庙,包括唐高祖、唐太宗、唐懿宗、唐昭宗、朱邪执宜、李国昌及李克用。见欧阳修:《新五代史》卷五《庄宗下》,第45页;司马光等:《资治通鉴》卷二七二,同光元年闰四月条,第8884页。

程被派往晋阳，代表皇帝主持册封之礼。

角色颠倒让成为太后的曹氏在其终身挚友刘氏面前感到不安，但刘氏优雅地化解了她的尴尬，并着眼于她们儿子的功绩，以及由此所带来的她们死后得以侍奉于李克用左右的机会，她说："愿吾儿享国无穷，使吾获没于地以从先君，幸矣，复何言哉！"[1]整件事中，唯一丢人的是卢程，作为册礼使，他滥用权力虐待自己的手下，并压榨从魏州到晋阳沿途的地方官员，这让整个册封大典的气氛变了味。相关的奏章传入魏州后，卢程被庄宗嘲笑为"痴物"，并立即把他罢为右庶子，而此时距离他就任丞相还不到三个月，[2]这一尴尬事件是近几个月以来第二根刺入文官集团的利刺。

二、中原崩溃

（一）潞州之叛

尽管魏州内外的各种庆典让人兴奋不已，但同光元年（923）的季春时节还不是庄宗吹嘘自己的时候，因为一系列的挑战将接踵而至。后唐朝廷当时控制了约五十个州，而梁控制了三十个左右，但梁的势力范围也很大，当中还包括了其京城开封，

---

1 语见欧阳修：《新五代史》卷一四《唐太祖正室刘氏及次妃曹氏传》，第142页；另见司马光等：《资治通鉴》卷二七二，同光元年四月己巳条，第8882页。

2 按照庄宗与郭崇韬的意思，是要处死卢程的，幸得卢质解救，卢程才保住性命，只被贬官而已。见薛居正等：《旧五代史》卷六七《卢程传》，第888页；欧阳修：《新五代史》卷二八《卢程传》，第304页；司马光等：《资治通鉴》卷二七二，同光元年七月甲子条，第8889页。

以及旧都长安和洛阳。[1]后唐这个新崛起的政权还可能因为内部分歧而丢失近期取得的成果,其中最典型的是李继韬投敌叛变之事,由于这次叛变的时机和叛变者的身份特殊,故它不但引人关注,同时也引起了李存勖的警惕。

李继韬乃庄宗义兄李嗣昭之子,自一年前李嗣昭死后,他就被任命为昭义军留后,此镇包含潞、泽二州,大概在魏州以西两百公里处。[2]李继韬的父亲英勇殉国,但他自己却通过囚禁兄长来获取任命,而且他在晋的权力序列里毫无地位。在李存勖把其军中的张居翰和任圜召去魏州后,他毫无根据地以为晋王要发兵进攻潞州,于是先下手为强,倒戈投梁。庄宗被激怒了,本想发兵讨伐李继韬,但在辅臣的建议下,他不得不优先考虑其他地方的冲突,比如最近契丹对幽州的入侵。[3]

庄宗当时的确派了义兄李存审去泽州解救守将裴约,那时泽州正被叛军包围。李存勖给李存审所下的开拔命令,足以说明他对军队忠诚度的重视;对于一位坚定的武士而言,这也是一道足以鼓舞人心的命令:"吾不惜泽州与梁,一州易得,(裴)约难得也。尔识机便,为我取约来。"[4]李存勖的世交赵德钧也

---

1 见欧阳修:《新五代史》卷六〇《职方考三》,第713页;司马光等:《资治通鉴》卷二七二,同光元年四月己巳条,第8883页;Cambridge History of China, Vol. 5, p. 67。

2 见欧阳修:《新五代史》卷三六《李嗣昭传附李继韬传》,第388页;司马光等:《资治通鉴》卷二七二,同光元年三月条,第8880—8881页。

3 见司马光等:《资治通鉴》卷二七二,同光元年闰四月甲午条,第8884页。另有学者认为,庄宗乃想拉拢契丹以谋取潞州,见姚从吾:《阿保机与后唐使臣姚坤合谈话集录》,第231页。

4 欧阳修:《新五代史》卷三二《王彦章传附裴约传》,第350页。另根据《旧史》及《通鉴》所记,被派往解救裴约的是李绍斌,即赵德钧。见薛居正等:《旧五代史》卷二九《庄宗纪三》,第406页;司马光等:《资治通鉴》卷二七二,同光元年八月壬申条,第8889—8890页。

带着五千骑兵奔赴该地，但在他抵达之前，梁军已经攻破泽州的城墙，裴约也惨遭杀害，此战令新朝廷损失惨重。

(二) 任人唯亲

像潞州这种地方本来被认为是安全的，可那里竟然也发生叛乱，这提醒李存勖必须加强对黄河北岸沿线重镇的支持，因为这些地方是唐军攻击南岸梁军重镇的基地。于是他亲自坐镇澶州，又把朱守殷派往德胜，两地相距大概三十公里。[1]朱守殷原本是晋阳宫中一小厮，地位低微，李存勖尚未继位晋王之前，曾让他侍奉自己读书。待他即位后，以其为长直军使，由此进入行伍。在李克宁等人谋叛时，朱守殷曾发动宫中仆役守护李存勖，以对抗李克宁，也算是立了一点小功。[2]朱守殷后来"好言人阴私长短以自结"，这是充分利用其主公缺乏安全感的特性。[3]

尽管缺乏战斗经验，朱守殷依然被任命为长直军使。对比在德胜奋勇作战的"王铁枪"[4]梁将王彦章，朱守殷的无能暴露无遗。毫无疑问，大批经验丰富的将领是此时梁朝最大的资产，反观唐军则不得不面临多线作战的风险，人力物力资源都被大范围分散。因此，把毫无经验的朱守殷安排在边境重镇，所反

---

[1] 见司马光等：《资治通鉴》卷二七二，同光元年闰四月癸卯条至五月辛酉条，第8885—8886页；欧阳修：《新五代史》卷五一《朱守殷传》，第573页；薛居正等：《旧五代史》卷七四《朱守殷传》，第971页；戴仁柱著，刘广丰译：《从草原到中原》，第71—73页。

[2] 见薛居正等：《旧五代史》卷二七《庄宗纪一》，第368页。

[3] 见欧阳修：《新五代史》卷五一《朱守殷传》，第573页。

[4] 欧阳修：《新五代史》卷三二《王彦章传》，第347页。

映的正是这种人力上的不足，而非单单是新皇帝的狭隘胸襟。

在与梁朝廷的交流中，王彦章很乐观地指出，只需三天即可击溃唐军。之后，他先派出六百甲士顺流而下，他们的任务是烧断水中铁锁，然后用巨斧斩断浮桥，从而切断德胜南北二城的连系。随后，王彦章的大军猛攻南城，一如其之前所料，就在第三天，德胜南城被梁军攻破。之后，王彦章顺流而下，急攻杨刘，其军队在段凝的增援下增加到十万。若非杨刘守将坚持到唐援军赶到前的最后一刻，杨刘城也肯定会落入梁军之手。[1] 朱守殷在德胜城中毫无准备，引致李存勖对这个幸臣大发雷霆，他骂道："驽才，果误予事！"[2]但他还是固执地拒绝了义兄李嗣源等重臣的要求，没有依照军法把朱守殷处死。显然，这次责骂使朱守殷和李存勖之间开始产生摩擦。

（三）立足郓州[3]

由于受到内忧外患的困扰，李存勖早在闰四月的时候就召集高级将领，探讨可以攻取的战略要地。他最开始还与大臣商议，但随即决定发动闪电战突袭梁朝，通过占领其京城东部的战略重镇，"以断梁右臂"[4]。一座深入梁境五十公里的城池对唐

1　见薛居正等：《旧五代史》卷九一《李周传》，第1203—1204页；司马光等：《资治通鉴》卷二七二，同光元年五月辛酉至六月戊子条，第8886—8888页。

2　欧阳修：《新五代史》卷五一《朱守殷传》，第573页。

3　译者按：从顺序上看，李继韬的叛乱发生在三月，四月李存勖即位，闰四月李嗣源攻占郓州，然后才是德胜失守，梁军急攻杨刘，而唐军救援裴约乃是在此之后，发生在当年八月。译者尊重作者的写作顺序，作此按语，乃提醒读者注意。

4　欧阳修：《新五代史》卷六《明宗纪》，第54页。

军而言，一般来说是难以触及的，因为任何渡过黄河的行动，都会被梁军的重重巡查发现，几年前对郓州的侦察足以说明当时这座城池的防守依然坚固。但战场的形势已经发生改变，郓州的日常防守开始失效，一方面是因为当地军队被重新部署到其他要地，另一方面则是因为北方的军队在之前的侦察中不断收集积累有关此地的情报。唐军因此可以避开巡逻渡过黄河，深入梁朝境内。庄宗还十分聪明地把先遣部队限制在五千骑兵，从而降低被侦察发现的可能性。[1]

由义兄李嗣源和其副将高行周率领的五千精兵，在暴雨的掩护之下，乘夜偷袭郓州。在行军路上，军士不肯前进，高行周宣称道："此天赞我也！郓人恃雨，不备吾来，宜出其不意。"确实如此，在唐军到达，甚至翻越城墙占领城池之时，郓州的士兵尚在梦中。[2]

对梁朝而言，在龙德三年（923）夏天丢掉郓州是一个毁灭性的打击：唐军在黄河南岸有了立足之处，这让他们可以随时进攻梁朝腹地内的其他战略要地。新形势促使庄宗采取外交手段来增强己方的实力。他秘密派出使团到吴国，其国主早前曾鼓励他即位称帝。此时，他想更进一步，提议合作进攻梁朝。[3]吴国拒绝了这一提案，他们若发动战争，所获甚少。不过外交行动

1　见薛居正等：《旧五代史》卷二九《庄宗纪三》，第405—408页；卷三五《明宗纪一》，第486—487页；欧阳修：《新五代史》卷六《明宗纪》，第54—55页；戴仁柱著，刘广丰译：《从草原到中原》，第71—73页；李少林：《后唐入汴之役研究》，中国社会科学院硕士学位论文，2012年，第13—26页。

2　见欧阳修：《新五代史》卷四八《高行周传》，第549页。

3　见司马光等：《资治通鉴》卷二七二，同光元年五月条，第8885—8886页。

依然会让梁朝分心,因为这实际上也是提醒开封朝廷,它也有可能受到南方的攻击。

(四)降者密报

七月杨刘解围后,庄宗在那里待了将近一个月,在此期间,他收到了叛梁大将康延孝的进言。康延孝是胡人,最初在李克用手下服役,"有罪亡命于梁"[1]。他为开封朝廷至少服务了十年,此时已经晋升为将领,成为段凝麾下的右先锋指挥使。同光元年(923)六月,康延孝带着一小队骑兵来降,对开封而言,这是一个巨大的损失,因为他可以接触到高级别的情报。康延孝来降乃是由李嗣源在郓州运作通报的,庄宗收到消息后十分兴奋,立即带兵进屯朝城(今山东莘县西南),以接见这位降将。见到康延孝后,庄宗解下自己的御衣金带赐给对方。康延孝最终被封为捧日军使兼南面招讨指挥使、检校司空,守博州刺史,并于魏州获赐田宅,同时被赐名李绍琛,成为皇帝的假子。[2]两位来自内亚的武士很快就找到了彼此之间的联系,康延孝既是归降,也是归家。

庄宗与康延孝之间的情谊迅速发展,他也充分利用这一点,就很多问题征询康延孝的看法,康延孝也异常坦率。他反复强

---

[1] 引文见欧阳修:《新五代史》卷四四《康延孝传》,第485页;另见同书卷五一《范延光传》,第576页;薛居正等:《旧五代史》卷七四《康延孝传》,第967—970页;司马光等:《资治通鉴》卷二七二,同光元年六月乙亥条,第8887页。

[2] 见薛居正等:《旧五代史》卷七四《康延孝传》,第967页;司马光等:《资治通鉴》卷二七二,同光元年八月庚寅至戊戌条,第8891页。

调必须保住近来攻取的郓州，以确保后唐的战略利益。在他看来，梁朝在短期内是十分脆弱的，因为梁军士气低落，梁朝皇帝的管理又混乱无效。与此同时，尽管梁朝有这些弱点，但他们还是计划在接下来的冬天对唐发起进攻，这一行动将会动员十万精兵，并且兵锋会直指黄河沿岸的战略要地。这个计划也包括趁宦官张承业刚刚去世之机，突袭沙陀人的老家晋阳。

接着，针对梁朝的进攻，康延孝提出了有效反击的关键所在，那就是先下手为强，用突袭的策略来弥补双方兵力的差距，他说：

> 梁兵虽众，分则无余。臣请待其既分，以铁骑五千自郓趋汴，出其不意，捣其空虚，不旬日，天下定矣。[1]

康延孝乐观预测唐军能迅速征服中原腹地，这实际上并没有改变其所带来的消息的要旨：梁军突袭后唐各处重镇已经从计划转变为动员，而开封朝廷也有意倾其全力于一举，这一对历史对手的最后摊牌注定是一场激烈的大战。

（五）定计袭汴

到了同光元年（923）的秋天，对后唐来说比战争规模扩大更严峻的是财政危机，国库钱粮连六个月都支撑不住了。由于长

1　语见欧阳修：《新五代史》卷四四《康延孝传》，第485页；另见薛居正等：《旧五代史》卷二九《庄宗纪三》，第407页；司马光等：《资治通鉴》卷二七二，同光元年八月戊戌条，第8891页。

期战乱，朝廷过度征税，老百姓纷纷逃田，生产力大幅下降，动摇了税收基础。更糟糕的是，整个中原大地都有相同的情况，包括唐军攻占的黄河南岸部分地区。[1]有鉴于此，再加上康延孝带来的新情报，庄宗把军中将吏召到跟前商议，会议上弥漫着悲观的情绪。大多数将吏倾向于从黄河南岸的郓州撤出，以换取与梁朝和解。在一片反对声中，只有郭崇韬坚持主战。众将离开之后，庄宗把郭崇韬单独留在帐中商议，郭崇韬认为，继续扩大战果才是唯一可行的选择。[2]

郭崇韬指出，后唐财政脆弱，前线战区消耗巨大，而河北数州秋天未能获得丰收，粮食不能支撑半年。他同样担心十余年的征战使军人疲乏，士气低落，且建号以来，人心思安，局势有被逆转的可能。他说："况今大号已建，自河以北，人皆引首以望成功而思休息。"换言之，最新的政治形势要求后唐必须加快推进针对全国的军事议程。郭崇韬估计，无论北方的形势多么令人担忧，南方的情况肯定更加糟糕："臣自康延孝来，尽得梁之虚实，此真天亡之时也。"[3]梁朝的军事将会被其多线作战压垮，而其主将段凝也非适当人选，"无足可畏"[4]。

郭崇韬主张不从郓州撤兵，赞同庄宗亲率精兵前往黄河前

---

1 见司马光等：《资治通鉴》卷二七二，同光元年九月庚戌条，第8893页；薛居正等：《旧五代史》卷二九《庄宗纪三》，第407—408页。

2 见薛居正等：《旧五代史》卷二九《庄宗纪三》，第406—408页；王钦若等：《册府元龟》卷五七《英断》，第602页；欧阳修：《新五代史》卷二四《郭崇韬传》，第246—247页。

3 欧阳修：《新五代史》卷二四《郭崇韬传》，第246—247页。

4 司马光等：《资治通鉴》卷二七二，同光元年九月庚戌条，第8893—8894页。

线。这样，庄宗就可以与身在郓州的李嗣源合兵，一同进攻开封，而此时开封城的防守，早就摇摇欲坠了。郭崇韬进而预测梁朝必将迅速灭亡："苟伪主授首，则诸将自降矣。"[1]其势必将引起多米诺骨牌般的连锁反应，并最终送后唐入主中原。实质上，郭崇韬是全盘接受了康延孝的计划。之前还不悦的庄宗听了郭崇韬这番分析后，立即大喜，他断言道："大丈夫得则为王，失则为寇，予行计决矣。"[2]庄宗的直觉将遭到前所未有的考验，但其随后的行动表明，他对最后的结果并没有多大信心。

大战之前，李存勖安排在前线朝城陪伴他左右的刘氏及其儿子李继岌返回魏州，这种事情在历史记载中乃是第一次。但比遣返家人的举动更引人注目的，是他们之间最后一次交流中所流露出的悲观情绪。十月初一当他们"泣别"之时，李存勖指示刘氏说："若其不济，当聚吾家于魏宫而焚之！"[3]他不想他们受到身体上的虐待，而这对被征服者而言是非常普遍的，生者会被折磨致死，死者则被曝尸荒野。而他的生母曹氏及嫡母刘氏由于从未离开过晋阳，应该可以避过开封朝廷的报复。

（六）进逼开封

早在九月的时候，王彦章率兵渡过汶水，欲重新夺回郓州，

1　见司马光等：《资治通鉴》卷二七二，同光元年九月庚戌条，第8893—8894页。
2　薛居正等：《旧五代史》卷二九《庄宗纪三》，第408页。
3　李存勖语，见司马光等：《资治通鉴》卷二七二，同光元年十月辛未条，第8894页；泣别事，见薛居正等：《旧五代史》卷五七《郭崇韬传》，第765—766页。

但被李嗣源大败。王彦章被迫逃至郓州东南的中都县（今山东汶上），而此地的防守更加不堪。接下来，李嗣源在几天之后给了王彦章最后一击，后者已经身负重伤。[1]就此一役，李存勖高度赞誉李嗣源之功，他说："今日之功，公与崇韬之力也。曏从绍宏辈语，大事去矣。"[2]

"王铁枪"这位梁军中最优秀的将领，跟其他几百名军官一起被俘虏了。李存勖坚持涉险，亲赴中都一会这位传奇般的敌手。"尔尝以孺子待我，"他说，此语是暗指王彦章曾嘲笑李存勖为"斗鸡小儿"，"今日服乎？"[3]这种幽默的语调，显示出李存勖对王彦章并不存在私人恩怨。他甚至给王彦章赐药疗伤，并多次派人去招降这位将军。"岂有朝为梁将，暮为唐臣！此我所不为也。"这是王彦章的回答，他用道德原则拒绝劝降；被俘几天之后，他就被杀害了。[4]《旧五代史》指出此役唐军斩首二万级，可见此战之激烈程度。[5]

到达中都之后，李存勖与诸将举行会议。大多数将领都提出保守的建议，认为应该先攻取郓州以东至东海的土地，然后再伺机向西袭击开封。归降而来的康延孝不同意，李嗣源也不同意，后者更进一步提出攻袭梁都开封的计划，因为从此处往

---

1 见薛居正等：《旧五代史》卷七五《晋高祖纪一》，第979—980页；司马光等：《资治通鉴》卷二七二，同光元年九月庚戌条，第8894页。

2 司马光等：《资治通鉴》卷二七二，同光元年十月壬申条，第8895页。

3 欧阳修：《新五代史》卷三二《王彦章传》，第349页。

4 见司马光等：《资治通鉴》卷二七二，同光元年十月壬申条，第8895页。

5 见薛居正等：《旧五代史》卷三〇《庄宗纪四》，第411页。

西至开封,几乎是一路坦途,他说:

> 彦章之败,(段)凝犹未知,使其闻知,迟疑定计,亦须三日。纵使料吾所向,亟发救兵,必渡黎阳,数万之众,舟楫非一日具也。此去汴州,不数百里,前无险阻,方阵而行,信宿可至,汴州已破,段凝岂足顾哉![1]

郭崇韬也赞同李嗣源的意见,前者长期以来对于边疆战争都采取进取的态度。庄宗要作出决定也并不困难,毕竟在他面前没有第三种更强有力的意见。

当晚,李嗣源率前锋部队离开郓州,向开封进发,未几,皇帝率兵向西进驻曹州(今山东曹县西北),此地正在开封的东面。[2]在此之前,梁将段凝为了阻挡唐军,掘开了黄河的堤坝。在过去,这样的行动可以拖延敌军的前进,但奇怪的是这一次并没有阻挡唐军几天,这很可能与段凝缺乏决心有关。[3]

同光元年(923)十月初九,李嗣源攻破开封的封丘门,而几个时辰之后,庄宗也亲率大军到达。此情此景,甚至令李存勖不敢置信,有点发愣,随后,他用自己的头碰触李嗣源的头,并说了几句表达他对义兄永远感激的话:"吾有天下,卿父子之功

---

1 语见欧阳修:《新五代史》卷六《明宗纪》,第54—55页;另见司马光等:《资治通鉴》卷二七二,同光元年十月壬申条,第8896页。

2 见薛居正等:《旧五代史》卷三〇《庄宗纪四》,第412页。

3 见薛居正等:《旧五代史》卷二九《庄宗纪三》,第407—408页;欧阳修:《新五代史》卷四五《段凝传》,第498页;司马光:《资治通鉴》卷二七二,同光元年九月庚戌条,第8893页。

也，天下与尔共之。"[1]除了北军参谋的足智多谋外，开封城被迅速攻陷也是梁朝谋士错误计算的结果：他们想保持进攻，给敌人制造压力，可却忽视了最基本的内部防守，其悲剧的结果就是前一天晚上沙陀大军围城，君臣相拥而泣。[2]

一位历史学者总结认为，唐军在开封攻城战中所使用的战略，在整个五代里是最具创意的，此战甚至可以与公元前218年汉尼拔翻越阿尔卑斯山相比。在那一战中，来自迦太基（今突尼斯）的军队以伊比利亚半岛为基地，成功翻越阿尔卑斯山，征服了意大利，从此占领罗马十五年，足以让其蒙羞。[3]汉尼拔的军队在行进途中面临着很多天然阻碍，他们从西班牙的地中海沿岸出发，翻过比利牛斯山，然后从意大利西北的山脊进入。尽管后唐军队跟汉尼拔军队所面临的困难不一样，但这两次行动有一个相同之处，那就是绝对的大胆。同时，这两次军事行动的组织也都达到了令人敬佩的程度，包括协调各方多支军队的物流能力，以及足以迷惑守城者的速度。最后，开封攻城战也是一次极其讲求合作的军事行动，这个问题往往容易被历史学者忽视，因为他们过度关注战争中英雄式的领军人物，如李存勖和李嗣源。

---

1 语见司马光等：《资治通鉴》卷二七二，同光元年十月己卯条，第8899页；另见欧阳修：《新五代史》卷六《明宗纪》，第54—55页；戴仁柱著，刘广丰译：《从草原到中原》，第72—73页。

2 见司马光等：《资治通鉴》卷二七二，同光元年十月戊寅条，第8898—8899页；王钦若等：《册府元龟》卷二〇《功业二》，第202页。

3 见李少林：《后唐入汴之役研究》，第1—2页。

（七）拱手而降

被困在开封城中的梁末帝曾尝试派人突围求援，但却因运气不济而失败，因为他所派出之人在与段凝部队取得联系之前坠马了。[1]更糟糕的是，梁都开封城内的平民百姓被驱赶到城墙上加强防御，这又引起了众怒。[2]绝望的情绪让一些朝臣考虑直接投降。有其他官员提出让朱梁宗室迁移到洛阳，那里四面环山，易守难攻，但又有大臣认为旅途艰险，难以预测。[3]宰相郑珏提出拖延战术，献出传国玉玺，以示末帝愿意谈判。[4]拖延可以让援军有更多时间到达开封，可对沙陀政权有更深认识的辅臣认为这个主意不太可能会成功。

末帝已到了穷途末路，他请求侍卫皇甫麟让他体面而死，他说："晋，吾世雠也，不可俟彼刀锯。"[5]当晚，皇甫麟先弑杀了末帝，然后自杀，这是一个弑君者得体的做法。就在驾崩前几个时辰，末帝下旨处决了开封天牢里的政敌，包括曾经合谋反对过他的一些兄弟，以及一直拒绝投降的晋军将领石君立。[6]其他战犯的命运就不得而知了，尽管开封城迅速沦于唐军之手，

---

1 见欧阳修：《新五代史》卷四五《段凝传》，第498页。
2 见司马光等：《资治通鉴》卷二七二，同光元年十月丁丑条，第8897页。
3 见欧阳修：《新五代史》卷四二《赵犨传附赵岩传》，第463页。
4 见欧阳修：《新五代史》卷五四《郑珏传》，第619—620页。
5 语见欧阳修：《新五代史》卷一三《梁末帝次妃郭氏传》，第131页；另见薛居正等：《旧五代史》卷一〇《梁末帝纪下》，第151页；司马光等：《资治通鉴》卷二七二，同光元年十月戊寅条，第8898—8899页。
6 见司马光等：《资治通鉴》卷二七二，同光元年十月丁丑条，第8897—8898页；薛居正等：《旧五代史》卷六五《石君立传》，第866页。两《五代史》都把杀害朱氏兄弟之责归咎于庄宗，见欧阳修：《新五代史》卷一三《朱全昱传》，第133页；薛居正等：《旧五代史》卷一二《朱友海传》，第161页。

很可能让他们重获生机。[1]而早前被迫入宫的宫女也被全部放还，开启新生。[2]

末帝自杀，避免了开封居民被屠杀以及开封城被摧毁，此类现象在征服战争中十分常见，同时，同光皇帝也避免了在历史上留下弑君的骂名——梁祖朱温死后就留下了这种污名。[3]然而，有一位王妃由于其个人的冒犯而遭到残忍的对待。《新五代史》写道："唐庄宗入汴，梁故妃妾，皆号泣迎拜。"但贺王朱友雍的妃子石氏除外，她当面辱骂了庄宗，结果被士兵当场杀死。末帝的大多数兄弟和妃嫔，包括郭氏，都"惧而听命"。[4]王朝更替时经常发生的奸淫掳掠之事，并没有成为开封城最后的结局。只有皇帝亲自发布的最严厉的禁令，才能解释唐军的这种克制。而唐军这种严明的纪律，成为他们从征服向巩固过渡的积极因素。

开封是在同光元年十月初九，即公元923年11月19日开城投降的。在这个胜利的时刻，庄宗有恍如隔世之感，他说："朕与梁主十年对垒，恨不生见其面。"[5]按照惯例，庄宗先列举了末

1　至少范延光是没有被杀害的，而是等到庄宗入汴后把他释放了。见欧阳修：《新五代史》卷五一《范延光传》，第576—577页。

2　见王钦若等：《册府元龟》卷四二《仁慈》，第459页。译者按：本条史料所及，乃同光二年（924）二月之事，而释放的是因战乱被掳掠为婢妾的良家妇女，以及被刺配的男子。作者原文为妃嫔（Imperial concubines），但史料中未及于此，考虑宫女有可能也是被掳掠而来的，故译者改为宫女。但另一条史料说明，庄宗入汴后，欲强幸梁朝妃嫔，这些妃嫔有不从被杀的，也有服从偷生的。后文提到的石氏之死就是如此。从这点看，作者过于美化庄宗了。见欧阳修：《新五代史》卷一三《梁末帝次妃郭氏传》，第131页。

3　见欧阳修：《新五代史》卷一《太祖纪上》，第9页。

4　见欧阳修：《新五代史》卷一三《梁末帝次妃郭氏传》，第131页。

5　薛居正等：《旧五代史》卷一〇《梁末帝纪下》，第152页。

帝一大堆罪状，然后把他的尸首献给太庙，这能更好地告慰他死去的父亲。庄宗的另一项克制之举，就是给末帝安排了葬礼。末帝被剥夺了皇帝身份，并被贬为平民，但他的尸体并没有像惯常那样被糟蹋，只有他那被砍下的脑袋，被涂上油漆，放在盒子里，存放在太庙的祭坛上。将敌人"漆首"或"函首"的礼仪可能源自内亚，因为当时的契丹也有相似的做法，而几个世纪后的女真也是如此。[1]

正如战前北方的战略高参所预测的一样，梁都开封之所以迅速投降，乃是因为梁朝的一大群文臣武将背弃了他们的朝廷，他们既不考虑与皇帝之间的亲密关系，也不害怕他们的皇帝。宰相郑珏率百官在开封的主干道左侧迎接那位著名的沙陀武士，而此刻他已经成为他们新的主公。[2]在一众杰出的乞降者中就有袁象先，他乃梁朝的节度使，十年前正是他发动了针对篡位者朱友珪的叛乱，从而推动末帝即位的。[3]他迅速向庄宗宣誓效忠，这有助于影响其他降官。

除了文武大臣变节外，一个既是梁臣，同时也是晋的姻亲之人，更进一步推动了开封的沦陷。李嗣源大军来到封丘门后，开封尹王瓒没有怎么抵抗就开城投降了，他还给唐军送去大量

---

[1] 见司马光等:《资治通鉴》卷二七二，同光元年十月辛巳条，第8900页。后晋天福七年（942），石敬瑭把叛将安重荣之首涂上油漆后送往契丹。两个世纪后，宋人也是把韩侂胄的首级"函首"送到金朝，因为他发动了一场无谓的战争。见欧阳修:《新五代史》卷五一《安重荣传》，第585页；Cambridge History of China, Vol, 5, pp. 811—812。

[2] 见欧阳修:《新五代史》卷五四《郑珏传》，第620页；Cambridge History of China, Vol, 5, p. 67。

[3] 见欧阳修:《新五代史》卷三《梁末帝纪》，第23—24页；卷四五《袁象先传》，第494—495页。

的金银财宝以及稀有马匹,这些东西大概都是来自宫中库藏。[1] 王瓒的堂兄王珂跟第一代晋王有密切的关系,他的夫人正是李克用的女儿。同光皇帝因此对王瓒表达了特别的善意,他把俯伏在地的王瓒扶起,并安慰道:"朕与卿家世婚姻,然人臣各为主耳,复何罪邪!"[2] 王瓒的堂兄王珂从前也曾被梁太祖赦免,但后来却被太祖派人暗杀了。[3] 沙陀皇帝意识到自己要塑造出与梁太祖不同的形象,故他继续留任王瓒为开封尹,而开封此时已经成为唐的都城。与唐朝时期类似的事件再次出现,那时候,宗室与世家大族的婚姻关系同样对巩固政权起关键作用。[4]

(八)连锁反应

开封沦陷几天之后,坐镇洛阳的河南尹张全义无条件投降。洛阳作为第二都城已有千年历史,在唐朝时期它也是东都,故对一意复兴唐朝的沙陀人而言,该城的意义十分特殊。这也许是有意为之,也许是出于偶然,唐军在战前最好的设想就在上述事件中以最可触摸的形式展现出来了。北方地区超过五十名节度使——当中大部分是军人——在未来几周纷纷上表请降,其中包括占据长安附近地区的岐王李茂贞,他过去曾经是晋的

1　见薛居正等:《旧五代史》卷三〇《庄宗纪四》,第412页;卷五九《王瓒传》,第795页;欧阳修:《新五代史》卷四二《王珂传附王瓒传》,第460页。

2　欧阳修:《新五代史》卷四二《王珂传附王瓒传》,第460页。

3　见欧阳修:《新五代史》卷四二《王珂传》,第459页。

4　见赵克尧、许道勋:《唐太宗传》,第27—28页。

盟友，也曾让梁朝头痛不已。[1]

京城以外的梁军将领很快就投降了，包括率领着五万精兵的段凝。[2]同光皇帝赐予段凝锦袍、御马，以及大量金币，并赐其名曰李绍钦，使其成为李氏皇亲，以作为对他变节归降的回报，同时也希望他对自己保持忠心。庄宗如此慷慨的姿态实在让人难以想象，因为段凝有一个妹妹受宠于梁末帝，故他对梁帝而言有两重关系，既是臣子，也是姻亲。[3]此外，他之前还曾掘开黄河堤坝来阻滞唐军，此举本该让庄宗大为恼火，[4]但庄宗没有，相反他同意段凝继续率领自己的军队，并允许他的将校保持各自的职位。这种宽大与随之而来的信任只能说明，段凝在此前所谓的决堤中保有余地。[5]

总体来说，军事方面顺利过渡，但对梁朝一批宠臣及一些宗室成员的杀戮也随之而来，还是族诛——这些人被指有损自己主公的利益。庄宗并非冲动而为，他在段凝的建议下作出决定，后者却想通过灭口这些知情人来掩盖自己在梁朝的罪行。[6]

1　见薛居正等：《旧五代史》卷三一《庄宗纪五》，第427页；司马光等：《资治通鉴》卷二七二，同光元年十月乙酉条，第8902页；Cambridge History of China, Vol. 5, p. 67。

2　见欧阳修：《新五代史》卷四五《段凝传》，第498页；薛居正等：《旧五代史》卷七三《段凝传》，第963页；司马光等：《资治通鉴》卷二七二，同光元年十月壬午至丙戌条，第8900—8901条。

3　见陈鳣：《续唐书》卷四〇《段凝传》，第337页。

4　见欧阳修：《新五代史》卷四五《段凝传》，第498页。

5　见司马光等：《资治通鉴》卷二七二，同光元年十月壬午条，第8900页。

6　见王钦若等：《册府元龟》卷九二七《谗佞》，第10752页；欧阳修等：《新五代史》卷二二《张归霸传》，第231页；卷四二《赵犨传附赵岩传》，第463—464页；卷四五《段凝传》，第498页；薛居正等：《旧五代史》卷一二《朱友谅传》，第160页；卷一四《赵犨传附赵岩传》，第195页；《赵犨传附赵玼传》198页；卷一六《张归霸传》，第224—225页；卷三〇《庄宗纪四》，第413—414页；司马光等：《资治通鉴》卷二七二，同光元年十月丙戌条，第8901条。

十一位大臣被贬官，他们大多数是高级文官。这次清洗的规模算是小的，尤其是梁朝的军事势力根深蒂固，难以连根拔起。[1] 毕竟李存勖不是一位革命家，也不会干任何与革命相似之事。

三、巩固政权

（一）魅力攻势

同光皇帝及其臣子都能充分理解此刻所象征的意义，他们也利用每一次机会在臣民面前树立正面形象。同光元年(923)末，京城内一些级别相对较低的官员陆续获得赦免，并被赐予丝绸和缗钱。这些赏赐大多来自前朝的国库，尽管后唐空虚的库藏早已跟官员的家庭一样被迅速填满，其他政权的统治者也开始进贡大量的登基礼物，地方上的常规税收也在陆续送达京城。[2]

没过多久，庄宗就对一些大将展示了自己的魅力。大概在攻占开封二十天后，庄宗大排宴席招待勋臣，列席的包括从梁朝变节归降的大将霍彦威等，也包括随庄宗由晋入唐的老将李嗣源。席间，庄宗给这些降将赏赐了御衣和酒器，但同时，他又用自己辛辣的言辞调侃并羞辱了这些客人。客人们立即拜服在地，其细节我们在第一章已经讲过，此不赘叙。[3] 其他宴席接踵

1　见薛居正等：《旧五代史》卷三〇《庄宗纪四》，第412—413页。

2　见薛居正等：《旧五代史》卷三〇《庄宗纪四》，第412、414页；司马光等：《资治通鉴》卷二七二，同光元年十月丙戌条，第8901页。

3　见欧阳修：《新五代史》卷四六《霍彦威传》，第405页；薛居正等：《旧五代史》卷三〇《庄宗纪四》，第417页；卷六四《霍彦威传》，第852页。

举行，但再没有这次这么惊心动魄了。

陆思铎的归降值得特别交代，这位梁朝军官的箭曾经射中过庄宗的马鞍。因为箭上刻有陆思铎的名字，所以皇帝记得他，此时两人见面，庄宗把箭拿了出来，并抚慰了这位被吓得连忙请罪的降将。[1]同样让人感动的是刘玘归降之事，他多年来一直率领着梁兵驻扎在晋州，经常与太原和上党（即潞州）之兵交战。李存勖沉思后说道："刘侯无恙，控我晋阳之南鄙，岁时久矣，不早相见。"[2]李存勖意识到，他的小王国在大量吸收从前敌人麾下最顶尖的天才后，已经成功统一了北方。要进一步巩固政权，他必须更广泛地吸收其他地方的人才，而不是单靠河东老家的本地人以及内亚胡人，而这在某种程度上就要树立他正面的形象了。

庄宗对被征服者的怜悯，更可以体现在他抑制自己初始的冲动上，他没有剽掠梁祖朱温的陵寝、凌辱他的遗体。朱温的陵寝位于洛阳郊区，在十一年前已经封盖，此时遗体估计也所剩无几。更重要的是，洛阳的河南尹张全义站在皇帝的角度，提出了让人信服的理由，劝皇帝不要做出如此凌辱前朝皇帝之事。庄宗于是只铲去了墓阙，并把朱温父子贬为平民。[3]庄宗的宽宏很可能也受到了唐朝建立者的影响，当年他们同样也为隋

---

1 见薛居正等：《旧五代史》卷九〇《陆思铎传》，第1189页；司马光等：《资治通鉴》卷二七二，同光元年十月丙戌条，第8901页；王钦若等：《册府元龟》卷四三《度量》，第468页。

2 薛居正等：《旧五代史》卷六四《刘玘传》，第859页。

3 见欧阳修：《新五代史》卷四五《张全义传》，第491页；薛居正等：《旧五代史》卷三〇《庄宗纪四》，第414页；司马光等：《资治通鉴》卷二七二，同光元年十月丙戌条，第8901页；王钦若等：《册府元龟》卷三七四《忠第五》，第4241页。

朝皇室安排了合适的葬礼，选择让过去归于平静，而非大肆凌辱，以让前朝旧臣不安。[1]此举有道德上的意义，在政治上也是正确的。

（二）颁赐铁券

庄宗忧心郭崇韬将来有可能受到朝廷的报复，于是赐他铁券，恕十死。这种做法很可能源自内亚，在唐代早期到中期时传入中国，当时朝廷不但让受铁券者免于被控告，更保证他后代的财产与人身安全。[2]内亚胡人安禄山和史思明都是8世纪中期最早获赐铁券之人，但他们最后都造反了。[3]

一个世纪之后，光启三年 (887)，梁王朱温获赐铁券，但他同样背叛了赐券的王朝。其他在唐末获得铁券的世袭节度使，还包括吴越（今浙江地区）的钱镠、凤翔（今陕西凤翔）的李茂贞，以及华州的韩建。[4]根据李克用的墓志铭，他同样也曾获赐铁券。[5]铁券的赐予很大程度上是一种象征，对于一些过于重要但却首鼠两端的藩镇，皇帝很难指望他们忠心耿耿，故只能用铁券招揽，以

1　见司马光等：《资治通鉴》卷一九三，贞观五年八月甲辰条，第6087页。

2　见欧阳修：《新五代史》卷二四《郭崇韬传》，第247页；薛居正等：《旧五代史》卷三一《庄宗纪五》，第427页；卷五七《郭崇韬传》，第766页；卷六三《朱友谦传》，第846页。

3　关于唐代铁券的问题，可参见刘昫等：《旧唐书》卷九《玄宗下》，第222页；卷一一《代宗纪》，第272—273页；司马光等：《资治通鉴》卷二七六，天成三年十一月丙申条，第9025条；Eberhard, *Conquerors and Rulers*, pp. 150—152；戴仁柱著，刘广丰译：《从草原到中原》，第203—205页。

4　见欧阳修：《新五代史》卷一《梁太祖上》，第3页；卷六七《钱镠传》，第838页；薛居正等：《旧五代史》卷一《梁太祖纪上》，第9页；卷一五《韩建传》，第204—205页；刘昫等：《旧唐书》卷二〇上《昭宗纪》，第750—751、764页。

5　见卢汝弼：《李克用墓志铭》，第164—166页。

示宠信，但当王朝势弱之时，往往会事与愿违。铁券在唐初十分珍贵，但到了王朝的最后几十年，随着朝廷对军事力量的掌控度越来越低，铁券的赐予却越来越多。

后唐赐予郭崇韬铁券乃是一种优待，但更可能反映皇帝担心他和他的后人会成为后梁同情者攻击的对象，因为他在开封攻城战中担当了主导的角色。同时，这又是现任天子正式宣扬他对郭崇韬格外宠信的一种方式，而天子的继承人无论在形式上还是实质上，以后都必须遵从他此时的意愿。在接下来的一年里，铁券还被赐予两位忠诚的将领，李嗣源和朱友谦，但皇帝是不会信守这种夸张的诺言的。梁朝的统治者没有给谁赐予过铁券，这不但是他们缺乏宽仁之心，更可能是他们担心未来有可能得打破这种至高无上的承诺。

(三) 叛徒回归

皇帝大量赦免梁朝文武大臣之举产生了连锁反应，在此影响之下，李继韬也投降了。[1]李继韬是李克用义儿李嗣昭之子，在本年初携泽、潞二州投降梁朝。听闻梁亡，李继韬本想投奔契丹，但此时朝廷的赦免诏书也到达昭义，要求他到京师拜见皇帝。他的亲信都不认为这是朝廷的好意，故纷纷阻止他入京，其中就包括了关心他的弟弟李继远，后者对他说道：

1　见薛居正等：《旧五代史》卷三〇《庄宗纪四》，第420页；司马光等：《资治通鉴》卷二七二，同光元年十二月辛巳至甲申条，第8908—8909页。

> 兄为臣子，以反为名，复何面以见天子？且潞城坚而仓廪实，不如闭城坐食积粟，以延岁月，愈于往而就戮也。[1]

李继韬没有听从建议，还是在十一月的时候去了开封，并带了"银数十万两"，以贿赂庄宗身边如刘氏那样受到宠信的人。刘氏认为李继韬"宜蒙恩贷"，因为他的父亲曾为朝廷立下大功，她成功说服庄宗像赦免其他降将一样赦免李继韬。[2]

对李继韬的赦免也许是庄宗即位以来最头疼的决定，因为他是义兄李嗣昭的儿子，故其当初造反所造成的影响极坏，但他最终还是点头同意了。他甚至把李继韬从前的军官招募为侍卫，并邀请李继韬参与自己的狩猎活动。[3]然而几周之后，李继韬为了让庄宗把自己放回潞州，想出一个馊主意——他让人在潞州城内闹事，造成不稳的假象。不过事与愿违，最终他和自己的两个儿子一起被杀掉了，但朝廷仍用了数月才彻底平息李继韬在潞州弄出来的骚乱。这也让李存勖对自己的那些义兄感到不安，不知是否可用：他们大部分是父亲招揽而来的，对自己肯定不如对待父亲那样忠诚。[4]

1　欧阳修：《新五代史》卷三六《李嗣昭传附李继韬传》，第388页。

2　见欧阳修：《新五代史》卷三六《李嗣昭传附李继韬传》，第388页；陈鳣：《续唐书》卷三九《李继韬传》，第323页。

3　见欧阳修：《新五代史》卷一一一《周太祖纪》，第109页。

4　见薛居正等：《旧五代史》卷七四《杨立传》，第972页。

(四) 洛阳之友

在处理完政治与军事这些王朝大事后，同光皇帝在十月份肯定尽情享受了与家人团聚的乐趣。战前出于安全考虑，长子李继岌在宰相豆卢革及一些宦官、侍卫的护卫下回到魏州；十月二十日，豆卢革又陪伴皇子来到开封。[1]不久之后发生了一件很小的事情，但这件事具有某种象征意义，因为它预示着未来皇室家庭与大城市精英的关系。此事涉及皇帝、十几岁的皇子，以及河南尹张全义。

张全义几乎在开封陷落当晚就投降新朝了，到同光元年（923）十月底，他又亲自走了几百公里的路来到开封，向庄宗当面输诚。[2]张全义出身农家，却在唐朝末年登上了军事阶梯的最高点，进而占据洛阳，由于他御军有法又能稳定地方经济，这座城池逐步恢复了昔日的辉煌。[3]他后来为梁朝服务，并被赐名张宗奭。几年后，他的妻女在朱温造访时被其奸淫，令张全义十分痛苦。[4]他的一个侄子张衍也因朱温的一时喜怒而被诛杀。[5]其弟张全武在战争中被当时的晋王李克用俘获，但晋王待之甚厚。[6]

1　见司马光等：《资治通鉴》卷二七二，同光元年十月庚寅条，第8902页。

2　关于张全义，可参见欧阳修：《新五代史》卷四五《张全义传》，第489—492页；王钦若等：《册府元龟》卷七六《礼大臣》，第822页；薛居正等：《旧五代史》卷六三《张全义传》，第837—844页；陈鳣：《续唐书》卷四四《张全义传》，第371—372页。

3　见卞孝萱、郑学檬：《五代史话》，第67—68页；Nicolas Tackett, *The Destruction of the Medieval Chinese Aristocracy*, Cambridge, MA: Harvard University Asia Center, 2014, p. 209。

4　见欧阳修：《新五代史》卷四五《张全义传》，第490页；司马光等：《资治通鉴》卷二六八，乾化元年七月辛丑条，第8744页。

5　见司马光等：《资治通鉴》卷二六八，乾化二年二月甲子条，第8751页。

6　见欧阳修：《新五代史》卷四五《张全义传》，第491页。

兄弟二人命运如此不同，张全义大受打击。因为这些个人原因，他要下定决心与梁朝决裂并不困难。

到达开封之后，张全义"泥首待罪"[1]，即把脸贴到泥土里，以示投降的姿态。天子热烈欢迎了七十岁的张全义，并恢复了他所有的官职。张全义还为皇帝带来了很多礼物，"献币马千计"，显然是意识到沙陀人喜欢马，以及新政权极为严重的财政问题。[2]几周之后，两个家庭之间发生了更多的联系，皇帝直接让长子李继岌和弟弟李存纪"兄事"张全义。[3]

皇子非正式地"兄事"河南尹，最初还可以看作皇帝的一时兴起，为打造双方之间的友谊而为之。但几个月之后，庄宗和刘氏一同造访张全义夫妇的府邸，并最终迫使这对老夫妇成为刘氏的义父义母。[4]毕竟，刘氏在很小的时候就已经失去父亲了。张全义一开始是拒绝的，最后在庄宗的再三利诱之下才答应下来。从此之后，庄宗与张全义及他们的家人之间经常互相来往，张全义家的婢妾也经常出入皇后宫中，这是在随意践踏帝制传统，因为普通人与宗室之间的虚拟关系是严重违反礼仪的。

李存勖和张全义从前都是雄霸一方的军阀，他们的联合并

1　引文见欧阳修：《新五代史》卷四五《张全义传》，第491页；另见薛居正等：《旧五代史》卷三〇《庄宗纪四》，第420页。

2　司马光等：《资治通鉴》卷二七二，同光元年十月乙酉条，第8902页。

3　见司马光等：《资治通鉴》卷二七二，同光元年十月乙酉条，第8902页。

4　见薛居正等：《旧五代史》卷六三《张全义传》，第842—843页；欧阳修：《新五代史》卷二四《郭崇韬传》，第249页；卷四五《张全义传》，第491页；张齐贤：《洛阳搢绅旧闻记》卷二《齐王张令公外传》，傅璇琮等主编：《五代史书汇编》第四册，杭州：杭州出版社，2004年，第2401页；陈鳣：《续唐书》卷三五《刘皇后传》，第290页。

非仅如正史所言，仅仅因为权力和财富，而是有一系列复杂原因的。皇帝夫妇和张全义的相似点在于，他们都白手起家，也都是上层社会的外来者，在这个血统决定一切的世界里同样没有安全感。共有的精神价值也同样可以增加两个家庭之间的特殊联系：刘氏信奉佛教，而她的丈夫则同时喜爱佛教和道教，这跟张全义的多信仰倾向也很是契合。[1]最后，张全义能得到这位以唐朝为正统的皇帝的恩宠，正反映出他十分可贵的个人品质，这种品质被很多传记作家忽略，但却非常重要，那就是他敢于为梁朝皇帝上言，从而免去他们被开棺焚尸的厄运。

不管宗室与张全义联合的原因是什么，一旦当皇帝的任何行为都高度象征着一种历史先例时，这类君臣之间的非正式关系往往会产生大量的流言蜚语。庄宗应该知道他的一举一动是能造成广泛影响的，可每当有大臣表示担忧的时候，他总是置之不理。翰林学士赵凤"密上疏，陈其失"，认为从来没有宗室"父事"或"兄事"大臣的先例。他甚至拒绝起草"谢全义书"，并把这件皇帝的私事变成了在朝堂上公开讨论的事件。[2]尽管皇帝自己很尊重赵凤，但这一次他没有被唬到，因为他可以用自己对近代历史的观察来反驳他。例如，唐昭宗就曾命两位皇子到晋阳大量赏赐庄宗的父亲李克用，并让他们"兄事武皇"。[3]虽

1　见薛居正等：《旧五代史》卷六三《张全义传》，第842页。

2　以上引文见王钦若等：《册府元龟》卷五五三《献替二》，第6327页；另见欧阳修：《新五代史》卷二八《赵凤传》，第308页；薛居正等：《旧五代史》卷六七《赵凤传》，第889页。

3　见薛居正等：《旧五代史》卷二六《武皇纪下》，第351—352页。

然没有正式上契，但昭宗此举表明，虚拟亲属的一些专用语将会被应用到宗室与普通人的关系之中。

（五）迁都洛阳

张全义充分利用他与庄宗的亲密关系，说服他迁都洛阳。整个迁都行动在十二月初一 (924.1.9) 全部完成，此时距唐军占领开封仅仅六周而已。[1]史料并未详细说明朝廷迁都的根本原因或直接原因。在攻陷开封后，后唐的军事高参担心这座城池的东面缺乏天然屏障。洛阳西面环山，北面和南面都有河流，如果王朝主要的威胁像唐朝末年那样，来自强大的各地节度使，而不是像过去二十年那样，敌人潜伏在京城里的话，那这种地形肯定会给京城提供更有利的安全保障。[2]而洛阳也是中原最古老的都城之一，在此处实施自己的统治，其象征意义定会吸引这位高度汉化的皇帝。相反，开封成为都城只有短短十五年时间，而这里又与沙陀人看不起的梁朝有千丝万缕的关系。此外，它也缺乏那些古老京城所拥有的壮丽与宏伟。娱乐消遣也是庄宗迁都洛阳的一个动机，因为他喜欢打猎，而在过去千年里，很多皇帝在洛阳郊外遗留了大量的狩猎场。[3]最后，皇帝驻留在洛阳，能大大提升河南府的地位，这也是张全义全力支持迁都的

1　见司马光等：《资治通鉴》卷二七二，同光元年十一月癸卯条，第8905页；十二月庚午条，第8908页。

2　司马迁曾详细论述洛阳天然屏障的重要性，见司马迁：《史记》卷五五《留侯世家》，第2043—2044页。

3　见司马光等：《资治通鉴》卷一九六，贞观十五年十月辛卯条，第6170页；赵克尧、许道勋：《唐太宗传》，第401页。

原因所在。一旦决定迁都,皇帝就很有必要培养他与张全义之间的亲密关系了,因为后者将会成为保障他安全的关键人物。

迁都洛阳的计划在一个月之后就变成了既定事实,如此匆匆,并没有留下多少时间对赞成和反对的声音进行评估。一个最实际的问题是,物流的压力与成本都会增加,因为朝廷得把粮食通过水陆两路更进一步运往西边,以供应数以百万计的人口,当中还有比例失调的高消费者。开封的中心位置可以让朝廷更接近淮河地区,那里已逐渐成为税收与粮食的重要来源。另外还要考虑的是迁都成本,再加上重建宫廷、朝堂和官署的花销,因为这座城池在唐朝末年曾被各路叛军大肆掠夺过。[1]但皇帝拒绝任何劝说。他似乎有意在洛阳那边安排大量的仪式来分散朝臣在这些实际考虑上的注意力:几千人在洛阳城门外迎接他的车架,而作为先导的则是八十位来自晋阳的耆老,这是在昭示,其超凡的名声早就传回家乡了。[2]

去洛阳之前,庄宗进一步加强与西部强大军阀之间的联系,他授予长期的盟友河中节度使朱友谦一些特别的荣誉,还让他被李继岌"兄事"。[3]庄宗在十一月设下豪宴招待朱友谦,如同二人在交换礼物。席间敬酒,热情洋溢并像是有点喝醉的天子对朱友谦说了很多溢美之词,他说:"成吾大业者,公之力也。"[4]

---

1 Tackett, *The Destruction of the Medieval Chinese Aristocracy*, pp. 206 — 209.

2 见王钦若等:《册府元龟》卷一二七《求旧二》,第1919页。

3 见薛居正等:《旧五代史》卷三〇《庄宗纪四》,第418页;司马光等:《资治通鉴》卷二七二,同光元年十一月癸卯条,第8905页。

4 薛居正等:《旧五代史》卷六三《朱友谦传》,第846页。

不管这话有多夸张扎耳，但却反映出庄宗对于在自己事业起步时就归顺臣服之人的特别感情。他还给朱友谦赐名李继麟，其中"继"字一般只用于他的皇子。尽管两人之间的友好并不长久，但此时此刻，皇帝的感情是真挚的。

张全义与朱友谦坐拥洛阳与河中等强大区域，用《新五代史》的话说，这些地方的官员"多出其门"[1]。唐朝时期的张全义就已经在利用这种政治影响力了，例如，他曾经要求有司录取一位不及格的考生为进士。[2] 而在后唐，他会通过自己的影响来为本地的亲信谋取职位，即用他自己熟悉的方式来布置新的人际网络。[3] 对于一个植根于黄河北岸的政权来说，利诱中原腹地的地方巨头来为其办事，一定有着重要的现实意义，甚至很可能是必要的。另一方面，对军官慷慨封赏是晋的传统，[4] 李存勖的父亲在世时就是如此，尽管这种放任的方式仅适合小王国，而不适用于一个官僚大国，因为在后者的体制里，任人唯亲只会破坏法治。在庄宗朝早期，朝廷大多数矛盾乃是源自于天子所要求的自律与地方节度使所能做到的自律程度之间的矛盾。

（六）民族包容

在整个后唐时期，沙陀人统治的特色乃捍卫汉族传统及其

1　欧阳修：《新五代史》卷二四《郭崇韬传》，第249页。
2　见欧阳修：《新五代史》卷五四《郑珏传》，第619页。
3　见欧阳修：《新五代史》卷五四《郑珏传》，第620页。
4　见薛居正等：《旧五代史》卷七一《马郁传》，第938页。

子民。对大多数由内亚民族建立的王朝而言，权力和特权更倾向于留给作为统治者的少数民族，而这也让他们能通过特权分配凌驾于本土的多数民族之上，而这些政权都倾向于严格规范社交行为，从而形成民族间相对隔绝的社会。而在后唐却很少看见这种排外行为。尽管沙陀首领在征服大业的早期会不成比例地任用内亚胡人，但到了进攻开封之前几年，主要的军事任务更倾向于由不同族群的将领来主导。[1]辽史学者Naomi Standen（史怀梅）认为，由于边地存在着很多不同的民族，故民族包容政策成为10世纪少数民族统治的一个重要特征。[2]这同样是几个世纪前拓跋魏治下少数民族统治的特征，而这也可能是沙陀人的灵感来源，[3]这把宽大的保护伞会让后唐皇帝迅速巩固权力。随着时间的推移，朝廷终将分为两派，相比于人事和政策的分歧，种族问题所扮演的角色就相对没那么重要了。

四、宫中宠臣

（一）伶人

不管同光皇帝的政治命运如何波澜壮阔、引人入胜，他从晋阳到魏州，从开封到洛阳，仍一如既往地喜爱伶人。[4]李存勖

---

1 类似的例子也可以在元朝大军最后横扫南宋时看到，见 *Cambridge History of China, Vol. 5*, pp. 863—872, 917—923。

2 Standen, *Unbounded Loyalty*, pp. 15—32.

3 Rossabi, *A History of China*, pp. 107—108.

4 见司马光等：《资治通鉴》卷二七二，同光元年十一月条，第8904—8905页；卞孝萱、郑学檬：《五代史话》，第48—50页。

常常赋诗作词，很多作品流传至今，这反映出他的文学素养。李存勖的诗词在体裁上相当符合传统格律，但他的天赋主要以戏剧和音乐为中心。他写了不少当时的流行曲，10世纪晋阳附近以山西口音谱成的民歌很多都是他的作品，有些还在之后的几个世纪中有所流传，他甚至给自己的军队谱写过进行曲。[1]在音乐上，往往创作和表演是两条不同的轨道，可李存勖在这两方面都很优秀。

李存勖沉迷于与其他俳优一起表演，并往往画上脸谱，穿上戏服，且他所表演的角色通常都是有台词的，而非在一旁默默聆听。[2]他这股劲头在当晋王的时候就已经有了，那时候他经常跟伶人胡作非为，这让母亲曹氏非常紧张，故她"尝提耳诲之"[3]。她痛苦地知道曾经有什么不幸之事戏剧性地发生在唐太宗的太子李承乾身上，而这一切，正是由于他与一些宫中的男性俳优有着不正当的亲密关系。[4]李承乾有很长时间沉迷于游牧文化：他不但学习突厥语言，还穿上突厥将军的衣服，这说明他很喜欢这种威武的男性形象。这种有违传统的行为最开始只是让太宗有所不满，但一件有关一个"乐童"的事情被揭发后，

1　见欧阳修：《新五代史》卷三七《伶官传》，第398页；陶岳：《五代史补》卷二《庄宗能训练兵士》，第2487页。

2　见欧阳修：《新五代史》卷三七《伶官传》，第397—402页；司马光等：《资治通鉴》卷二七二，同光元年十一月条，第8904页。

3　薛居正等：《旧五代史》卷四九《贞简皇后曹氏传》，第672页。

4　见欧阳修、宋祁：《新唐书》卷八〇《李承乾传》，第3564—3565页；*Cambridge History of China, Vol. 3*, p. 237；赵克尧、许道勋：《唐太宗传》，第366—372页。

太宗最终决定废去他太子之位。[1]

李承乾的故事，反映出历史书写中常把俳优与同性恋联系在一起；同时，它记载了一种持久的现象，那就是戏剧文化之下的同性恋亚文化。此外，李承乾悲剧的结局也告诉未来的皇帝，类似行为所要付出的巨大代价，因为人们对他们的道德期望会比常人高。[2]就当时而言，蜀主王建的太子王元膺在天祐十年(913)被乱兵所杀，其起因也是他宠溺伶人乐工，终日纵酒摔角。[3]他的父亲王建，一位出身低微的军人，最终以叛乱为名证明儿子被杀乃正当之举，这就像几个世纪以前唐太宗所做的那样，但他真正的动机人所共知。

然而，无论是母亲的责备还是后来战争中繁重的军务，都无法撼动李存勖对戏剧表演的热情，在成为天子之后他依然如故：登基之后，他给自己取了一个艺名，叫"李天下"，意谓李家治理天下。儿时对戏剧的热爱并未随着他的成长而消退：李存勖越到高位，他从那种不拘小节的关系中所获得的快感就越多，这种关系就是他与那些能满足他兴趣的男人之间的友谊。此外，随着他的声音在酒精的作用下变得越来越嘶哑，以及他的身体在战争中变得越来越差，四十岁的李存勖更依恋那些代

---

1 见司马光等：《资治通鉴》卷一九六，贞观十七年三月庚午条，第6189—6192页；赵克尧、许道勋：《唐太宗传》，第369页；Benn, *China's Golden Age*, pp. 40—41。

2 有关传统中国的伶人与性，可参见 Song Geng, *The Fragile Scholar: Power and Masculinity in Chinese Culture*, Hong Kong: Hong Kong University Press, 2004, pp. 125—149; Bret Hinsch, *Passions of the Cut Sleeve: The Male Homosexual Tradition in China*, Berkeley: University of California Press, 1990, pp. 9—13。

3 见司马光等：《资治通鉴》卷二六八，乾化三年七月丙午至己酉条，第8773—8775页；欧阳修：《新五代史》卷六二《前蜀世家》，第789页。

表着青春、俊美和浪漫的伶人。作为君主,他拒绝把伶人限制在宫中传统的职位上;相反,这些伶人被委以重任,包括成为地方重镇及中央军队的监军。奇怪的是,历史材料并没有对同时代其他文化群体着墨太多,如类似隋炀帝身边的文士。[1] 不管他自己拥有多丰富的文学才艺,同光皇帝还是更愿意与没读过多少书的人进行文化交流,这也是他鄙视当时阶级制度的一个标志。

(二) 伶官

欧阳修《新五代史》中的《伶官传》,是一篇带有春秋笔法,描写自同光朝初期起伶人的个人行为及政治影响的传记,这篇传记保留了大量在情感上能引起人们共鸣的史料。皇帝喜欢中国中原地区的戏曲文化,故当他在同光元年 (923) 攻陷开封后,重新找回在胡柳之役中失散且被认为已经战死的伶人周匝时,大喜过望。他封赏给周匝大量金帛,并答应把周匝在梁朝时的两位同伴封为州刺史。[2]

李存勖当晋王时从未将伶人任命为官,故此举立马遭到枢密使郭崇韬的强烈反对。在沙场上拼死百战的战士还未受到封赏,却要先行奖励皇帝宠爱之人,郭崇韬对此举背后的象征意义感到非常不安,他对庄宗说:

---

[1] Cambridge History of China, Vol. 3, p. 118;袁刚:《隋炀帝传》,第413—415页。

[2] 见薛居正等:《旧五代史》卷三〇《庄宗纪四》,第412页;司马光等:《资治通鉴》卷二七三,同光二年五月壬寅条,第8920页。

> 陛下所与共取天下者，皆英豪忠勇之士。今大功始就，封赏未及于一人，而先以伶人为刺史，恐失天下心。不可！

郭崇韬所指的"天下"乃是武人的天下，在这个"天下"里，武人应该优先获得赏赐。几个月之后，庄宗旧事重提，要任命这些伶人为官，而这一次他把郭崇韬压了下去，他说："公言虽正，然当为我屈意行之。"[1]

除了象征意义外，郭崇韬肯定也很务实地考虑到任命这些伶人为官是否合适。刺史拥有很大的权力，相当于今天的市长，而这些伶人缺乏相关经验，难以胜任。能力的缺陷同样也是武将的特点，但在过去半个世纪里，武将通常用战功来获得刺史之职，这就让这个从前的文官职位，几乎变成了目不识丁的武官专属。[2] 庄宗可能认为对这两种人的任用，是无差别的任人唯亲。此外，作为东都，洛阳从来没有像长安内外那样有大量的文人士大夫，故官员的可能人选也少得多。最后，唐末的政治动荡造成了大规模的人口迁徙，整个西北地区显然都缺乏文人，这反过来就迫使统治者在补充官员时要有所创新。[3]

这两个伶人最终还是获得了官职，尽管推迟了几个月，但

---

1 以上引文见欧阳修：《新五代史》卷三七《伶官传》，第398页；另见司马光等：《资治通鉴》卷二七三，同光二年五月壬寅条，第8920页。

2 见方震华：《权力结构与文化认同》，第47—48页。

3 见司马光等：《资治通鉴》卷二七四，天成元年正月甲子条，第8955页。

却有助于庄宗消除军中的激烈反应，在等待的过程中，大量的封赏足以抚平军中的不满情绪。解决封赏一事后，庄宗还不打算消停，他更进一步挑战极限，把李绍钦（即段凝）从滑州（今河南滑县）留后提拔为泰宁（今山东兖州）节度使。尽管李绍钦不是伶人，但却是一个庸才，且与伶人过从甚密，以致有流言认为他是通过贿赂伶人景进上位的。这种指责表明，这在当时是有组织的腐败，伶人在外代表皇帝，做着权力寻租之事。[1]宫中的伶人乐工数量将会膨胀到一千人以上，但这个数字与历史上各王朝的标准相比，或与同时期其他王国相比，都不算十分显著。[2]从官方记载的很多案例看，这些伶人的政治影响力让他们获得了皇帝身边其他群体所没有的权力，而来自内廷与外朝的压力正不断增加，这对负责沟通内外的郭崇韬而言并非一件好事。

（三）暧昧

郭崇韬等大臣对伶人的贪墨和皇帝的宠信感到不快，更让他们厌恶的是这些伶人与皇帝之间过于暧昧的亲密关系，这不但会玷污天子的形象，也会危及他的安全。按照规矩，健全男性应被严格限制进入皇宫大内。宦官自然被排除在外，可此时无数伶人乐工也享有这项特权。

伶人被特许进入皇宫，这会让皇帝与其宠臣之间发生不健

1　见司马光等：《资治通鉴》卷二七二，同光元年十一月条，第8904页。

2　见薛居正等：《旧五代史》卷一三七《契丹传》，第1831页；欧阳修：《新五代史》卷七二《契丹传》，第890页。

康的且不符合礼仪的关系，这种关系最终让这些宠臣为所欲为，进一步挑战底线。有一次在宫中，庄宗坚持与一众伶人一起表演，伶人敬新磨挑战了皇帝的忍耐极限，并差点招来杀身之祸。《新五代史》对此事描写道：

> 庄宗尝与群优戏于庭，四顾而呼曰："李天下，李天下何在？"新磨遽前以手批其颊。庄宗失色，左右皆恐，群伶亦大惊骇，共持新磨诘曰："汝奈何批天子颊？"新磨对曰："李天下者，一人而已，复谁呼邪！"[1]

这位伶人的机变随即引来满堂大笑，前一刻皇帝还想把敬新磨杀掉，而此刻却厚赐于他。就算是皇后，扇其丈夫的耳光也是一件极其严重的事情，足以让她被废去后位，而敬新磨作为一个普通人，其所受到的限制却小得多。[2]

尽管缺乏文献证据，但在当时的沙陀文化中，音乐表演很可能被广泛接受，这才能解释为何李克用和李存勖都沉迷于唱歌和表演，而他们从来不担心会因此失去亲人和朋友的尊重。[3] 文化差异同样也能够解释，为何李存勖的汉人母亲比其沙陀父亲对他的舞台兴趣更持反对态度。根据司马迁的《史记》记载，

---

1 引文欧阳修：《新五代史》卷三七《伶官传》，第399页；另见司马光等：《资治通鉴》卷二七二，同光元年十一月条，第8904页。

2 在宋朝，宋仁宗的第一位皇后郭氏被废，其直接原因就是误扇了仁宗的耳光。巧合的是，郭氏正是沙陀武将郭崇的曾孙女。见杨果、刘广丰：《宋仁宗郭皇后被废案探议》，载《史学集刊》2008年第1期，第56—60页。

3 见欧阳修：《新五代史》卷五《庄宗下》，第41页。

在汉朝或更早之前，伶人曾在政治上有不同程度的影响力。[1]同样，根据现代学者的研究，唐朝初年在长安兴起的教坊乃高级伶人之所在，相对于独立的艺人，他们享有更高的社会地位。这一伶人的高端群体到9世纪时就已经衰落了，但如李存勖这样喜欢缅怀先朝的人，对此自然耳熟能详。[2]

然而，到了10至11世纪，伶人更多来自家族传承——而且这种传承受到了社会的蔑视——他们更像是工匠，而非艺术家。天子可以远距离观赏他们的演技，但却不能与之过从甚密，更不用说参与其中。庄宗知道大臣们在忧虑什么，但他拒绝设立与伶人之间必要的界线，以克制自己的个性。几个世纪之前，侍臣们也劝说过唐太宗，让他不要跟弓箭手有太密切的交往，因为这种行为会有损他作为君主的风范。[3]但唐太宗依然坚持继续这种交往，而此事也有可能激励着李存勖这位自称继承唐朝大统的皇帝。

（四）断袖

在中国历史上，个别伶人、滑稽确实可以通过幽默诙谐的演技来迎合当权者，从而施加其影响力，但如同光朝那样，伶人成为利益群体进而影响朝政，却是极为罕见的。这些伶人与皇帝格外亲近，皇帝又对他们的缺点视而不见，双方的关系近

1　见司马迁：《史记》卷一二六《滑稽列传》，第3197—3213页。

2　Benn, *China's Golden Age*, pp. 157—160.

3　见赵克尧、许道勋：《唐太宗传》，第396页。

似情人，而非一般东主与客卿的关系。当时的契丹主耶律阿保机与庄宗的轻率形成了鲜明的对比，前者对待自己与伶人之间的关系十分谨慎。他对庄宗的行为有所评论，足以证明庄宗与某些伶人的关系不同寻常。庄宗驾崩后，他对后唐的告哀使说道："我亦有诸部家乐千人，非公宴未尝妄举。我若所为似我儿，亦应不能持久矣，从此愿以为戒。"[1]阿保机用"妄举"来指责李存勖，乃是暗示后者的行为已经越过常规异性恋的界线了。

值得注意的是，《新五代史》指出"诸伶人出入宫掖"[2]，而"宫掖"一词，乃是特指后宫女性的闺房。故此，伶人以男性之身侍于皇帝后宫，这是一个显而易见的推断。庄宗很难被定义为现代意义上的同性恋，因为文献记载有大量女性受他宠幸，但也许他像中国早期很多皇帝，以及西方的亚历山大大帝那样，是个双性恋。[3]另一方面，没有一个伶人能完全主导李存勖的感情生活，这跟亚历山大身边的赫费斯提翁不同，后者在亚历山大一生的风流韵事中一直是焦点人物。

（五）宦官

内宫宠臣与皇帝之间的亲密关系给缺乏政治经验的郭崇韬带来了新的挑战，他身为枢密使，相当于宰相的地位（侍中），

1　薛居正等：《旧五代史》卷一三七《契丹传》，第1831页；Mote, *Imperial China*, p. 46；姚从吾：《阿保机与后唐使臣姚坤会见谈话集录》，第233—234页。

2　欧阳修：《新五代史》卷三七《伶官传》，第400页。

3　Hinsch, *Passions of the Cut Sleeve*, pp. 1—14；Cantor, *Alexander the Great*, pp. 44—48.

该职位从后唐王朝建立开始便拥有主导文武百官的权力。但他"不能知朝廷典故",这对他能否有效管治朝廷至关重要。[1]郭崇韬的局限迫使庄宗改组中书,但其目的是要加强枢密使的主导权,而不是像前朝朱梁那样,以此抗衡枢密使的权力。

豆卢革当了半年宰相之后,其庸碌无能展现无遗,这促使朝廷同时任命了两位新宰相,一位是豆卢革的狐朋狗友韦说,另一位则是郭崇韬支持的赵光胤〔卒于同光三年(925)〕。[2]两人均来自唐朝的显赫世家,也都是在同光元年(923)十一月,朝廷刚从魏州迁到洛阳后被任命的,但韦说很快就被证明跟他的举荐人豆卢革一样无能,故两位新宰相最终只沦为朝廷典礼的主导者。长期以来,赵光胤被视为"廉洁方正"之人,但当上宰相之后,他却变得"性轻率,喜自矜"[3],从而得罪同列,包括豆卢革跟韦说。文官领袖间内斗不断,这让权力旁落到皇帝的非正式代理人手上。不幸的是,赵光胤在任职一年半后就去世了,这让郭崇韬在最需要帮助的时候,找不到一个强力的文官当盟友。

郭崇韬墨水有限,这是皇帝任用两名宦官——马绍宏与张居翰在枢密院里当其副手的原因。[4]这两位都是第二代精通文墨

1　引文见司马光等:《资治通鉴》卷二七二,同光元年十一月丁巳条,第8906页;另见欧阳修:《新五代史》卷二八《豆卢革传》,第301页。

2　见欧阳修:《新五代史》卷二八《豆卢革传》,第302—303页;薛居正等:《旧五代史》卷五八《赵光胤传》,第777—778页;司马光等:《资治通鉴》卷二七二,同光元年十一月丁巳条,第8906—8907页。

3　司马光等:《资治通鉴》卷二七二,同光元年十一月丁巳条,第8906—8907页。

4　见欧阳修:《新五代史》卷二四《郭崇韬传》,第247页;卷三八《张居翰传》,第406页;薛居正等:《旧五代史》卷七二《张居翰传》,第953—955页。译者按:马绍宏在同光早期仅为宣徽使,直到郭崇韬被杀后,才代替他成为枢密使。见司马光等:《资治通鉴》卷二七二,同光元年四月己巳条,第8883页;卷二七四,天成元年二月己丑条,第8957页。

的宦官，熟知前唐时期的朝廷故实和宫廷礼仪。他们处理京城和地方事务的经验也非常丰富。[1]让大臣和宦官共同担任枢密使，也是对唐朝和后梁制度的折中。自8世纪设立枢密院以来，唐朝政府大多让宦官在此机构任职。一个多世纪以后，朱温对宦官进行了大清洗，这让后梁朝廷可以把军事监管权收归外朝，并把枢密院改名崇政院，让敬翔这样的军事人物担任崇政使。[2]把强势人物任命为枢密使，并让他们免受宰相的制约，这无疑会让枢密院充满生机，并让其长官滋生出专断的心态。这相当于是把枢密使提升到了宰相的地位，而同光朝中郭崇韬那种专断的行事风格，正是这种制度转变的结果。

在还是晋王的时候，李存勖就已经试过让宦官和大臣一起，成为自己的高级军事顾问。他登基后，继续沿用这一做法，并且恢复了唐朝时期对这一机构的命名，即枢密院。他对制度的建设有欠考虑，这对朝廷而言并非好事，因为这种对过气制度的效颦行为，将会延伸到其他领域的事务上，这是十分可悲的。在未来几年里，京城里的宦官数量将会达到一千人的高峰。[3]不过跟9世纪末高达五千的宦官人数相比，庄宗朝的宦官人数也不算多了。[4]此外，皇帝最开始是禁止把宦官任命到京城之外的，

1　Cambridge History of China, Vol. 3, pp. 600 — 601.

2　见欧阳修：《新五代史》卷二一《敬翔传》，第208页；卷二四《郭崇韬传》，第247页；卷三八《宦者传》，第408页；龚延明：《宋代官制词典》（增补本），北京：中华书局，2018年，第111 — 112页。

3　见欧阳修：《新五代史》卷三八《宦者传》，第407页。

4　Cambridge History of China, Vol. 3, pp. 571, 646.

这个原则在唐朝末年没有得到很好的执行，但这种限制在他自己的统治下也会难以推行。[1]当然，像庄宗这样心智健全的皇帝是不会让自己像唐朝末年的皇帝那样，仰宦官的鼻息而行事的。[2]一般而言，宦官会通过对自己有利的方式来影响皇帝对某些事件的认知，这会给权力中心留出空子，让宦官有足够的权力来改变历史的进程，并实现自己的意志。

皇帝想减轻自己对内宫宠臣的依赖，就得先以科举考试的形式来恢复可靠的文官选任制度。同时，很多与后唐相邻的南方朝廷的君主均以宦官为近臣或使者，这正说明宦官有其实际功用，受到当时的普遍认可，而非个别统治者的选择。[3]实际上，同光朝的主要宦官张居翰拥有超越任何大臣的道德品质，包括郭崇韬。[4]这些在朱温的屠杀中幸免于难的宦官行事小心翼翼。张居翰因此也是"不敢有所是非，承颜免过而已"[5]。然而，下一代宦官会嚣张跋扈起来。他们不像伶人那样跟皇帝亲密，故有些人想方设法取悦皇帝，其他人则斤斤计较，受不得一丝怠慢。

传统历史学家把伶人和宦官混为一谈，这是错误的，因为受过良好教育的宦官很可能会对伶人嗤之以鼻。更糟糕的是，宫中有些伶人通过"侮弄缙绅"[6]来取悦皇帝，其侮弄对象肯定

1　见司马光等：《资治通鉴》卷二七三，同光二年正月庚戌条，第8912页。
2　Cambridge History of China, Vol. 3, p. 658.
3　见欧阳修：《新五代史》卷六三《前蜀世家》，第791—792页。
4　见欧阳修：《新五代史》卷三八《张居翰传》，第405—406页；薛居正等：《旧五代史》卷七二《张居翰传》，第953—954页；王钦若等：《册府元龟》卷六六六《贤行》，第7679页。
5　薛居正等：《旧五代史》卷七二《张居翰传》，第954页。
6　欧阳修：《新五代史》卷三七《伶官传》，第400页。

包括宦官,并往往针对宦官的身体缺陷,进而侮辱他们的人格。伶人与宦官的矛盾会造成朝廷的撕裂,同时也会分化内宫:皇帝易受伶人蛊惑,而皇后却会被宦官左右。曹太后的到来会让天子的内宫事务变得更加复杂,庄宗深爱着自己的母亲,但母亲对他却非常严厉,她很快就要解决一件拖延至今的宫中大事,那就是给她将来的儿媳妇一个正式的名分。

五、普天同庆

(一) 母子团圆

同光二年(924)正月,皇帝年仅十几岁的儿子李继岌和弟弟李存渥被派往晋阳,护送其生母曹氏和嫡母刘氏到洛阳。刘太妃是李克用的正妻,此时她婉言拒绝说:"陵庙在此,若相与俱行,岁时何人奉祀!"[1]所谓陵庙,乃指位于晋阳的本朝祖庙,以及她丈夫在代州(晋阳以北一百公里)的陵寝。尽管她沉浸于对丈夫的缅怀,展示的也是一种真挚的感情,但"奉祀"礼仪应该不是其第一考虑。她足足比曹太后年长十岁,想来行动也不甚方便。刘太妃在晋阳的生活是相对独立的,她也害怕离开在晋阳所熟悉的一切,去京城面对孤独的生活。就这样,曹、刘两位女性在共同生活了四十年后,第一次分开了。

庄宗最初本想亲自到洛阳以北一百公里的怀州(今河南沁阳)迎

---

[1] 语见司马光等:《资治通鉴》卷二七三,同光二年正月庚申条,第8913页;另见薛居正等:《旧五代史》卷三一《庄宗纪五》,第427页;卷四九《贞简曹皇后传》,第672页。

母亲进京。他的脑海里肯定回想着十四年前他出兵救赵时，母亲依依惜别的情景，那是他踏上艰苦的帝王之路的第一步。但中书上奏说："缘自二十三日后，在散斋之内，不合远出。"于是皇帝决定在离洛阳一天路程的河阳（今河南孟州西）奉迎母亲。皇帝的随从包括了大臣和侍卫，此外还带了一大批传令官和伶人，甚至有把此大事记录下来的书记员。这是李存勖称帝且册曹氏为皇太后之后，母子二人首次见面。[1]

更让人感动的是在洛京（洛阳当时的别称）等待着太后到来的欢迎仪式。[2]一众文武大臣整装列队，犹如皇家仪仗队般穿过上东门，尽管冬天的气温肯定会让这些人瑟瑟发抖、涕泗横流。不久之后，大臣们重聚一堂，宣布皇帝新的尊号：昭文睿武光孝皇帝。[3]跟需要提前设定好的年号不同，尊号不是必需品，所以皇帝往往会等待一个特殊的时机才接受它，庄宗显然将母亲来到洛阳看作一个具有历史意义的重要时刻。接受尊号的仪式大同小异，大臣们大多从古代的诗词歌赋中引经据典。

（二）南郊大典

曹太后来得非常及时，这让她可以出席两次庄严的祭典：其一为祭奠供奉历代先皇的太庙，其二则是南郊大典，这是天

---

[1] 见王钦若等：《册府元龟》卷二七《孝德》，第277—278页。

[2] 见薛居正等：《旧五代史》卷三一《庄宗纪五》，第427页。关于洛京的说法，可参见同书卷三〇《庄宗纪四·考异》，第421页。

[3] 见欧阳修：《新五代史》卷五《庄宗下》，第47页。

子主持的祭天仪式，而这个仪式也将宣告他成为天地之间的仲裁者。离上一次南郊大典已经过去了十五年，而当时主持大典的在任皇帝，乃是梁祖朱温。梁朝的最后一位皇帝梁末帝倒是想进行郊天大典，但由于唐军大军压境，官方安排十分草率，最终未能完成仪式。[1] 无论如何，梁末帝的准备大大节省了后唐的开支，同时也让后唐的郊天时间得以提前。

南郊大典是高度程式化的典礼，主祭者通常需要斋戒沐浴，但对庄宗而言，这又是一场非同寻常的仪式，在大典中，他头戴通天冠，身穿绛纱袍——这些服饰专为大典而设计。与南郊大典几乎同时进行的还有"飨太庙"与祭祀圜丘的仪式，[2] 二月初一，庄宗年仅十余岁的儿子紧跟在父亲身后，而其他大臣则整装跟随，形成祭献的队伍。大典之后不久，庄宗又给曹太后带来了一个难以忘怀的惊喜：他下令在皇宫里给母亲修建一处全新的住所，并命名为"长寿宫"，人们可以想象它跟晋阳城里老旧的节度使府所形成的对比。[3] 曹太后应该有六十岁了，这也能说明为何庄宗要优先安排她的住所。

在这一系列令人激动的皇家典礼过后，朝廷按照过往惯例，宣布大赦。大赦制书中有一条打破了传统，涉及因战争而颠沛流离的男女命运：

---

1 见欧阳修：《新五代史》卷四二《赵犨传附赵岩传》，第463页。

2 见王溥：《五代会要》卷二《杂录》，第24—25页；薛居正等：《旧五代史》卷三一《庄宗纪五》，第427—428页。明宗朝的南郊大典在史书中记录更为详细。有趣的是，明宗等到即位的第四年才举行南郊大典，而整个大典持续了两天，包括他自己在南郊过了一夜。见戴仁柱著，刘广丰译：《从草原到中原》，第152—154页。

3 见薛居正等：《旧五代史》卷三一《庄宗纪五》，第430页。

> 应有百姓妇女，曾经俘虏他处为婢妾者，一任骨肉识认。男子曾被刺面者，给予凭据，放逐营生。[1]

在这短短两句话中，朝廷承认了过去二十年的战争对整个华北地区的人口所造成的影响：成千上万的未成年男孩被刺面从军，女孩则被迫卖身为婢，农村也缺乏健康的青壮劳动力。这份制书说明朝廷希望让老百姓家庭团聚，从而恢复地方社区的常态。朝廷把恩典的施加范围扩充到背井离乡的女孩，这让人感觉特别新奇。庄宗最主要的伴侣刘氏在幼年经历过这样的颠沛流离生活，这段历史深为其丈夫所知，并将之视为影响她性格的因素之一，这一点将在下文详述。[2]

按照惯例，皇家大典的其中一环是给予功臣封赏，但这最终会成为朝廷的负担。南郊大典成功吸引了超过一千名官员，他们都希望获得与其官衔相匹配的赏赐，[3]地方官员也同样期望得到皇帝的恩赏。庆典及相关的费用让枢密使郭崇韬与皇帝产生了新的矛盾，这看似小事，却让郭崇韬耿直的性格直面新皇帝的政治情感。

根据开封降将所言，郭崇韬从全国境内的节度使手上收取了钱财和贵重物品等礼物。当时并没有法律禁止郭崇韬拥有这些财富，但在与亲信谈及此事时，他声言自己会承担起财政责

---

1 薛居正等：《旧五代史》卷三一《庄宗纪五》，第428页。

2 见欧阳修：《新五代史》卷一四《庄宗皇后刘氏传》，第143页。

3 见司马光等：《资治通鉴》卷二七三，同光二年二月己巳条，第8914页。

任,故会把这些钱财留给国家,以作不时之需。此时,在南郊大典之际,他拿出了十万缗钱以作为劳军之用。[1]然而,他的奉献依然不足劳军之需,于是郭崇韬恳求皇帝用内库来弥补不足,在当时,"外府常虚竭无余而内府山积"。庄宗默然良久,似有意回避,之后他说道:"吾晋阳自有储积,可令租庸辇取以相助。"[2]于是数十万金帛被从晋阳取来作补充经费,但这是李继韬家里的财富,而不是皇帝在晋阳的积蓄。把财富从晋阳运到洛阳,需要额外的时间和花销,这让郭崇韬非常恼怒,可皇帝却对这种原则问题无动于衷。

(三)刘氏册后

由于之前与皇帝在各种事务上均有摩擦,郭崇韬此时做了一个重大决定:据说他在亲信的怂恿下,向皇帝最喜爱的妃子示好。郭崇韬曾问一些亲信道:"吾佐天子取天下,今大功已就,而群小交兴,吾欲避之,归守镇阳,庶几免祸,可乎?"这实际上是承认了自己被小人窥伺,祸在旦夕。这暗示出皇帝身边小人环伺,而他在约束他们的同时被怀恨在心。[3]同光二年(924)二月,郭崇韬上表求罢归镇,这在他来说可能只是一种简单的姿态,可皇帝对此请求非常重视,不但没有同意,而且还褒扬了

1　见欧阳修:《新五代史》卷二四《郭崇韬传》,第248页;薛居正等:《旧五代史》卷五七《郭崇韬传》,第766页;司马光等:《资治通鉴》卷二七三,同光二年二月己巳条,第8914页。

2　司马光等:《资治通鉴》卷二七三,同光二年二月己巳条,第8914页。

3　见欧阳修:《新五代史》卷二四《郭崇韬传》,第247—248页;司马光等:《资治通鉴》卷二七三,同光二年二月癸未条,第8915页。

他所上奏的"时务利便一十五件",这其实也是郭崇韬施政的具体措施。[1]这件事也象征着他与皇帝的和解,在此之后,郭崇韬就为将皇妃刘氏册立为皇后的决定背书。[2]

在过去十年里,刘氏一直陪伴在庄宗左右,还是庄宗长子的生母,故她早在庄宗即位之前就已然鹤立鸡群了。在庄宗年轻时,父亲为他选择了正室韩氏,可她并无子嗣;而其他侧室如伊氏和侯氏等,早已失去了他的宠爱。[3]但要想越过正妻把刘氏册立为皇后,就意味着降妻为妾,可这又能免去其子李继岌在几十年之后的麻烦,因为他自己此前刚经历过这种尴尬的局面,即庄宗为将自己的生母曹氏册为太后,不得不把当了父亲四十年正妻的刘氏降为太妃。然而,朝廷对于册立刘氏为后依然存在着保留意见,这种声音就算没持续几年,也至少持续了几个月,因为反对的声音是来自高层的。

据《通鉴》记载,李存勖的生母曹氏乃刘氏册后的最大阻碍:她拒绝让一个江湖相士之女继承她的位置,成为一国之母。[4]毕竟,正妻韩氏来自晋阳的显赫世家,她也是李克用选中的儿媳妇。[5]同时,刘氏在曹太后身边侍奉了将近十年,没有谁比她更清楚这个少妇的缺点。事实上,曹太后到达洛阳差不多一个

---

[1] 见薛居正等:《旧五代史》卷三一《庄宗纪五》,第430页。据《新五代史》记载,郭崇韬所奏时务为"二十五件"。见欧阳修:《新五代史》卷二四《郭崇韬传》,第248页。

[2] 见薛居正等:《旧五代史》卷三一《庄宗纪五》,第429页;司马光等:《资治通鉴》卷二七三,同光二年二月癸未条,第8915—8916页。

[3] 见欧阳修:《新五代史》卷一四《庄宗皇后刘氏传》,第143页。

[4] 见司马光等:《资治通鉴》卷二七三,同光二年二月癸未条,第8916页。

[5] 见薛居正等:《旧五代史》卷九二《韩恽传》,第1223页。

月后，庄宗才宣布册立刘氏为后，这说明曹太后在相关的讨论中的话语权很高，而她最终能够点头同意，肯定有人说服了她，并被她完全信任。郭崇韬是晋阳王宫的老熟人，他此时为刘氏背书，定能影响曹太后。[1]郭崇韬出身低微，过去也曾与盘根错节的世家大族及他们瞧不起普通人的思想作斗争，而曹太后也是普通人家出身，他们两人之间存在着让他们产生共情的原因。[2]毫无疑问，他希望与她相互援引，互惠互利。

四月十三日，庄宗为刘氏举行了异常盛大的册封大典，这是她期待已久的一天，此时的盛典亦是抬举她的体面。[3]册封大典明显打上了庄宗喜欢表演的印记："皇后受册，乘翟车，卤簿、鼓吹，见于太庙。"[4]《新五代史》所记载的礼仪相当铺张，其细节早已偏离了唐代的传统，特别是与太庙相关的礼仪，但这种礼仪也确定了刘皇后在家族与王朝历史中的地位。[5]

刘氏被册立为皇后，令韩氏和伊氏大为不满，前者的正妻地位被取代，而后者尽管也是侧室，此前地位却比刘氏高。[6]正因如此，皇帝给韩氏的兄长韩恽加官进爵，其他外戚也得到

---

1 见司马光等：《资治通鉴》卷二七三，同光二年二月癸未条，第8916页。

2 见司马光等：《资治通鉴》卷二七三，同光二年二月癸未条，第8915页。

3 见王溥：《五代会要》卷一《皇后》，第13页；《皇后杂录》，第15页；吴缜：《五代史纂误》卷上《庄宗刘皇后四事》，傅璇琮等主编：《五代史书汇编》第一册，杭州：杭州出版社，2004年，第546页。

4 欧阳修：《新五代史》卷一四《庄宗皇后刘氏传》，第144页。

5 后来到明宗时，立曹氏为皇后，未见有庙见之说。见薛居正等：《旧五代史》卷四一《明宗纪七》，第565页。

6 见欧阳修：《新五代史》卷一四《庄宗皇后刘氏传》，第144页；薛居正等：《旧五代史》卷三二《庄宗纪六》，第441页。

了封赏。[1]同光二年(924)秋，皇帝唯一的儿媳妇，定州王都的女儿，也就是皇子李继岌的妻子王氏，也被授予了魏国夫人的贵族头衔。[2]

庄宗为自己孩子安排的婚姻对象，无论男女，都是来自武将家族，这说明他一生大部分时间都在武将集团中。当他的这种偏好延续到下一代皇帝时，武将家族的地位就会明显高于文官家族，至少从与宗室联姻的角度来看是这样。相反，他的父亲李克用更倾向于跟地方著名的文官家族缔结战略性的婚姻关系，这包括了给李存勖这位世子安排的婚姻。[3]五代皇族婚姻对象的范围不断收缩，这说明武将家庭编织社会网络的能力已经超过文官家庭，这也是唐朝世家精英衰落的重要一步，有关此点，我在前言中已经谈过。

(四) 封赏族人

皇帝一直拖到同光三年(925)才给其余的儿子加封，他们都在十岁以下，分别是继潼、继嵩、继蟾和继峣。[4]他已婚的妹妹瑶英长公主也在当年获得公主的封号，[5]这是他的第十一妹，其他

---

1 见薛居正等：《旧五代史》卷九二《韩恽传》，第1223页。
2 见欧阳修：《新五代史》卷三九《王处直传附王都传》，第421页；薛居正等：《旧五代史》卷三二《庄宗纪六》，第439页；司马光等：《资治通鉴》卷二七三，同光三年九月乙未条，第8936页；王溥：《五代会要》卷二《诸王》，第19页。
3 见戴仁柱著，刘广丰译：《从草原到中原》，第215—216页。
4 见薛居正等：《旧五代史》卷三二《庄宗纪六》，第446页。
5 见王溥：《五代会要》卷二《公主》，第22页；薛居正等：《旧五代史》卷三三《庄宗纪七》，第461页。

亲生姊妹可能在他即位之前便去世了。他的另一个女儿受封为义宁公主，公主的孙女后来嫁给了宋朝的开国皇帝赵匡胤，史称"孝章皇后"。[1]庄宗的亲兄弟被封为王也是在同光三年（925），而此前他们都只有节度使的虚衔。[2]史料没有透露庄宗为何这么迟才加封自己的兄弟姐妹，而当中的原因应该不是册封之礼所需要的开销。实际上，鉴于庄宗不打算让兄弟们参与政治，也不会给他们分封土地，这种虚衔的加封就显得没那么紧迫了。

（五）抑制兄弟

在中国历史上的其他时期，宗室成员往往会被委以重任，或出守大藩，或镇守京城，但同光皇帝却选择把他的兄弟们圈养在洛阳城里。也许他这样做还是效仿唐太宗，后者也不让他的族人当官，并说"岂可劳百姓以养己之宗族乎"[3]。必须承认的是，庄宗的几个亲兄弟都是庸碌无能之辈，既无军功，又无地方管理经验，让他们颐养天年是一个比较聪明的选择。[4]总体而言，庄宗的亲兄弟所获得的封赏确实少于那些身经百战的义兄和假子，因为王朝建立之功大多属于他们。庄宗即位后对自己

---

[1] 见脱脱等：《宋史》卷二四二《宋皇后传》，第8608页；卷二五五《宋偓传》，第8905、8907页；刘广丰：《五代沙陀贵族婚姻探析》，载包伟民、曹家齐主编：《宋史研究论文集（2016）》，广州：中山大学出版社，2018年，第302—318页。

[2] 见薛居正等：《旧五代史》卷三三《庄宗纪七》，第465页；欧阳修：《新五代史》卷五《庄宗下》，第50页；司马光等：《资治通鉴》卷二七四，天成元年二月戊申条，第8963页；樊文礼：《李克用评传》，第69页。

[3] 司马光等：《资治通鉴》卷一九二，武德九年十一月庚寅条，第6025页。

[4] 见欧阳修：《新五代史》卷一四《太祖子》，第150—151页。

的亲族如此轻视，意味着他对他们的评价相当低，同时这也能解释为何庄宗更愿意与武官或伶人待在一起，因为他们与他有相似的生活经历或审美情趣。后唐在政治上排斥宗室可谓是一种创新，几十年后，宋朝的建立者不但延续了这种做法，并且将之发扬光大。

六、恢复邦交

（一）吴国

在同光二年（924）的祭典与封赏过程中，后唐朝廷很快就获得了他国的承认。东方的新罗与渤海国王派来了特使，带来礼物与祝贺。西方的党项与回鹘派来的则是他们的酋长，这些民族过去都因沙陀的野心而与之产生利益上的分歧。[1] 契丹与后唐也互派使节，尽管双方刚刚发生过战争。[2] 离中原更近的南方诸国国王纷纷送出礼物，以向后唐示好。

东南的吴国国王杨溥（901—938）遣使来贺南郊大典，并带来贵重的礼物，包括"银二千两、锦绮罗一千二百匹、细茶五百斤、象牙四株、犀角十株"[3]。几个月前，他就给同光皇帝送过登基贺礼，其慷慨程度可与富庶的南方相匹配。这些贺礼说明杨溥敏锐地感知到，必须改善与后唐的关系，因为几年前他曾藐视过

---

1 见欧阳修：《新五代史》卷五《庄宗下》，第46—47页。

2 *Cambridge History of China, Vol, 6,* p. 62.

3 薛居正等：《旧五代史》卷三一《庄宗纪五·考异》，第432页。

晋王的提议。[1]在来贺登基的那次会面中，庄宗与吴国的使者再次商谈了一些悬而未决的问题，在此过程中，庄宗肯定严厉谴责了吴国国王穿上皇帝衮冕的僭越之举，因为这是他登基称帝的前奏，这样的行为无疑是对洛阳朝廷主权的侮辱。[2]这样的信息肯定传到了有心人的耳朵里，因为杨溥突然停止采取更进一步的行动。毫无疑问，外交只不过是其他行动的掩护，包括情报收集和武力威压。

（二）南楚

一般而言，外交手段对京城附近的王国会更有效。同光元年 (923) 秋，楚王马殷 (852—930) 派儿子出使开封，他的领地与后唐的南部接壤，其东方则是吴国。[3]这次出使的时机和使团人员的档次，证明他们意识到与中原王朝缔结关系的重要性，而他们也会成为后唐放在吴国背后的尖刀。同光二年 (924) 十月，也就是庄宗生日的时候，南楚给他送去贺礼，其中包括"白金一千铤"[4]。为了更进一步表示忠诚，七十二岁的马殷把梁朝赐予他的"洪鄂行管都统印"上交给后唐朝廷。南楚位于南北贸易的中心地带，故与洛阳朝廷建立友好关系，有利于双方的经济利益。[5]

1　见薛居正等：《旧五代史》卷三〇《庄宗纪四》，第421页；吴任臣：《十国春秋》卷三《吴三·本纪》，第59—60页。

2　见欧阳修：《新五代史》卷六一《吴世家》，第758页。

3　见薛居正等：《旧五代史》卷一三三《马殷传》，第1756—1757页；欧阳修：《新五代史》卷六六《楚世家》，第824页；吴任臣：《十国春秋》卷六七《楚一·世家》，第941页。

4　吴任臣：《十国春秋》卷六七《楚一·世家》，第942页。

5　见卞孝萱、郑学檬：《五代史话》，第95页。

（三）南平

后唐与南平之间的外交问题较多。南平是南方最小的一个政权，都城在湖北江陵，跨越长江两岸。尽管其辖下从东到西只有几百公里，但它对后唐而言有着极其重要的战略意义，因为它南接马楚，西临前蜀。[1]同时，与其他王国相比，南平更需要一个外部同盟，以牵制临近诸国，故它与北方政权缔结友好关系是有历史根源的。当时，荆南（南平的别称）节度使高季兴已经与梁朝保持密切的朝贡关系超过十年了。[2]高季兴是梁朝的忠实盟友，他曾经在名义上支持过梁军抵抗晋军，故同光元年（923）秋李存勖登基称帝，给他发去诏书时，他肯定大为惊恐。

庄宗的诏书还包含了召高季兴入京朝见之意。辅臣梁震劝其不要入京，并把洛阳之行描述为"以身入朝，行为虏尔"。高季兴没有听从他的意见，还是在十一月带着三百侍卫入朝觐见。在朝见结束之后，皇帝本想把他扣留下来，幸得枢密使郭崇韬警告皇帝，认为此举会辜负对方对朝廷的绝对信任，从而引起负面的影响。郭崇韬说：

> 唐新灭梁得天下，方以大信示人，今四方诸侯相继入贡，不过遣子弟将吏，而季兴以身述职，为诸侯率，宜加恩礼，以讽动来者。而反縻之，示天下以不

1　见薛居正等：《旧五代史》卷一三三《高季兴传》《高从诲传》《高保勖传》，第1751—1756页；司马光等：《资治通鉴》卷二七二，同光元年十二月丁酉条，第8910页。

2　见欧阳修：《新五代史》卷六九《南平世家》，第855—856页。

广,且绝四方内向之意,不可。[1]

庄宗最终打消了这个念头,一部分原因是郭崇韬的理性分析,另一部分则是因为高季兴本人的直率。

高季兴来朝时,庄宗曾向他暗示要出兵讨伐蜀和吴,因为这两国的君主一个已僭越称帝,另一个则正走在称帝的路上。他本想先征讨西蜀,但对于从西北进入四川的北方骑兵而言,蜀道艰难,于是他想借道南平,沿扬子江东征,以获取更大的战果。高季兴认为:"蜀地富民饶,获之可建大利,江南国贫,地狭民少,得之徒无益。"这番话巧妙地表达了他的立场,就是让自己的领地免遭池鱼之殃,他甚至承诺从南平派兵作为伐蜀的先锋部队。[2]这次朝见的最终结局,是皇帝抚摸高季兴的背,并欢送他离开,这一点在第一章已经提过。

庄宗秘密派出刺客,想把高季兴杀死在归途中,这一阴谋不仅彻底失败,还引起了其他国主的恐慌。几个月之后,后唐朝廷加封高季兴为南平王,似乎要为自己之前的不当举动作出补偿。高季兴是南方诸国中第一个来京师朝见皇帝的国主,也是最后一个,之所以如此,庄宗本人负有不可推卸的责任。这件事更进一步证明郭崇韬已经成功适应他外交官的新角色,同时也显示出皇帝阴谋腹黑的心态更适用于战争,而非统治。

1　欧阳修:《新五代史》卷六九《南平世家》,第856—857页。
2　见吴任臣:《十国春秋》卷一〇〇《荆南一·世家》,第1432页。

(四) 吴越

洛阳朝廷与吴越国的关系又是另外一种光景了,吴越位处今天的浙江省,其面积不算太大,却非常富有。与其他诸国不同,后唐与吴越国的外交活动是庄宗首先开启的,他登基后,于同光元年(923)五月派出使节前往吴越国都杭州,并送上贵重的礼物,包括名马、香药和赐给吴越大臣的玉带。吴越的回礼延迟了一年有余,这可能是因为其年迈的国主正关注国内的事务。同光二年(924)九月他们派出使节前往洛阳,带来大量的金银财宝以弥补他们迟来之失,同时还拿出大量的金钱来安抚上层的官员,并满足下层的腐败。[1]

吴越的慷慨给后唐朝廷带来了惊喜,但他们的一个请求却让大臣们感到惊愕。其国王钱镠(852—932)求赐玉册,以容许他以自治王国的身份册封自己的儿子和其他藩属。皇帝就此请求询问相关大臣的意见,可想而知,最大的阻力来自枢密使郭崇韬。他坚决认为,玉册乃天子权威的象征,在历史上非天子不可使用。同样非天子不能行使的还包括册封臣下的权力,这是为了防止第三方对这种权力有僭越之举。

尽管朝廷上言之有理的反对之声众多,但庄宗还是迅速将一整套玉册赐予吴越国,此外还有一枚以"吴越国王之印"为文的金印,以及红袍御衣,这些东西都只能由其国王一人使用。[2]

---

[1] 见吴任臣:《十国春秋》卷七八《吴越二·世家》,第1096—1097页;薛居正等:《旧五代史》卷一三三《钱镠传》,第1768页。

[2] 见欧阳修:《新五代史》卷六七《吴越世家》,第840页;王溥:《五代会要》卷一一《功臣》,第187页;司马光等:《资治通鉴》卷二七三,同光三年八月丁亥条,第8936页。

此外，七十二岁的钱镠在往后与朝廷的交聘中免称臣。这样的优待是其他南方国主所没有的，这得归功于钱镠的使者对皇帝身边宠臣的贿赂。另一方面，或许皇帝只是重视与吴越国的亲密关系，以让它牵制其邻吴国，这让人回想起前朝的政策。庄宗通常会在很大程度上考虑外交行为的实际效果，而不是那些繁文缛节。

（五）前蜀

最棘手的问题是与蜀国的关系，它位于今天的四川省，五年前，王衍〔卒于同光四年（926）〕登基，成为前蜀的皇帝。占领开封不久，同光朝廷就想与成都朝廷建立外交联系，但被对方拒绝了。同光二年（924）春，后唐朝廷第二次派使节前往蜀国，这次由李严率队。[1]李严"知书而辩"，他跟李存勖的关系可以追溯到后者还是晋王的时候，这提高了他作为朝廷代言人的威信。这位北方来的使者在成都侃侃而谈，他提到南方诸国最近纷纷向朝廷进贡，以证明拥护天子的国家正不断增加。李严强调"四方万里，莫不臣妾"，在这种趋势之下，蜀国负隅顽抗是非常愚蠢的。同时他明确指出，后唐朝廷正对南方诸国实施萝卜与大棒的政策，他说："天子方怀之以德，而震之以威，天下之势，不

1　见薛居正等：《旧五代史》卷七〇《李严传》，第929—930页；卷一三六《王衍传》，第1819—1822页；欧阳修：《新五代史》卷二六《李严传》，第283—284页；司马光等：《资治通鉴》卷二七三，同光二年四月己巳条，第8918页；五月戊申条，第8921页；吴任臣：《十国春秋》卷三七《前蜀三·本纪》，第540—542页；Wang Hongjie, *Power and Politics in Tenth—Century China: The Former Shu Regime*, Amherst: Cambria Press, 2011, pp. 232—236。

得不一也。"[1]若非蜀主王衍阻止，他的一位义兄就要把李严斩于席前，因为他已经在用战争来威胁蜀国了。

李严出使失败，还不只是因为蜀国的宗室。后唐天子在他出发前，把一些珍贵马匹交托给他，让他换一些中原没有的珍玩回来，以装点皇宫。该地区是丝绸和其他纺织品的主要产地，也出产贵重金属和宝石。然而，蜀国的法律严禁本地出产的贵重物品出口中原，这导致李严北归时，只带回了二百两金，还有一些地衣、毛布之类的物品，这是庄宗登基以来收到的最寒酸的贡品。[2]蜀国统治高层的傲慢将会激怒后唐皇帝，而让他更感愤怒的是蜀国接待他的使者时所表现出的无礼。很多史料都认为，庄宗是在李严出使蜀国一事结束后才决定征讨该地的。但几个月前他与荆南节度使高季兴的交流，实际上暗示出他早有此意，这也进一步说明所谓的出使并非重点，借出使之机来制造开战的理由才是题中之义。换言之，李严犀利的言辞是在故意激怒蜀国宗室，而他们也天真地掉进了圈套里。

同光二年（924）五月，右谏议大夫薛昭文上疏曰：

> 诸道僭窃者尚多，征伐之谋，未可遽息。又，士卒久从征伐，赏给未丰，贫乏者多，宜以四方贡献及南郊羡余，更加颁赉。又，河南诸军皆梁之精锐，恐僭窃之

---

[1] 欧阳修：《新五代史》卷二六《李严传》，第283页。

[2] 见欧阳修：《新五代史》卷二六《李严传》，第284页；司马光等：《资治通鉴》卷二七三，同光二年五月戊申条，第8921页。

国潜以厚利诱之，宜加收抚。又，户口流亡者，宜宽徭薄赋以安集之。又，土木不急之役，宜加裁省。又，请择隙地牧马，勿使践京畿民田。[1]

薛昭文的奏疏虽然没有否定"征伐之谋"，但却同时指出了国内存在的种种问题，而且每一件事都相当迫切。他实际在提醒庄宗，巩固政治跟扩张领土一样重要，甚至更加重要。虽然史料记载庄宗对这份奏章的建议"皆不从"，但实际上对蜀征讨的决定还是被延迟了，至少没有在这一年就大军开拔。推迟对外征伐的另一个考虑，则是统治精英对文化与价值观的认知发生了分歧。

七、文化之争

（一）陪都

同光二年（924）整一年中，后唐朝廷把内政放在外交之前。从年初开始，朝廷的统治风格就果断倾向于公共事务。无论把权力交给节度使还是京城里专横的皇权代理人都是危险的，晚唐时期的皇帝犹如木偶被权臣操纵就是最好的例子。唐太宗在贞观年间的政治高峰上所留下的遗产远超任何一位普通的君主，他在坚持个人信念与遵循传统习惯之间取得了平衡。庄宗

1　司马光等：《资治通鉴》卷二七三，同光二年五月乙巳条，第8920页。

本人受到了太宗独立精神的影响，他希望像其他内亚领袖那样，能够自己做主，而不是仅仅把别人的政策写成诏书，并盖上印玺。他相信自己在战争中的直觉，并自信这一点在政治上同样适用。

庄宗承认他的根在黄河以北，故他把四座城市提升为"都"，其中陪都包括西京晋阳、北都镇州和东都魏州，它们都是天子所在地洛京的陪衬。[1]在唐朝时期，晋阳就已经是陪都了，庄宗这样的安排显然是为了维持中原与北方地区的战略与文化联系，因为在当时，人们都担心这里会与中原腹地渐行渐远。这样的安排是否真的能够让沙陀统治者维持他们与发迹地之间的文化联系，最终会取决于皇帝驾幸此处的频率及其停留时间的长短，但同光一朝太过短暂，故也难以检验其效果如何。

这三座陪都均远离洛阳，故皇帝不可能经常驾幸三地。此外，也没有任何一座陪都能有洛阳或长安那样的吸引力，因为这两座城市都是文化中心，都有百万人口。朝廷有意贬低开封，没有让它成为陪都，尽管这座城市对洛阳的经济与安全都十分重要。朝廷会加强陪都的防御，在选择当地官员时也会更加审慎。因此，开封在失去"都"的地位后，在敌人面前会变得更加脆弱，这种变化是统治者一开始难以预料得到的。

1　见薛居正等：《旧五代史》卷二九《庄宗纪三》，第404页；欧阳修：《新五代史》卷五《庄宗下》，第44页。译者按：三都的确定，在同光元年（923）四月，当时后唐军队尚未攻下开封，更遑论迁都洛阳，故此时庄宗所在乃是东都魏州。后来在同光三年（925）三月，改洛京为东都，雍州（即长安）为西京，原东都魏州为邺都，原西京晋阳为北都，邺都与北都均为次府，即级别上低于洛阳与长安。见薛居正等：《旧五代史》卷三二《庄宗纪六》，第447页。

(二) 社交圈子

除了保持驾幸京城以外的地区，同光皇帝还会跟当权的臣属一起，出席洛阳城内的社交聚会。一代以前，他的父亲经常造访密友盖寓家，在此传统之下，新皇帝也同样会在一些武将家中设宴，以巩固他的政治根基。这些宴会往往伴有大量美酒佳肴，并持续到第二天凌晨。

梁朝治下，除了开国皇帝朱温常常驾幸河南尹（治洛阳）张全义家外，皇帝很少在皇宫以外的地方与臣下有社交活动。隋朝与唐初的统治者喜欢在自己的皇宫里招待大臣，或在皇宫附近京城以内风景秀丽的地方，如玄武门。[1]从历史的角度看，皇帝的人身安全是把宴会安排在皇宫的主要原因。此外，宫廷宴会往往也是嘉奖功勋之臣的场合，在这种情况下，没有其他场地比皇宫本身更为合适，至少在被嘉奖的人眼中就是如此。庄宗治下最早的宴会也是在京城举行的，但当他第一次走出皇宫时，他选择了帝国最优秀的战士随行。[2]

庄宗的义兄李嗣源曾率兵攻陷开封，最近他刚刚在前线打败契丹，回到京城，皇帝在洛阳给他赏赐了一座府邸。[3]同光二年（924）二月，他在李嗣源家饮宴，史料说他们最后"尽欢而

---

[1] 朱温驾幸张全义家，见欧阳修：《新五代史》卷二《梁太祖下》，第19页；王钦若等：《册府元龟》卷一一一《宴享三》，第1207页；隋唐统治者招待大臣事，见袁刚：《隋炀帝传》，第436页；Benn, *China's Golden Age*, pp. 132—133。

[2] 见王钦若等：《册府元龟》卷一一一《宴享三》，第1207页。

[3] 见薛居正等：《旧五代史》卷九一《罗周敬传》，第1209页；王钦若等：《册府元龟》卷一一一《宴享三》，第1207页。

罢"[1]。毫无疑问，他们二人在个性上有很多共同之处。九天之后，庄宗赐予李嗣源"铁券"，后者是继郭崇韬之后第二个受此赏赐之人。[2]史料并没有说明庄宗的动机，但他们二人之间的私人宴会和铁券的赐予几乎同时发生，这说明李嗣源向庄宗表达过自己的忧虑，从而促使庄宗给这位义兄赐予铁券。李嗣源和郭崇韬曾共同策划了攻灭梁朝的最后一战，故在未来他们受到报复的可能性是相等的。奇怪的是，这次饮宴的几周之后，李嗣源上表请求解除兵权。皇帝不但拒绝了他的请求，还给他加官进爵。到了年底，庄宗再一次与李嗣源饮宴。[3]尽管他们两人的关系不算亲密，但在同光朝的最初两年他们之间的友谊是真挚的，因为他们曾经一起披荆斩棘，共同建立这个王朝。

同光二年（924）皇帝曾两次到郭崇韬府邸宴游，分别在五月和九月。尽管这两次驾幸都被史书描述为"作乐"，但对于神经总是绷紧的郭崇韬来说，工作之外还能饮酒作乐，这是难以想象的。[4]十一月，元行钦在自己的官邸与天子"纵酒作乐"，他是庄宗的义儿，并曾经在战场上救过他一命。[5]也是在十一月，庄宗"幸六宅宴诸弟"[6]。在整个同光朝里，能够在家里宴请皇帝的

1　薛居正等：《旧五代史》卷三一《庄宗纪五》，第429页。

2　见薛居正等：《旧五代史》卷三一《庄宗纪五》，第429页；戴仁柱著，刘广丰译：《从草原到中原》，第203—205页。

3　见薛居正等：《旧五代史》卷三一《庄宗纪五》，第431页；卷三二《庄宗纪六》，第444页。

4　见薛居正等：《旧五代史》卷三二《庄宗纪六》，第436、441页；王钦若等：《册府元龟》卷一一一《宴享三》，第1207页。

5　见薛居正等：《旧五代史》卷三二《庄宗纪六》，第444页；王钦若等：《册府元龟》卷一一一《宴享三》，第1207页。

6　薛居正：《旧五代史》卷三二《庄宗纪六》，第443页。

都是军官,尽管文臣也能出席一些宴会,但往往是在宫中举行的。[1]朝中文官没能成为皇帝社交生活的首要对象,肯定倍感挫败,他们原本希望这位表面汉化的皇帝能展现出更大的包容。

本年年末,皇帝两次驾幸河南尹张全义的府邸,后者同样是军人出身。十一月,庄宗驾幸张全义的郊区别业,并在此留宿。在庄宗登基之前,他常常与王镕和朱友谦这样的盟友一起过夜,但当上皇帝之后,他就很少这样做了。更少见的是十二月的那次拜访,其时,庄宗带着刘皇后一起,出现在张全义城内府邸的门外。皇后的出现让主人十分惶恐,他在事前没有得到任何通知。也正是在此期间,皇帝让自己的皇后拜张全义夫妇为义父义母。[2]诚然,刘氏从小缺乏父爱,成年之前在晋阳宫中为婢,而拜张全义为义父的主意,据说就是她自己提出来的。史料认为,张全义之所以能与刘皇后迅速结为盟友,乃是因为他给她送去大量的礼物以作贿赂。送出礼物当然可以结交朋友,但却很少像张全义这样,获得如此之大的回报。

(三)最后的铁券

同光二年(924)将尽之时,皇帝把第三张铁券赐予了他从前的盟友,河中节度使朱友谦。早在王朝建立之际,皇帝就已赏赐朱友谦大量的钱财,并把他的两个儿子封为节度使,其他儿

---

1 见王钦若等:《册府元龟》卷一一一《宴享三》,第1207页。
2 见欧阳修:《新五代史》卷四五《张全义传》,第491页;薛居正等:《旧五代史》卷三二《庄宗纪六》,第443、444页;司马光等:《资治通鉴》卷二七三,同光二年十二月庚午条,第8928页;王钦若等:《册府元龟》卷一一一《宴享三》,第1207页;卷一一五《蒐狩》,第1261页。

子及麾下将校十余人封为刺史,这有效加强了朱家对当地的政治掌控。据《新五代史》记载,皇帝对朱友谦"恩宠之盛,时无与比"[1]。皇帝这样做的原因,有一半是为了回报,而另一半则是要安抚他,毕竟谁都知道,朱友谦的所谓忠诚是摇摆不定的。庄宗的施恩之举,代价不算太大,就是牺牲了军事权力集中的原则,而这恰恰是后梁朝廷统治的基石。

(四) 封赠唐臣

庄宗在社交生活中常轻视文官大臣,而追封已故的"唐六臣"也算是对他们的一种礼敬了。这六位大臣在天祐三年(906)被杀害于白马驿,这是梁王篡位唐朝的前奏。[2]尽管朝廷对他们的封赏姗姗来迟,却也得到普遍的赞同。同样得到认可的是朝廷重修唐朝皇帝及宗室陵寝的决定,这些陵寝历经丧乱,屡遭盗挖,以致墓主被随意抛尸。此外,曾有数百位唐朝宗室和他们的家眷在梁祖朱温的命令下惨遭屠戮,并被随意掩埋。庄宗很快就宣布重新修葺关内诸陵,并对他们以礼安葬。[3]同时,他

1　引文见欧阳修:《新五代史》卷四五《朱友谦传》,第493页;另见薛居正等:《旧五代史》卷三二《庄宗纪六》,第449页;司马光等:《资治通鉴》卷二七三,同光二年十一月丁巳条,第8927页。

2　见欧阳修:《新五代史》卷三五《唐六臣传·论》,第375—376页;薛居正等:《旧五代史》卷三二《庄宗纪六》,第438页。《新五代史·唐六臣传》中的六臣,并非死于白马驿的六位唐朝大臣,而是背叛唐朝为梁朝篡位组织礼仪大典的六名叛臣。但欧阳修在该传的论中详细讲述了"白马之变",且以之与六名叛臣作对比。此外,欧阳修在该传中提到在"白马之变"中牺牲的唐朝大臣七名:裴枢、独孤损、崔远、赵崇、王赞、王溥和陆扆,而《旧五代史》中,庄宗封赠的六臣是裴枢、裴贽、崔远、独孤损、陆扆和王溥。

3　见薛居正等:《旧五代史》卷三二《庄宗纪六》,第449页;欧阳修:《新五代史》卷四三《李彦威传》,第469页;司马光等:《资治通鉴》卷二七三,同光二年三月庚申条,第8918页。

还打算重新安葬唐朝最后两位皇帝，他们是在几十年前被暗杀的。[1]他期待通过这些举措，能对在历史上受到不公待遇的人进行弥补，同时，这也是要宣示唐朝法统，因为沙陀人早已与之紧密相连了。

（五）重开科举

文官大臣肯定会为科举重开感到欢欣鼓舞。同光二年(924)春，后唐朝廷举行了第一次科举考试，录取进士十四人、诸科二人。榜首二人是崔光表和张砺，前者出自著名的清河崔氏，而后者则出身贫寒。二人后来都获得了"直史馆"之职。当年知贡举为户部侍郎赵顾，在任务完成后不久他就去世了，据此推测他的年龄相当大，也体现出资历很深。[2]此外，有九人参加童子科的考试，其中郭忠恕被录取，成为诸科二人之一。[3]同光三年(925)的科举考试录取了四位进士。[4]同光四年(926)正月的考试，是庄宗朝最后一次科举考试，该榜录取进士八人，诸科二人。[5]

梁朝时期平均每榜录取进士十五人，这与同光朝录取人数最多的一榜——同光二年榜几乎一致。[6]庄宗朝总体录取人数略

---

1 见欧阳修：《新五代史》卷四三《李彦威传》，第468—469页；司马光等：《资治通鉴》卷二七三，同光三年正月丙申条，第8929页；王钦若等：《册府元龟》卷一七四《修废》，第1939页。

2 见徐松辑：《登科记考》卷二五，北京：中华书局，1984年，第948—949页。

3 见徐松辑：《登科记考》卷二五，第948—949、951页。

4 见徐松辑：《登科记考》卷二五，第952页；周腊生：《五代状元奇谈·状元谱》，北京：紫禁城出版社，2004年，第127—128页。

5 见徐松辑：《登科记考》卷二五，第954页。

6 见周腊生：《五代状元奇谈·状元谱》，第121页。

低的原因有很多，包括在乱世之中，文人对是否入仕感到十分矛盾；此外，经过几十年的变乱，教育制度废弛也是原因之一。二十多年间，京城从长安迁到开封，又从开封迁到洛阳，这让很多文人对入仕望而却步，因为很多士族居住在长安附近。庄宗的继任者明宗当了将近八年皇帝，在科举人才录取方面，他略胜庄宗一筹，这说明政治的稳定会显著扩大文官的来源。[1]

同光进士中任职最高的是桑维翰，他出身低微，形容丑陋，而其姓"桑"又与"丧"同音，很不吉利。据说最初由于主考官裴皞对他存有偏见，故把他放在录取名单的最后一位。在历史上，"身"是评判考生的合理标准之一，当中包括外貌举止。后来庄宗要求重考，并把桑维翰提升到第二名。十年之后，桑维翰当上了后晋的宰相，他的政治悟性和道德修养在当时是无人能及的。[2]对考生排名的分歧，说明皇帝与大臣之间就阶级问题依旧存在摩擦，这个问题在选宰相的时候已经出现，而每当开科考试时，这个问题都会再次出现，但这次皇帝顺应了历史的潮流。[3]

（六）所赦非人

尽管皇帝在科举考试上摆出了正面的姿态，但史料也列出

1　见戴仁柱著，刘广丰译：《从草原到中原》，第223—228页。

2　见欧阳修：《新五代史》卷二九《桑维翰传》，第319页；薛居正等：《旧五代史》卷八九《桑维翰传·考异》，第1161—1162页；周腊生：《五代状元奇谈·状元谱》，第128页。

3　下一任皇帝明宗在录取进士时，也会先考虑能力，而非出身。见戴仁柱著，刘广丰译：《从草原到中原》，第56—61、198、219—228页。

了一些案例，揭示出皇帝忽略了一些道德原则。如前所述，唐朝帝陵在梁朝治下惨遭盗挖，庄宗曾正式对这种行为表示愤慨，并指派专员负责修葺这些陵寝，且保护它们在将来免遭亵渎，这是正面的。[1]在这些被盗挖的帝陵中，还包括了最为华丽的唐昭陵，即唐太宗的陵寝，这让朝野上下群情激愤。昭陵从地表的坟到陵寝底部，整个玄宫深七十五丈，里面"宫室制度闳丽，不异人间"。墓室里"东西厢列石床，床上石函中为铁匣"，藏有很多太宗生前喜爱之物，如"前世图书，钟、王笔迹"等，且"纸墨如新"。很多流氓混混都破坏过这座陵寝，但温韬的行为最为恶劣，他是岐王李茂贞属下将领。[2]更早之前，温韬就已经盗挖过唐朝其他帝陵，并获得大量财宝。[3]

后唐统一中原之后，温韬来到洛阳输诚，以换取朝廷对他的宽恕，据说他为此给皇帝的宠臣行贿。皇帝很快就在大赦中赦免了温韬，因为他抓住了后梁驸马赵岩并将其杀害，后者在梁朝廷上的影响力十分巨大。温韬曾经背叛过岐王李茂贞，后者从前是晋的盟友，但庄宗对此熟视无睹。[4]枢密使郭崇韬坚决反对这次赦免，他争辩道："此劫陵贼尔，罪不可赦！"[5]

1　见薛居正等：《旧五代史》卷三二《庄宗纪六》，第444页；司马光等：《资治通鉴》卷二七三，同光二年三月庚申条，第8918页。

2　以上引文见欧阳修：《新五代史》卷四〇《温韬传》，第441页；另见薛居正等：《旧五代史》卷七三《温韬传》，第961页；司马光等：《资治通鉴》卷二六八，乾化元年三月己酉条，第8741页；卷二七二，同光元年十一月乙巳条，第8906页；关于唐代帝陵的深度，可参见王溥：《唐会要》卷二〇《陵议》，北京：中华书局，1955年，第395页。

3　见欧阳修：《新五代史》卷四七《张筠传》，第522页。

4　见薛居正等：《旧五代史》卷一四《赵鞬传附赵岩传》，第195页；卷七三《温韬传》，第961页。

5　欧阳修：《新五代史》卷四〇《温韬传》，第441页。

皇帝的立场并非完全没有原则。同光元年(923)他就赦免了很多来降的梁将，以动摇那些尚在抵抗的敌人。四月份他即位时就进行过一次大赦，而十月份他攻入开封后又再次施加皇恩，对某些人进行特赦。如果单单把温韬排除在赦免名单之外，会有损他的信誉。然而，他的后宫宠臣乃至皇后接受贿赂的谣言流布朝野，这让原本合法合理的事情变得阴暗龌龊，庄宗也因此被认为过于贪婪，不讲原则，只听后宫谗言，不理外朝意见。

(七) 狩猎文化

朝中大臣不但紧盯着皇帝的公事，还干预他的私生活，这让他倍感受挫。在过去一年里，他忙于任命官员，建立制度，招降敌人，说服朝臣——此刻对所有人来说都是历史性的，而他也要在此时迎合人们对中原皇帝苛刻的期待。紧张的公务也许能解释皇帝为何突然想找回自己的文化传承，狩猎是他最喜爱的消遣，射鸭打雁是他钟爱的游戏。

庄宗朝三年里，皇帝被记录在案的狩猎达到二十四次，平均每年八次，且大多在冬天进行。[1]他总是带着一大帮随从出发，还有一群猎鹰猎狗跟随。[2]李存勖还是晋王之时，就常常出现在魏州的狩猎场上，他曾以此地作为行宫，且一待就是八年。同

1　见王钦若等：《册府元龟》卷一一五《蒐狩》，第1261页。

2　Mote, *Imperial China*, p. 46.

光三年(925)初，他故地重游并停留两个月。但登基之后，他经常在洛阳近郊狩猎，这里在过去千年都是陪都，故有大量的狩猎场所。到了他统治的第二年，也就是同光二年与三年(924—925)之交的冬天，他出宫狩猎的次数愈加频繁，每次外出的时间也更加长久，这逐渐引起了大臣的担忧。后世史家往往以沉痛的语气引用"荒"字来描述他的狩猎行为，显然是语带批评的。[1]

唐朝皇帝大多弓马娴熟，善于狩猎，不过最厉害的还是唐太宗，对他而言，这些技能都是他为师为将必不可少的条件；[2]契丹主耶律阿保机也同样热衷于狩猎。[3]但对同光皇帝来说，狩猎的频率会增加引发政治事件的几率。秋天的时候，庄宗带着几千随从在洛阳东面的中牟县狩猎，践踏民田。激动的中牟县令拦住了狩猎大军，并拼死劝诫他们。这位县令可谓胆大包天，若非伶人敬新磨巧言化解当时的紧张局面，将之变成一句玩笑，县令恐怕难逃一死。敬新磨的原话如下：

> 汝为县令，独不知吾天子好猎邪？奈何纵民稼穑以供税赋！何不饥汝县民以空此地，以备吾天子之驰骋？汝罪当死！[4]

1　见欧阳修：《新五代史》卷五《庄宗下》，第48页。"荒"字，见该页二年十一月癸卯条下徐无党的注释："书'至'，见其留四日而荒甚。"

2　见司马光等：《资治通鉴》卷一九二，武德九年九月丁未条，第6021页；贞观元年闰三月壬申条，第6034页；赵克尧、许道勋：《唐太宗传》，第127、395—404页；Benn, *China's Golden Age*, pp. 171—172。

3　见薛居正等：《旧五代史》卷一三七《契丹传》，第1831页。

4　欧阳修：《新五代史》卷三七《伶官传》，第399页。

敬新磨随即要求处死县令，引起皇帝大笑，后者也意识到敬新磨的话只不过是玩笑而已。可悲的是，庄宗与文官领袖的关系才刚刚起步，他们的劝谏不足以让他正视并改正这类错误，这会对他造成不利，让他陷入更多的困境。有记载说，庄宗的义兄李嗣源也曾经不小心践踏民田，但随后就表达了悔意。[1] 可庄宗的怒火说明，他有一种不健康的权利意识。

李存勖虽然是沙陀人，但他的母亲是汉人，又在晋阳长大，所以他与内亚文化的联系是抽象大于具体的，故此，狩猎对他而言有更高的象征意义，这是他对自己血脉身份的一种认同，而类似的表达已经所剩无几了。对汉人而言，狩猎是一项奢侈的活动，更不应该为狩猎而践踏农田，尤其是这种对农耕的伤害来自天子，他本应该是农耕文明的守护者。之前梁祖朱温也会构建自己勇武的形象，但他是通过"大阅"和"讲武"来达到其目的，这些举措更容易为他的臣下所接受。[2] 我们看不到史料上对庄宗有类似的记载，这让人甚为惊讶，因为不久之后朝廷将会有重要的军事部署。讽刺的是，他的继承者明宗登基后，狩猎频率远低于他，这也许是因为明宗对自己游牧民族的身份更加自信。[3]

同光二年 (924) 末，庄宗带着一万多名侍卫随从，在洛阳南

---

1 见司马光等：《资治通鉴》卷二七七，长兴二年六月辛亥条，第9061—9062条；戴仁柱著，刘广丰译：《从草原到中原》，第217—218页。

2 见欧阳修：《新五代史》卷二《梁太祖下》，第14—20页。

3 见戴仁柱著，刘广丰译：《从草原到中原》，第134、176、217—218页。

郊的伊阙县（今河南伊川西南）狩猎。他一开始就射中了一头鹿，大家对他的神勇大为钦佩。[1]然而，高昂的士气在后来大受挫折，骑士们半夜围山的时候发生了意外，有侍卫掉到山谷之下，不幸摔死。庄宗并没有如大家所期望的那样因悼念死者而停止行动，他在第二天继续狩猎，并指示侍卫分成几个小分队，以避免类似的危险再次发生。第二天的狩猎斩获颇丰，所获猎物数以万计，他认可了自己的行为，因为这说明狩猎本身没有问题，问题在于如何组织狩猎。

这次狩猎结束后，庄宗回到洛阳大肆庆祝，形式与唐太宗一次狩猎后的庆祝相似，这不可能纯属偶然。[2]据记载："是夜二鼓一筹归京城。街市火炬如昼。丁未，百官赴中兴殿问起居，赐群臣鹿肉。"[3]从文官的角度看，皇帝热爱这项运动，可他完全不在乎他的消遣需要身边的人——无论是侍卫还是普通百姓，要付出什么样的代价。稍微聪明一点的人，会把狩猎的范围限制在更小的区域，或者减少随从的人数，但庄宗并不习惯这种小打小闹，所有迹象都表明，狩猎能让他有更多的社交，而他也乐在其中，因此，他出猎时常常带上亲朋好友以及大量朝臣。不管怎样，这些狩猎活动都集中在冬天，而且在他统治的第二年里最为频繁，因为在第三年里，消遣娱乐将会变成一种奢望。

1　见薛居正等：《旧五代史》卷三二《庄宗纪六》，第443页；司马光等：《资治通鉴》卷二七三，同光二年十一月癸卯条，第8927页；王钦若等：《册府元龟》卷一一五《蒐狩》，第1261页。

2　唐太宗贞观四年（630）一次出猎回宫后，"亲献禽于大安宫"，即把猎物献给父亲李渊。见司马光等：《资治通鉴》卷一九三，贞观四年正月癸酉至丙子条，第6086页；赵克尧、许道勋：《唐太宗传》，第401—402页。

3　王钦若等：《册府元龟》卷一一五《蒐狩》，第1261页。

(八) 毁即位坛

也许庄宗与文官之间最激烈的文化冲突是摧毁即位坛一事，也就在不到两年之前，他在这里即位为大唐皇帝。[1]同光三年 (925) 一月，他驻跸魏州，这是他征服梁朝后第一次驾幸此地，不久，定州节度使王都也来此盘桓几天，跟他会面。在一顿丰盛的宴会后，皇帝想跟这位姻亲挚友打马球。这项运动几百年前就从内亚传入中国，但只流行于西北地区的上流社会，成为各民族之间交往的桥梁。[2]

在此之前，庄宗有欠考虑，他登基之前要求把魏州球场改建为即位坛，而此时他又命令把即位坛还原成球场。当时的魏州长官乃东都副留守张宪，他已追随晋王多年，当初的胡柳之役，他与侄子差点死于乱军之中，而此时，他以同样顽强不屈的态度向皇帝进谏道："即位坛，王者所以兴也。汉鄗南、魏繁阳坛，至今皆在，不可毁。"张宪本来已经开始在其他地方另建一个球场，但几天未成，庄宗大怒，令人毁掉即位坛来当球场。张宪对郭崇韬叹气道："此不祥之兆也！"[3]郭崇韬也就此事劝谏过庄宗，但毫无效果。对皇帝而言，有关球场的争执已经演变为原则性问题。

过去，皇帝一直痴迷于各种能证明自己乃唐朝正统的抽象

1　见王钦若等：《册府元龟》卷一一一《宴享三》，第1207页。

2　Benn, *China's Golden Age*, pp. 172 — 173.

3　以上引文见欧阳修：《新五代史》卷二八《张宪传》，第312页；另见薛居正等：《旧五代史》卷三二《庄宗纪六》，第445页；卷六九《张宪传》，第912页；司马光等：《资治通鉴》卷二七三，同光三年正月庚子条，第8930页。

标志，故很难想象他会对即位坛这种能有力证明他与唐朝联系的证据如此轻视；同样不可思议的是，他会如此忽视自己留下的历史遗迹。庄宗曾长期驻足于魏州，故魏州球场乃是他运动之所，也是他进行社交应酬的地方，他肯定对之产生了一种怀旧之情，而这种情感张宪是完全不能理解的。张宪与庄宗的分歧在其他事情上也能体现，此点容后再述。[1]可悲的是，皇帝对这些事情都反应过激了。此前，庄宗曾因小过欲杀李严，孟知祥立即劝阻道："不宜以喜怒杀人，恐失士大夫心。"[2]孟知祥也是庄宗的姻亲挚友，他的话是有先见之明的，但没有多少人能如他那样对庄宗如此坦率。

（九）夷狄之俗

即位坛的争议具有高度的象征性意义，因为它是过去一年里皇帝无视汉人政治与信仰传统的各种事件中最具代表性的一件。同光二年(924)七月，皇帝到洛阳南面的雷山"赛天神"。[3]这些活动被相关的史书蔑称为"北俗"，即夷狄风俗。几百年后在蒙古人的统治下，诸如"天父""长生天"等，将成为皇室宗亲宗教活动的重要崇拜对象。[4]沙陀不可能是这些宗教符号的创造者，他们仅仅是从过去继承了这些东西，并让它们在未来得以

1　见司马光等：《资治通鉴》卷二七三，同光三年正月庚子条，第8930页。

2　欧阳修：《新五代史》卷二六《李严传》，第284页。

3　见欧阳修：《新五代史》卷五《庄宗下》，第47页；薛居正等：《旧五代史》卷三二《庄宗纪六》，第438页。

4　Weatherford, Th e Secret History of the Mongol Queens, pp. 20 — 21.

延续。对神和幽灵的崇拜是沙陀人多神信仰体系里的重要组成部分,所以"赛雷山"之俗乃是皇帝与其宗教传承相联系的重要途径。对文官而言,把不同的宗教传统混为一体是有问题的,故在他们眼中,庄宗此举忽视了他自己身为皇帝的责任。

就在这次出行和有争议的宗教活动前二十天,一连串的自然灾害突袭了开封。开封郊区刮起狂风,将树木连根拔起,并横扫了当地的农田。与此同时,曹州附近下起暴雨,"平地水深三尺"[1]。看似天灾肆虐,实则源自人祸,将近两年前梁军挖开黄河堤坝,造成这里水患连年。[2]一连串的天灾也让皇帝十分忧虑,故他亲下手书询问宰相豆卢革等。豆卢革不知所对,唯老生常谈曰:"水旱,天之常道,不足忧也。"[3]由于暴雨造成的水灾愈加严重,而宰相能力又不足,庄宗只能求助于传统礼俗,"置水于城门,以禳荧惑"[4]。尽管最近几个月里豆卢革和韦说两名宰相办砸的事情很多,但庄宗依然留任这对活宝,这实在让人不解。

《新五代史》中描写庄宗以这种不合时宜的礼俗来安抚上天的条目下,徐无党注释曰:"本纪书灾不书异,荧惑为置水,非礼书尔,见其有惧祸之意,而不知畏天以修德。"[5]当时的官员和后来有类似观点的史学家都认为,皇帝只有在其生活的三

1　薛居正等:《旧五代史》卷三二《庄宗纪六》,第438页。

2　见司马光等:《资治通鉴》卷二七三,同光二年七月甲辰条,第8923页。

3　欧阳修:《新五代史》卷二八《豆卢革传》,第302页。

4　欧阳修:《新五代史》卷五《庄宗下》,第48页。译者按:宰相固然是庸碌无能不给力,但豆卢革此语之前,有"今西兵破蜀"等语,当在同光三年(925)末,不过这也间接说明,水灾延续了一年有余。

5　欧阳修:《新五代史》卷五《庄宗下》,第48页。

个层面——个人、政治和礼仪——都能小心谨慎,天灾才会平息,但在这次事件中,皇帝无一善举。十一月二十四日,镇州发生了一场规模不算太大的地震。[1]在此之前几天,他加封了自己的几位夫人,而地震几天之后,他又到西苑打猎,这些事情都说明,他对子民的困境漠不关心。[2]自古以来,天灾会让朝廷大赦天下,以免老百姓为环境所迫,落草为寇。[3]奇怪的是,同光皇帝的最后一份赦令乃是在同光二年(924)二月颁布的,也就是在自然灾害发展到最严重之前。[4]当然,赦令太多也不一定是好事,他的继任者会懂得这个道理。[5]

(十)万寿节

天子的生日被称为"万寿节",这是一个全国上下普天同庆的节日,尤其是在洛阳这一皇帝、朝廷所在地。庄宗生于唐光启元年十月二十二日,即公元885年12月2日。一年前他的生日刚好在唐军攻陷开封十二天后,而这一次同光二年(924)的生日他是在洛阳城里过的。这是他四十岁的生日,按照儒家的话说,他已到不惑之年,故对他来说十分重要。而此刻,国境内外都相对太平,这在五代十分罕见。宫廷里伶人乐工的表演拉开

1　见王溥:《五代会要》卷一〇《地震》,第172页。

2　见薛居正等:《旧五代史》卷三二《庄宗纪六》,第443—444页。

3　见欧阳修:《新五代史》卷五七《张允传》,第659—660页。

4　见欧阳修:《新五代史》卷五《庄宗下》,第47页。

5　见欧阳修:《新五代史》卷六《明宗纪》,第66—67页;卷五七《张允传》,第659—660页;司马光:《资治通鉴》卷一九二,贞观二年七月条,第6055页;戴仁柱著,刘广丰译:《从草原到中原》,第206—208页。

了欢庆的序幕，之后，皇帝批准在神圣的嵩山举行一个为他庆生的宗教庆典。嵩山是消遣的热门景点，深得当地名人的喜爱，如河南尹张全义就是如此。皇帝同意了张全义的提议，"于嵩山开瑠璃戒坛，度僧百人"[1]。

当年末，庄宗到龙门佛寺祈雪，该地以佛教石刻著称。[2]他有意利用佛教和道教来证明自己的政治合法性，这也是很多唐朝皇帝的做法，此外，他还会加上自己文化中的多神崇拜因素，比如祈雪。刘皇后崇信佛教，而皇帝则兼容并蓄，把多种宗教信仰混而为一，这对正统的儒家士大夫而言并非什么好的兆头。[3]皇帝把他们留在京城，自己长途跋涉跨越整个洛阳郊区，此时大臣们肯定哀叹他们对皇帝的影响力正进一步减弱，因为他们的宗教视野远不如同光皇帝宽广，而所谓"同光"，就是承诺对各种不同人群的包容，这种包容跨越了种族、阶级，以及更为重要的信仰。

同光三年（925）正月初二，即庄宗四十大寿的两个月后，他为敬爱的母亲曹太后贺寿。这次生日宴会在华丽的嘉庆殿举行，但只邀请了宗室成员及其亲属，并没有邀请朝中大臣、皇帝的好友，以及其他皇亲国戚。[4]这是曹太后第一次在京城过生日，但气氛却异常沉寂，这与她年事已高、身体每况愈下有关。

1　薛居正等：《旧五代史》卷三二《庄宗纪六》，第442页。
2　见薛居正等：《旧五代史》卷三二《庄宗纪六》，第444页。
3　见欧阳修：《新五代史》卷一四《庄宗皇后刘氏传》，第144页。
4　见王钦若等：《册府元龟》卷一一一《宴享三》，第1207页。

给曹太后过完生日几天后,皇帝就去魏州度假了,如前所述,他在那里因即位坛之事与当地官员产生了分歧。

同光二年(924)末,皇帝的社交圈大幅收窄,只限于旧时战友和宫中挚友。有一件事能说明他在疏远文官大臣,这是他一次在宫中消遣的小插曲。当时,他邀请群臣在宫中饮宴,酒到酣处,他讲述生平作战经历以作笑谈,此时他发现义子元行钦不在。有司解释道:"奉敕宴使相,绍荣散官,不得与也。"庄宗听到后很不高兴,立即终止了宴会,并在第二天拜元行钦为同中书门下平章事。庄宗甚至驾幸他的府邸,以对他表达罕有的敬意。从此以后,只有武将会被邀请参与宫廷宴会,这彻底违背了唐朝的规矩,那时,文官才是宴客名单上的主角。[1]文官参与皇帝生活的次数逐渐减少,这种趋势在唐朝末年就已经出现了,可同光皇帝并没有尝试去扭转这种趋势。不幸的是,文官的幻灭会在其他地方产生反响,包括一个庄宗赖以生存的群体——军事精英。

八、兄弟不和

除了郭崇韬之外,同光朝早期最有价值的军官,是庄宗的义兄李嗣源。当同光二年(924)四月潞州发生叛乱时,庄宗把平乱的重任交给了李嗣源和义子元行钦。叛乱元凶杨立从前是潞

---

[1] 见欧阳修:《新五代史》卷二五《元行钦传》,第271页;王钦若等:《册府元龟》卷一一一《宴享三》,第1207页。

州叛将李继韬属下的军官，后者在不久前刚被朝廷诛杀。[1]杨立是趁朝廷征潞州兵戍守涿州（今河北涿州）时煽动叛乱的，其理由是"朝廷驱我辈投之绝塞"。鉴于其他地方也发生过类似的事情，故这种抱怨有一定的正当性，但杨立主公李继韬之死很可能才是他对朝廷离心离德的真正原因。[2]在李嗣源到达潞州之前，叛乱就已经被平定了，但平叛的消息是由他正式上奏朝廷的，所以他获得了大部分的功劳。[3]六月份，他被晋升为宣武节度使，同时代替已故的李存审成为蕃汉内外马步总管。[4]蕃汉军乃沙陀军事力量的核心所在，而开封则是前朝朱梁的发迹之地。李嗣源此刻的任命可以说是太好了，以致让朝廷感到不安，可这只是一种偶然，并非有人故意为之。

至同光二年（924）时，能对后唐边疆构成严重威胁的只有契丹，这是李嗣源地位得以提升的另一个原因。[5]最早从三月份开始，契丹就袭击了后唐的东北边地，而类似的袭击在下半年也会零星出现。契丹人并没有击退中央王朝强大的军队，反而在不久前被他们击败，于是他们转而攻击长城以北、以东地区的弱国。就这样，一些小国不得不屈服于他们的威势，除了地处

1　见欧阳修：《新五代史》卷六《明宗纪》，第55页；薛居正等：《旧五代史》卷三一《庄宗纪五》，第434页；卷三二《庄宗纪六》，第436页；司马光等：《资治通鉴》卷二七三，同光二年四月庚辰条，第8919页；五月戊申条，第8921页；六月丙子条，第8922页。

2　见司马光等：《资治通鉴》卷二七三，同光二年四月庚辰条，第8919页。

3　见司马光等：《资治通鉴》卷二七三，同光二年六月丙子条，第8922页。

4　见司马光等：《资治通鉴》卷二七三，同光二年六月壬辰条，第8923页。

5　见薛居正等：《旧五代史》卷三一《庄宗纪五》，第430—431页；司马光等：《资治通鉴》卷二七三，同光二年三月乙巳条，第8916—8917页；十二月己巳条，第8928页；戴仁柱著，刘广丰译：《从草原到中原》，第78—82页。

海边的渤海国。北方敌人的疯狂扩张让沙陀人逐步与内亚隔绝，这一重要因素让他们一旦被踢下政治舞台，就会被同化、融合，最终销声匿迹。[1]

随着沙陀人过度投入中原舞台，契丹开始攻击长城以南的地区，十二月，兵锋直指幽州，也就是从前的燕国。经验老到的李嗣源被命令从宿卫军中点三万七千人前往抵御，尽管大军压境，事态紧急，但他还是在两个月内将契丹驱逐出境，并俘获了三十名将领。[2]在派遣李嗣源出发北征之前，庄宗亲自到他家设宴，可能是探讨边疆事务，以及一些没有解决的私人问题。[3]

庄宗和李嗣源之间的矛盾源于长久以来的猜忌，后者的风头日盛也会激化矛盾。在同光三年（925）击败契丹后，李嗣源被移镇镇州，这里是黄河北岸的陪都。[4]这使他更接近北方边疆，他作为沙场宿将的威望可能会作为原因写在诏令上，其他问题也会在其中起一定作用。据史料记载，李嗣源曾请求把他的养子李从珂任命到晋阳，以照顾他留在那里的家人。这个小小的请求引起庄宗无理的嘲笑："嗣源握兵权，居大镇，军政在吾，安得为其子奏请！"李嗣源于是上章解释，但这份奏章或交由文官处理，或被挑事者阻拦。不久后，他要求直接觐见皇帝。[5]庄

1　见司马光等：《资治通鉴》卷二七三，同光二年七月庚申条，第8923页。

2　见薛居正等：《旧五代史》卷三二《庄宗纪六》，第444—445页。

3　见王钦若等：《册府元龟》卷一一一《宴享三》，第1207页。

4　见薛居正等：《旧五代史》卷三二《庄宗纪六》，第445页；司马光等：《资治通鉴》卷二七三，同光三年二月丙子条，第8930页。

5　见司马光等：《资治通鉴》卷二七三，同光三年三月丁酉条，第8931页。

宗不但没有允许，还把李嗣源的养子贬官，令其戍边。这本来只是一件小事，但就是因为李嗣源卷入其中，让其具有高度的象征性意义。

另一件更严重违反军规的事发生在同光三年（925）初抗击契丹的战争中。就在上年年底李嗣源出发北征，路过魏州时，他在副留守张宪的帮助下自魏州库藏中取出五百副盔甲分给手下将士。此人正是后来阻止皇帝毁即位坛的张宪，不过这两件事并不相关。[1]李嗣源拿走五百副细铠一事，并没有按军规上报洛阳朝廷，等皇帝来到魏州后知道此事，认为张宪此举自作主张，于是罚俸一月以作惩戒，还让他自己到李嗣源军中把五百副细铠要回来。[2]毫无疑问，正是由于李嗣源牵涉其中，张宪的行为被上纲上线了。毕竟，这样破例分发盔甲，实际上就是用皇帝的钱来为李嗣源收买高级军官的人心。就这样，张宪这位一直喜欢为皇帝进言的官员，此刻却被认为站在了他的对立面。

李嗣源与皇帝之间的嫌隙已经是公开的秘密，因此，枢密使郭崇韬密请庄宗把李嗣源召回京城当宿卫，并罢其兵权。就当时的历史而言，被召回京城的威胁就足以让很多将领走上叛逆之路，因为释兵权之后往往就是流放或者处死。庄宗拒绝了这个请求，也许是担心闹出更大的乱子，尽管有一条史料认为这是他政治幼稚的表现。据说郭崇韬曾向友人暗示他的担忧，

1　见欧阳修：《新五代史》卷二八《张宪传》，第312页。
2　见司马光等：《资治通鉴》卷二七三，同光三年正月庚戌条，第8930页。

害怕皇帝没有对其义兄所带来的威胁引起足够的重视,他说:"总管令公非久为人下者,皇家子弟皆不及也。"这句微妙的话显然贬低了皇室中的每一个人,包括皇帝。[1]《资治通鉴》中记载的郭崇韬的这句评语可谓一针见血,价值无量,因为它揭示出二人之间时好时坏、难以捉摸的情感。

大多数史料都把庄宗刻画成心胸狭窄之辈,他极其缺乏安全感,以致让双方的关系不断恶化,就像唐太宗的长子李承乾一样。但如果对李嗣源的猜忌是来自郭崇韬的话,那前者在这一年中跌宕起伏的命运很可能反映出朝廷高层对他的不同处理方式,换言之,皇帝对他是一种态度,枢密使则是另一种。那样的话,同光三年 (925) 初对李嗣源权力的削减乃是郭崇韬的杰作,而几个月后他兼任北面水陆转运使,权力进一步扩张,却是皇帝之意。到九月份,这位强大的兄弟控制了东北地区的财政与军事大权,成为从镇州到幽州所有军队的总管。[2]讽刺的是,如此大权集于李嗣源一身,既抬高他的地位,也让他危机重重,但他若想急流勇退,是万无可能的了。

九、任性妄为

不幸的是,牵制李嗣源最好的办法是什么,并非郭崇韬与

1　见司马光等:《资治通鉴》卷二七三,同光三年三月丁酉条,第8932页。
2　见薛居正等:《旧五代史》卷三二《庄宗纪六》,第448页。

皇帝有分歧和摩擦的唯一问题。在一年多的时间里，两人为各种财政浪费争论不休，而他们最开始所争论的，就是是否要免除一名声名狼藉之辈的大量债务。梁将段凝在投降后唐后，立即向庄宗献媚，以博取他"甚亲爱之"。段凝随后被任命为泰宁节度使，他在短短一个多月内居然用掉了几十万库钱，中饱私囊。[1]当有司要求他偿还时，皇帝介入，并免除了他所有债务。这给人留下了庄宗偏私的印象，且因此轻视了自己的财政责任，这两个问题在他的统治中会反复出现。庄宗免除段凝的债务本来就引起了不少争议，可与此同时，朝廷又出台了另一个不受欢迎的计划，那就是给私人借贷，并由此获得额外的收益，而这些收益估计是来自过高的利率。[2]这种操作说明，后唐王朝的财政根本经不起几次像段凝事件这样的折腾。

同光三年（925）早期，庄宗与枢密使的关系持续紧张，这主要由庄宗的一些铺张浪费和主次不分的行为引起。皇帝兴致高涨时会装腔作势、自吹自擂。他在魏州驻跸一段时间后，于三月份离开并回到洛阳，途中重游了当年黄河沿岸的主要战场，从德胜寨到杨村再到戚城（三地均在今河南濮阳），这些地方还散落着战争年代的遗迹和遗存。他爬上城墙俯视昔日的战场，与群臣指点江山，回味着往日的战斗、行军和战略部署，是日最终欢宴而罢。[3]

1　见欧阳修：《新五代史》卷四五《段凝传》，第498页。
2　见司马光等：《资治通鉴》卷二七三，同光二年四月乙亥条，第8919页。
3　见司马光等：《资治通鉴》卷二七三，同光三年三月己酉条，第8932页。

在庄宗的行程上有很多类似的露面活动，但另一方面，他和皇后却不愿每年回代州亲自为父亲李克用扫墓。皇帝只在洛阳郊区进行象征性的祭祀，并把去代北扫墓之事交予奴婢。被派去扫墓的一名婢女侵扰百姓的行为让代州刺史王建立十分不满，故要惩治她。王建立鞭笞了婢女，但庄宗知道此事后怒火中烧，差点要杀掉这位刺史——他再次因为一件小事而让自己形象大跌，这对他来说将是一场噩梦。[1]与此同时，中原地区出现了日蚀现象，这是十年以来的第一次，不过这件事也没有让庄宗有所收敛。[2]

李存勖沉迷于赌博，当初他当晋王的时候，宦官张承业就曾因此与他发生过矛盾，而如今枢密使郭崇韬也要面对同样的问题。[3]庄宗曾经承认，他一次疯狂的赌博可以花费十余万缗。[4]此外，他什么事都可以拿来做赌注。在同光二年（924）一次与义兄李存贤进行的摔角比赛中，他以节度使之位作赌注，自信自己不会输，因为他的角觝技术很高。但令人惊讶的是，义兄取胜了，并因此被任命为幽州节度使。皇帝声言"吾不食言矣"，可把全国最重要的战略重镇交给一位最出色的搏击高手，这定会让群臣大吃一惊。[5]赌博和打赌只是庄宗的个人嗜好，一般百

1　见欧阳修：《新五代史》卷四六《王建立传》，第512页。

2　见王溥：《五代会要》卷一〇《日蚀》，第173页。

3　见欧阳修：《新五代史》卷三八《张承业传》，第404页。

4　见欧阳修：《新五代史》卷二八《张宪传》，第312页。

5　见欧阳修：《新五代史》卷三六《李存贤传》，第395—396页；司马光等：《资治通鉴》卷二七三，同光二年三月丙午条，第8917页。

姓是看不到的。可后唐迁都洛阳后，宫殿楼阁如雨后春笋般出现在京城里，这让庄宗民心大失，并付出更大的代价。

十、眼见他，起高楼

同光三年(925)三月，宫中宦官抱怨半夜常有鬼哭狼嚎之声，并将原因归咎为宫中人气不足："臣昔逮事咸通、乾符天子，当是时，六宫贵贱不减万人。今掖庭太半空虚，故鬼物游之耳。"[1]实际上，宦官对唐朝后宫生活的描述恐怕不能代表这整个朝代，因为唐朝早期的统治者也曾缩减后宫的规模。[2]然而，庄宗无视了唐朝开创者睿智的节制之举，反而攀比晚唐时期的皇帝，为自己的后宫强纳了一千名女性，哪怕地方官员怨声载道也要一意孤行。[3]

除了鼓励皇帝增加后宫人数外，有些宦官还支持皇帝进一步装点京城的土地，他们说道："臣见长安全盛时，大明、兴庆宫楼阁百数。今大内不及故时卿相家。"[4]长安作为唐朝首都，无论在规模上还是富庶程度上都要远超洛阳，这使任何在洛阳的有限条件下复制长安繁华的尝试，都显得十分荒唐。但在宦官这种错误信息的误导下，庄宗还是要在洛阳城中心建一座高

1　司马光等：《资治通鉴》卷二七三，同光三年三月己酉条，第8932页。
2　见刘昫等：《旧唐书》卷二《太宗上》，第36页。
3　见欧阳修：《新五代史》卷三七《伶官传》，第400页；司马光等：《资治通鉴》卷二七三，同光三年三月己酉条，第8932页。
4　欧阳修：《新五代史》卷二四《郭崇韬传》，第248页。

楼,其理由则是"宫中暑湿不可居"。他显然知道郭崇韬会反对此事,故派人给他传话,以试探他的口风:

> 昔吾与梁对垒于河上,虽祁寒盛暑,被甲跨马,不以为劳。今居深宫,荫广厦,不胜其热,何也?

郭崇韬作出回应,请求庄宗在私人生活上更加自律,他道:

> 陛下昔以天下为心,今以一身为意,艰难逸豫,为虑不同,其势自然也。愿陛下无忘创业之难,常如河上,则可使繁暑坐变清凉。[1]

其实,当郭崇韬给出回应时,庄宗已经在招募工人开工了。这座高楼的建设最终还会继续,而皇帝也承诺用自己的内库作为建设经费。这项工程花费实在太多,据记载,当时"日役万人,所费巨万"[2]。

皇帝只把这件事当作公私问题,也就是建此高楼是由朝廷出钱还是他自己出钱,他没有意识到这种铺张浪费的行为背后所象征的意义远不止钱这么简单。此外,暑热难当也不能成为他起高楼的理由:当年春夏确实大旱,但自六月开始就暴雨连

---

1 以上引文见欧阳修:《新五代史》卷二四《郭崇韬传》,第248—249页。
2 司马光等:《资治通鉴》卷二七三,同光三年六月壬申条,第8934页。

连，持续了七十五天！[1]在此期间，洛水暴涨，毁坏了入城的主要桥梁天津桥。朝廷公务也因此受到影响，朝会变为三天一次，因为官员要乘船才能抵达皇宫。[2]尽管如此，高楼的建设在夏天的暴雨中依然持续着。

此类浪费行为让人回想起隋朝的第二位皇帝——隋炀帝杨广（604—617年在位），他也曾不计成本地营建东都洛阳。[3]当时的洛阳，城墙延绵三十公里，每个细节都被打造得富丽堂皇，差点就能与一代之前由其父亲杨坚重建的长安相媲美。意气风发的隋炀帝亲自写诗庆贺洛阳重建，城中宫殿雕梁画栋，宫中乐工舞伎载歌载舞，以款待宾客。[4]但营建洛阳的重担再加上其他因素，最终激起了民愤，于是百姓造反，军队哗变，而此时离隋朝建立不过三十年矣。李唐皇室成为隋炀帝穷奢极侈的最大受益者，他们在各地反抗隋朝的大潮中崛起，并最终取而代之，成为这些宫殿的主人；隋炀帝则为营建这些宫殿付出了血的代价。这才过去短短三百年，同光皇帝对历史的无视实在让人难以理解，他所要营建的洛阳，正是当初让隋朝百姓与其皇帝离心离德的地方。

1　见薛居正等：《旧五代史》卷三二《庄宗纪六》，第449页；司马光等：《资治通鉴》卷二七三，同光三年九月辛丑条，第8937条。

2　见王溥：《五代会要》卷一一《水溢》，第180页。

3　见司马光等：《资治通鉴》卷一九三，贞观四年六月乙卯条，第6079页；袁刚：《隋炀帝传》，第270—276页；*Cambridge History of China, Vol. 3,* pp. 133—134。

4　见袁刚：《隋炀帝传》，第420—435页。

第四章 雨急风骤

後唐莊宗像

主不可以怒而兴师,将不可以愠而致战。

怒可以复喜,愠可以复悦;亡国不可以复存,死者不可以复生。

——《孙子兵法·火攻篇》

一、母丧

（一）太妃之死

对研究五代的史学家来说，这一阶段的皇室或宗室形象大多是负面的，正如欧阳修写道："五代之际，君君臣臣父父子子之道乖，而宗庙、朝廷，人鬼皆失其序，斯可谓乱世者欤！"[1]梁祖朱温就是被自己的私生子所弑，手足相残的戏码也不断在南方诸国上演。[2]统治家族的道德水平远低于平民家庭，主要是因为他们先后受到权力和财富的腐蚀，但沙陀李氏的道德水准在李克用治下时超过了当时任何一个政治团体，起码在他生前是这样的。

李克用的正室，太妃刘氏在同光三年（925）五月初六薨于晋阳，此时距曹太后迁居洛阳仅一年有余。[3]这两位女性共同生活了四十多年，关系莫逆，连《新五代史》都把她们放在同一传中，该书用诗歌般的语言来描述她们之间牢不可破的关系：

> 太妃与太后甚相爱，其送太后于洛也，涕泣而别，归而相思慕，遂至不起。太后闻之，欲驰至晋阳视疾，及其卒也，又欲自往葬之，庄宗泣谏，群臣交

1　欧阳修：《新五代史》卷一六《唐废帝家人传·论》，第173页。
2　见欧阳修：《新五代史》卷一三《朱友文传》，第136—138页；卷六五《南汉世家》，第809—819页；卷六八《闽世家》，第845—854页。
3　见欧阳修：《新五代史》卷五《庄宗下》，第49页；卷一四《唐太祖正室刘氏及次妃曹氏传》，第141—143页；薛居正等：《旧五代史》卷三二《庄宗纪六》，第448页。

章请留，乃止。[1]

她们的关系没有像一般的皇帝正妻和侧室那样相互妒忌，尤其是侧室生有皇子，而正妻无嗣时；事实上，曹太后还是一位多子的母亲。上引《新五代史》中，把刘太妃长达一年多的疾病归因于她对挚友的朝思暮想，另一条来自《资治通鉴》的史料则指出，曹太后迁居洛阳之后，"常忽忽不乐"，这肯定了两位女性之间的感情是相互的，刘太妃年纪更大，她的薨逝，既是因为年事渐高，也是因为孤独寂寞。

曹太后先后派出多位御医到晋阳医治太妃，而当刘太妃病情恶化的消息传到洛阳后，她甚至打算亲身到晋阳去探望。曹太后语带乞求地对儿子说道："吾与太妃恩如兄弟。"[2]庄宗以天气恶劣、道路遥远崎岖为由劝阻母亲。大臣们也恳求太后不要成行，显然他们是得到皇帝指示的。皇帝拿出折中的方案，派皇弟李存渥省视刘太妃，可他还没来得及动身，太妃薨逝的噩耗已经传来。皇帝及大臣不得不再一次劝阻曹太后亲自到晋阳为太妃奔丧，也不让她出席最后在魏州的下葬仪式，皇帝自己也同样没出席嫡母的葬礼。

皇室选择在洛阳为刘太妃行服，同时宣布辍朝五日。[3]庄宗

---

1   引文欧阳修：《新五代史》卷一四《唐太祖正室刘氏及次妃曹氏传》，第142—143页；另见薛居正：《旧五代史》卷四九《贞简曹皇后传》，第672页。

2   司马光等：《资治通鉴》卷二七三，同光三年五月丁酉条，第8933页。

3   见薛居正：《旧五代史》卷三二《庄宗纪六》，第448页；司马光等：《资治通鉴》卷二七三，同光三年五月丁酉条，第8933页。

决定把刘太妃安葬在邺都魏州，而非她丈夫身边（代州）。这令人不解，因为两年前她就表达过要与李克用同穴合葬的意愿。刘太妃也没有获得谥号，这是对她的蔑视，并显得十分异常。这些都不能简单归因于皇帝心烦意乱，忘记此事。[1]史料并没有解释皇帝为何如此冷漠，但他的母亲与嫡母之间的真挚感情，可能让儿子在潜意识中产生妒忌，因为他一直对母亲异常敬爱。感情的三角关系同样能够解释李存勖为何在自己迁都洛阳一个月后，就要把曹太后接来，因为这样才能把她和他在感情上的唯一对手彻底分开。

（二）丧母之痛

庄宗对嫡母的感情显然是矛盾的，但在其身后进行报复，只会让生母抑郁难平。两个月之后，即七月十一日，曹太后也驾崩了。[2]据多种史料记载，刘太妃之死，令"太后悲哀不食者累日"[3]。曹太后差不多也有六十岁了，同样患有一些老年病。庄宗自三月份从魏州回来后，就一直侍奉在母亲身边，再没有像以往那样到处旅游狩猎，或经常与亲信饮宴。[4]皇帝行为习惯的突然改变，说明曹太后的身体明显变差。当听到曹太后病重的消

1　见欧阳修：《新五代史》卷一四《唐太祖正室刘氏及次妃曹氏传》，第142页。

2　见司马光等：《资治通鉴》卷二七三，同光三年七月壬寅条，第8935页。

3　引文见司马光等：《资治通鉴》卷二七三，同光三年五月丁酉条，第8933页；另见欧阳修：《新五代史》卷一四《唐太祖正室刘氏及次妃曹氏传》，第143页；薛居正等：《旧五代史》卷四九《贞简曹皇后传》，第672页。

4　见薛居正等：《旧五代史》卷三二《庄宗纪六》，第448—449页。

息后，义兄李嗣源请求进京省视，这也许是其妻子——另一位曹氏提醒他的。皇帝直接拒绝了这一请求，没作过多的解释。[1]

尽管曹太后重病已有两个月——这足以预测最后的结局，可她的离世还是令作为儿子的庄宗悲痛万分。《资治通鉴》记载："帝哀毁过甚，五日方食。"[2]庄宗坚持按照最严格的标准为自己逝去的生母服丧：

> 癸卯（十二日），帝于长寿宫成服，百官于长寿宫幕次成服后，于殿前立班奉慰。[3]

皇帝还因此辍朝七日，比两个月前悼念刘太妃时多两天，直到二十五天后，他才最终释服。庄宗甚至提前举行了大祥之礼，这通常是父母去世两周年的祭典，此后曹太后的神主灵位将会安放在本朝太庙之中。根据唐朝的风俗，皇帝为去世的父母服丧，最长为二十七日，可以说庄宗已经非常接近这些严苛的标准了。[4]在此期间，他不能洗澡、吃肉、喝酒，也不能参加娱乐和体育运动。

释服之日，百官再次来到长寿宫，这里曾是太后的寝宫，如

---

1 见薛居正等：《旧五代史》卷三五《明宗纪一》，第487页；欧阳修：《新五代史》卷六《明宗纪》，第55页；戴仁柱著，刘广丰译：《从草原到中原》，第80—81页。

2 司马光等：《资治通鉴》卷二七三，同光三年七月壬寅条，第8935页。

3 薛居正等：《旧五代史》卷三三《庄宗纪七》，第453页。

4 从七月十二日成服，到八月初七释服，前后共二十五日。另据唐制，皇帝为太后服丧，十三日小祥，二十五日大祥。见薛居正等：《旧五代史》卷三三《庄宗纪七》，第453—454页；王溥：《五代会要》卷八《服纪》，第129—130页；王溥：《唐会要》卷三八《服纪下》，第688页。

今却成了灵堂，百官再次"奉慰"皇帝。[1]在服丧的二十五日内，庄宗显然没有离开过自己的皇宫，至少是皇城的居住区域。朝中事务，不管重要与否都被押后，理由是"曹太后崩"[2]。此时的他是最可爱的，尽管身为天子，但母亲之死让他尽显孝子的本色。此时此刻也跟当年李克用去世时形成鲜明的对比：十七年前父亲逝世后，李存勖亲自率兵反攻父亲的宿敌，他那时是化悲愤为力量，让自己的情感宣泄得到有意义的结果。可丧母之痛会对内造成破坏，因为庄宗压抑着的怒火需要宣泄。可悲的是，他忘记了《孝经》中的名言："立身行道，扬名于后世，以显父母，孝之终也。"[3]他随后的行为却给母亲的名誉造成了伤害。

三个月后，曹太后才最终下葬，并获谥曰"贞简皇太后"。测算吉日下葬皇室人员通常需要几周，甚至是几个月。此外，朝廷还得花时间建一座配得上王朝国母的陵寝，与唐朝不同的是，五代时期的帝后陵寝很少在他们生前营建，因为这些王朝都很短命，而且财政紧张。陵寝选址问题会更加复杂，但奇怪的是，这件事在太后生前没有做，至少没有公开做。皇帝最初本想把母亲安葬在代北的父陵寝旁，这可能也是曹太后所想的，因为她也是晋阳本地人。这一推测也能解释庄宗为何把刘太妃安葬在魏州，因为他要把代州陵寝的位置腾出来，留给自己那由次妃变成太后的母亲。

1　见薛居正等：《旧五代史》卷三三《庄宗纪七》，第454页。

2　欧阳修：《新五代史》卷五六《卢质传》，第643页。

3　《孝经·开宗明义章第一》，四部丛刊本，上海：上海商务印书馆，1929年，第3页。

母子二人对陵寝选址的想法最终落空了，因为中书征引古代帝皇惯例，要求庄宗将太后葬在洛阳，他们说："天子以四海为家，不当分南北。"[1]中书提到洛阳的历史重要性，它是很多朝代的都城，附近有数不尽的帝后陵寝；同时，若太后陵寝定在代北，那么岁时扫祭均需长途跋涉，极不方便。他们甚至还提到拓跋鲜卑建立的北魏 (386—535)，自孝文帝迁都洛阳后，陵寝也都在河南，而非他们的代北老家。[2]

皇帝最终被说服了，他决定把曹太后安葬在洛阳，并安排他的亲信挚友张全义为"山陵桥道排顿使"，负责清除陵寝沿路的障碍物。[3]这个决定揭示出母子之间独特的感情联系：为了让自己与母亲的遗体更加亲近，庄宗彻底把曹太后与她的家乡，以及她在河东的亲朋好友分开。这也凸显出庄宗决心将后唐王朝建设成统治中原地区的主流王朝，他把母亲安葬在洛阳，就说明他的家族将会永远定居在中原腹地这个具有历史意义的地方。此地之显赫，亦与母亲的身份相配，总有一天，他和他的子孙后代会在这些庄严的山陵中与曹太后相见的。

对皇帝而言，留下政治遗产的长远考虑，跟此时此刻的丧母之痛交织在一起，将会把同光三年 (925) 的七月变成实实在在的梦魇。如前文所述，在曹太后驾崩前几周，王朝境内暴雨连连，不止不休。黄河水上涨一丈五尺，且由于附近河流决堤，西

1　薛居正等：《旧五代史》卷三三《庄宗纪七》，第458页。
2　见王溥：《五代会要》卷四《皇后陵》，第60页。
3　见薛居正等：《旧五代史》卷三三《庄宗纪七》，第453页。

北地区有些城镇的城墙甚至都不能阻挡水势。[1]暴雨在国丧的几周里并没有停止,而这也会延缓陵寝修建的进度。在曹太后驾崩三天后,大臣就请求庄宗视朝;到第七天时,他们再次作出请求。当时的这些请求都只是出于礼节,尽管相隔时间很短。对西南蜀国的征讨在大臣的压力下已经拖了一年多,在当年春天的时候,庄宗还在计划此事,但到了夏末之时,军队已经在动员了——若在平时,武士出身的庄宗肯定会对这类行动兴奋莫名,但如今只能让他在丧母的悲伤中稍微分散一下注意力。

(三) 罗贯之冤

庄宗在与外界隔绝一个月后的第一次出行,是去京城西南,洛水岸边的寿安县(今河南宜阳),此处是他给母亲修建陵寝的地方。可庄宗在这短短三四十公里的旅途中遇上了由非季节性的潮湿天气引发的泥石流,这使他与地方官员发生了一次难看的冲突。皇帝还无法直面母亲的离世,因此他把自己的无名火倾泻到河南县令罗贯身上——就算罗贯有所疏忽,也不至承受如此怒火。此事及事后皇帝与郭崇韬的交流被《新五代史》完全记录下来,成为他缺乏判断能力和自控能力的典型事例,也使其政治形象大损。记录如下:

皇太后崩,葬坤陵,陵在寿安,庄宗幸陵作所,而

1　见薛居正等:《旧五代史》卷三三《庄宗纪七》,第454—455页。

道路泥涂,桥坏。庄宗止舆问:"谁主者?"宦官曰:"属河南。"因亟召贯,贯至,对曰:"臣初不奉诏,请诘主者。"庄宗曰:"尔之所部,复问何人!"即下贯狱,狱吏榜掠,体无完肤。明日,传诏杀之。崇韬谏曰:"贯罪无它,桥道不修,法不当死。"庄宗怒曰:"太后灵驾将发,天子车舆往来,桥道不修,卿言无罪,是朋党也!"崇韬曰:"贯虽有罪,当具狱行法于有司。陛下以万乘之尊,怒一县令,使天下之人,言陛下用法不公,臣等之过也。"[1]

就在郭崇韬想继续劝谏时,庄宗已拂袖而起,往宫中走去,并关上宫门以示拒绝。罗贯在八月二十三日被处决,即曹太后驾崩五周之后。他被曝尸于河南府门外,作为对其他人的教训。[2] 庄宗如此着急要处死罗贯,不禁让人质疑他的动机,而非判断。

诚然,正如郭崇韬所言,就算罗贯有所疏忽,也罪不至死,所以后世的历史学家都关注到皇帝怒火背后所暗藏的动机,这当中涉及整个京城的腐败网络。据《新五代史》记载,河南尹张全义在当地权势滔天,"县令多出其门,全义厮养畜之",这一网络自唐末出现一直延续至五代。[3] 罗贯乃其治下县令,却拒绝与

---

1 引文见欧阳修:《新五代史》卷二四《郭崇韬传》,第249页;另见薛居正等:《旧五代史》卷七一《罗贯传》,第943页。

2 见薛居正等:《旧五代史》卷七一《罗贯传》,第942—943页;司马光等:《资治通鉴》卷二七三,同光三年八月癸未条,第8935—8936页。

3 引文见欧阳修:《新五代史》卷二四《郭崇韬传》,第249页;另见薛居正等:《旧五代史》卷六三《张全义传》,第843页。

之合作，反而协助郭崇韬严密防范张全义集团的贪腐行为，同时将这棵腐败的大树连根拔起。"宦官、伶人有所请求，书积几案，一不以报，皆以示崇韬。崇韬数以为言，宦官、伶人由此切齿。"[1]最终，张全义绕过枢密使，直接利用他在宫中的关系——特别是他的义女刘皇后，向庄宗告状。

如此说来，庄宗其实是在等一个机会铲除这个妨碍朝廷腐败的官员，他对桥道不修的愤怒，只不过是一个借口，或是受到身边亲信挑唆。郭崇韬因为罗贯辩护而被指控为"朋党"，这说明皇帝怀疑他对罗贯有所偏私。但无论如何，脱离皇帝的个人生活来讨论他的怒火，这是不公平的——丧母之痛足以让一个人的行为变得不合常理，因为当这位母亲去世时，孩子也已步入中年，他会由此意识到自己并非真的万岁。而对于一个嗜酒如命的人来说，因服丧而放弃饮酒，同样让他的脾气变得复杂难懂，更何况，就算庄宗处于最佳状态，他的性格也是不完美的。由前文可知：庄宗外出狩猎时，因践踏民田而被中牟县令劝阻，他差点为此杀了这位县令。[2]这两件事都说明皇帝的行为模式跟他的恶习无关，而是跟他的火爆脾气有关。曹太后下葬的时候，郭崇韬已经带着其他任务离开京城了。如若他与庄宗一起出席曹太后的葬礼，那将会非常尴尬，因为唯一一位能够压制庄宗的脾气、使他不至于失态的人，已经离开他们了。

1　引文见欧阳修：《新五代史》卷二四《郭崇韬传》，第249页；另见薛居正等：《旧五代史》卷七一《罗贯传》，第942—943页。

2　见欧阳修：《新五代史》卷三七《伶官传》，第399页。

二、中宫

(一) 出身卑微

讽刺的是,令皇帝越来越不信任郭崇韬的,正是一年前在其支持下成为皇后的女人。她在宫中十分强势,不过皇宫历来都不乏此类;她的个人行径和政治行为,将会成为这个时代人们的谈资。因为对庄宗朝的历史修撰是从明宗朝才开始的,后者又需要有足够的理由来证明其对庄宗亲属的清洗乃正当合理之举,故他对这段历史的扭曲和修饰在所难免。[1]但这些史书中的画面依然保留着一种价值观,它是对这整个朝代作出判断的基础,其中刘皇后在这段历史中留下的印记俯拾皆是。

与李克用和李存勖其他被记录在史书中的后妃相比,刘皇后的出身背景肯定是最卑微的,这一点让她十分敏感。她的父亲是魏州附近一个县里的江湖郎中,留着黄色的胡须,也会一点占卜之道。李克用曾对当地进行过一次袭击,她应该也是在这次战乱中与父亲失散的,当时不过六岁。沙陀军随后把她送到晋阳,她在那里从一名宫女成长为一位王妃。晋军占领魏州后,刘皇后的父亲得知女儿仍然活着,且在宫中受宠,于是到魏州府衙谒见。他憧憬中的场景,肯定是父女相见,抱头痛哭。

刘皇后之父自号"刘山人",李存勖找到二十多年前把刘氏送到晋阳的袁建丰,从而确定了他的身份。已为宠妃的刘氏一

---

1 见戴仁柱著,刘广丰译:《从草原到中原》,第211—212页。

直努力把自己重新塑造为名门望族的孤儿，如果此时与生父相认，相当于重提她过去的一切，她认为这会危及她王妃的地位。因此，她严厉斥责了这位衣衫褴褛的老人：

> 妾去乡时，略有记忆，妾父不幸死于乱兵，妾时环尸痛哭而去。此田舍翁安得至此！

她立即命令侍卫将老人押送到宫门他鞭笞一顿。[1] 至此，任何关于刘氏背景的讨论都是大忌，就连她的丈夫也得小心处理。

李存勖见刘氏对自己的身世背景如此敏感，且在此点上造假，于是连同儿子李继岌做恶作剧来捉弄她，以博取宫中伶人一笑，这件事应该发生在刘山人来魏州谒见之后。李存勖穿着刘山人的衣服，分别拿着草药篓子和药箱，李继岌则提着破帽跟着他。父子二人进入刘氏的卧室大声喊道："刘山人来省女。"卧室中的仆从立即哄堂大笑，笑声甚至超过李存勖本人。刘皇后最后把儿子狠揍一顿，并赶他离开，此情此景让人想起几年前曹氏鞭笞李存勖的事。[2] 小孩子不应该因恶作剧而受到体罚，不过这样一来，以后就再没人敢有样学样，对刘氏的身世含沙射影了，但她卑微的出身依然会通过其他方式给她带来影响。

---

1 以上引文见欧阳修：《新五代史》卷一四《庄宗皇后刘氏传》，第143—144页；另见孙光宪：《北梦琐言》卷一八《刘皇后答父》，第332—333页；司马光等：《资治通鉴》卷二七三，贞明三年十月己亥条，第8821页。

2 引文见欧阳修：《新五代史》卷三七《伶官传》，第398页；另见孙光宪：《北梦琐言》卷一八《刘皇后答父》，第333页。

(二）影响财政

刘氏喜好囤积财物，也喜欢从老百姓身上搜刮财富，人们一般认为她之所以有这些癖好，是缘于早年活得卑微。可这个原因并不充分，因为她自孩提起就在李克用家中当婢女，比起在兵连祸结的社会中漂泊，这是相对安全的。有钱人也一样敛财：李继韬的母亲杨氏就在生前积聚了巨额财富，尽管她把大部分都用作贿赂，以让她的家人在起起落落的政治大潮中得到庇护。[1]刘氏既没有杨氏的政治敏感性，她敛财的方法也不如杨氏那样小心谨慎。

在成为皇后之前，刘氏在魏州时就常常派亲信到市面上以皇家的名义贩卖一些不重要的小物件，如木柴、稻草、水果和蔬菜等，并操纵价格使自己获利。这些做法让人觉得她喜欢追逐蝇头小利，令人厌烦，与其说是违制，不如说是怪异。[2]可进入同光朝后，她在财政上的另一项操作却会以难以预见的方式影响她丈夫的统治。[3]《新五代史》记录了一件与之有关的逸事，甚是引人注目，因为它说明刘皇后手握朝廷开销的实际控制权："四方贡献，必分为二，一以上天子，一以入中宫，宫中货贿山积。"[4]前文提到李存勖也有自己的内府，"方镇贡献者入内府"[5]。刘皇后

1　见欧阳修：《新五代史》卷三六《李嗣昭传》，第388—389页。

2　见薛居正等：《旧五代史》卷九四《张廷蕴传》，第1246页；司马光等：《资治通鉴》卷二七三，同光二年二月癸未条，第8916页。

3　见孙光宪：《北梦琐言》卷一八《刘皇后答父》，第333页；薛居正等：《旧五代史》卷四九《庄宗刘皇后传》，第674页。

4　欧阳修：《新五代史》卷一四《庄宗皇后刘氏传》，第144页。

5　司马光等：《资治通鉴》卷二七三，同光二年二月己巳条，第8914页。

插足其中，声称这些节度使（方镇）的贡献，有一半是中宫的。[1]

同光二年(924)南方诸国上贡，两宫对贡献的截留肯定大幅增长。根据史料记载，把这些财富一分为二，皇帝与皇后各管一份的主意来自刘皇后，她想以此来构建自己的人际网络。但李存勖自当晋王开始就有大手大脚的习惯，这方面史料记载得更多，而这种习惯也会迫使他的妻子建立一个他难以触及的府库。此后的各种事件表明，庄宗并不知道她的私库有多大，因为除刘皇后外，没人能够接触它。再者，把财富两分并非重点，真正的问题在于刘皇后任意掌控这些财富，而她对于何时及如何使用它们又缺乏准确的判断。

中宫的另一项操作乃发布教命——即来自皇后的命令，其目的在于操纵皇帝，并监察外朝事务。教命的发布对象主要为刘皇后的亲信，包括宫中宦官、朝中同党及家族成员，用以搜集情报或采取行动。[2]它不像皇帝的诏令被卷起绑上，但只要传到合适的人手上，效果相差无几。更重要的是，这能使刘皇后绕过朝廷的繁文缛节行事，甚至无须征得丈夫同意。由此产生的后果，无论好坏，都赖于其个人的判断。上一代的曹太后亦是利用这种机制与战场上的儿子沟通商议，为其出谋划策，并未产生什么不良后果；可这一代的皇后通过这类带有特权的信息沟通渠道，在伐蜀战场上造成了极为严重的恶果，此乃后话。

1 　见薛居正等：《旧五代史》卷三四《庄宗纪八》，第475页。

2 　见欧阳修：《新五代史》卷一四《庄宗皇后刘氏传》，第144页。

（三）清除对手

刘氏在同光二年(924)初被册立为皇后，这非但没有减缓她的不安，反而加深了她先下手为强，铲除潜在竞争对手的需求。她一直监视着丈夫与其他女性的亲热行为，可后宫还在不断扩充。在被立为皇后不久，刘氏陪同庄宗在宫中宴请元行钦，后者乃使相，常留在宫中宿卫。在宴会上，皇帝慰问了元行钦近来的丧妻之痛，并随口说："尔新丧妇，其复娶乎？吾助尔聘。"刘皇后坐得很近，旁边是一位十分漂亮的姬妾，也为庄宗育有一子，这正是刘皇后想尽快铲除她的原因。皇后突然插嘴，指着这名姬妾说："帝怜行钦，何不赐之？"语出突然，庄宗不知如何拒绝，皇后便立即催促元行钦跪拜谢恩，轿夫也马上将这位姬妾抬到元行钦的府邸，不给庄宗任何考虑的时间。据说"庄宗不乐，称疾不食者累日"，足以说明他对这位美人念念不忘。[1]

如此轻松地清除掉一位皇子的母亲，此时的刘皇后一定洋洋得意，感到大权在握，可她的做法实际是在众目睽睽之下，在丈夫的面前扇了他一记耳光。此事体现出刘皇后心思机巧，善于利用京城内外的社会事件来保护自己的利益。跟一般人的想法不同，对刘皇后而言，宴席上的戏谑只不过是个幌子，用以遮掩她的其他行动。

---

[1] 以上引文见欧阳修：《新五代史》卷一四《庄宗皇后刘氏传》，第145页；另见薛居正等：《旧五代史》卷七〇《元行钦传》，第926页。有一份史料说此事发生在六月，见司马光等：《资治通鉴》卷二七三，同光二年六月丙戌条，第8923页。

(四) 宗教信仰

刘皇后还通过宗教对丈夫产生影响。根据史料描述，由于刘皇后虔诚信佛，庄宗在她的影响之下，在其统治期间也越来越迷信佛教。尽管佛教在沙陀人中流传广泛，但很难说庄宗自己信仰哪种宗教，因为他经常以皇帝的身份主持各种不同宗教的仪式。[1]他在宗教信仰上并不专一。刘皇后远不止在私下虔诚信佛，她还以公众人物的身份公开佞佛。据史书记载，她"惟写佛书，馈赂僧尼"。她甚至对某些僧人施以大礼，即使于律法无碍，至少也违反皇家礼仪。同光二年(924)，有一个胡僧从于阗而来，他受到皇帝、皇后及包括李继岌在内的几个皇子的礼拜。皇室成员纡尊降贵，礼拜一介平民，而且还是一个胡人，这种场合肯定不会有太多朝臣参与，因为这实在有损中原皇家的体面。该僧远道而来，及其去参拜代北的佛教圣地五台山，这一切费用都由国库支出，尽管朝廷早有明令，不能如此。[2]

另一件违反皇家礼仪的事发生在同光三年(925)初，当时庄宗正在魏州度假，他决定亲自把另一位高僧诚惠护送到洛阳。几年前诚惠就很出名了，他当时威胁赵王王镕，说要发大水淹没镇州。结果第二年，镇州果然发生了洪灾。庄宗因此以为他是神人，对其深信不疑。到达洛阳后，这位高僧受到皇帝及皇室成员的欢迎，"庄宗及后率诸子、诸妃拜之，诚惠端坐不起"，

---

1 见欧阳修：《新五代史》卷一四《庄宗皇后刘氏传》，第144页；Eberhard, *Conquerors and Rulers*, pp. 146—147。有关庄宗下一任皇帝的宗教选择，可参见戴仁柱著，刘广丰译：《从草原到中原》，第216—217页。

2 见欧阳修：《新五代史》卷一四《庄宗皇后刘氏传》，第144页。

更遑论臣子，于是"士无贵贱皆拜之"。[1]

唐朝时期，一些高僧在觐见皇帝的时候不需跪拜，可庄宗做得更过，他以天子之身对这些僧人行参拜之礼——也许这是他即位以来最过分的一次违反皇室礼仪的事件了。史料记载，此时只有一向小心谨慎的郭崇韬拒绝参拜诚惠，但没有进一步描述其原因。不过很明显的是，从宗教到内府，郭崇韬与皇帝之间的分歧日积月累，故他们之间的关系在整个同光三年（925）不断恶化。诚然，刘皇后的行为不至违法或违背道德，但都不符其身份，这会破坏皇帝在士大夫心目中的形象，而最重要的是，他们又恰恰掌握着文化的话语权。

三、伐蜀

（一）战争的背景

刘皇后在伐蜀战争中也扮演了一个重要的角色，这是后唐攻克开封以来最重要的军事行动。如果成功了，不但可以在政治上巩固王朝的合法性，也能稳定王朝的财政。毕竟，蜀国的面积约为当时后唐的四分之一，拥有至少八万士兵，因盛产茶叶与丝绸而十分富裕，并拥有大量的贵金属资源，包括黄金。[2]

---

1 以上引文见欧阳修：《新五代史》卷一四《庄宗皇后刘氏传》，第144页；另见司马光等：《资治通鉴》卷二七三，同光三年四月癸亥条，第8933页。

2 Edward Hetzel Schafer, *The Golden Peaches of Samarkand: A Study of T'ang Exotics*, Berkeley: University of California Press, 1963, pp. 195 — 204; Lewis, *China's Cosmopolitan Empire*, pp. 141 — 144.

北方政权要统一中国，肯定会盯着这块肥肉，故入侵只是时间问题，尽管洛阳朝廷的行动比预期的要快。

自从李严在同光二年 (924) 初出使成都之后，蜀主王衍就知道唐朝廷要往西扩张，故把重兵布置在边地要道，以作防御。[1] 这种防范在当年年底就随着两国的使节往来而松懈下来了，洛阳的使者承诺维持现状，以让成都朝廷志得意满，从而放松警惕。[2] 然而，庄宗并未改变对该地的图谋，李严之前使蜀回来后所说的话，言犹在耳："大兵一临，瓦解土崩。"[3] 在北方战略参谋的脑海中，蜀国不堪一击，因为它的上层统治者颓废不堪，中层军队畏缩不前，底层百姓怨声载道，每点都足以致命。该国还与南平和马楚等东方邻国关系不睦，故在事态紧急之际，他们也很难找到同盟援助。而他们跟中原王朝的关系也很糟糕，不论是从前的梁朝还是现在的后唐。事实上，川蜀地大物博，反使其统治者傲慢专横，对边地事务漠不关心。

（二）战略与统帅

同光三年 (925) 六月，朝廷"诏括天下私马"，以增加战马的数量，就连每位官员也都只能拥有一匹马，这也说明他们之前

1　见司马光等：《资治通鉴》卷二七三，同光二年四月己巳条，第8918页；八月戊辰条，第8924页；王庚武著，胡耀飞、尹承译：《五代时期北方中国的权力结构》，第117—124页；Glen Dudbridge, *A Portrait of Five Dynasties China from the Memoirs of Wang Renyu (880—956)*, New York and Oxford: Oxford University Press, 2013, pp. 124—143。

2　见司马光等：《资治通鉴》卷二七三，同光二年九月己亥条，第8924页；十一月条，第8926—8927页；戊申条，第8927页；十二月乙丑条，第8928页。

3　司马光等：《资治通鉴》卷二七三，同光二年五月戊申条，第8921页。

对马匹的保有量相对较高。这道诏令说明朝廷正暗中进行军事动员,但可能的目标不止一处,故没有迹象表明此举乃针对西南蜀国。[1]正式宣战是在九月初十,不过为达到出其不意的效果,宣战只是对内的。至于发动战争之理由,后唐朝廷谴责了蜀国的傲慢,且对中央王朝不敬:远观,他们得罪前唐朝廷;近观,他们粗暴对待晋时李克用派往蜀国的使者。[2]通过列举蜀国不臣的根源,洛阳朝廷可以给他们的侵略战争穿上正义的外衣——即以先祖之名对不臣者施以惩罚——而不是为了权力和财富去霸凌弱国。毫无疑问,一些乐观的人希望征服蜀国可以让南方其他自治小国闻风丧胆,从而归顺投降,令后唐统一四方,就像开封陷落使得从前梁朝在中原各地的藩镇望风而降那样。

朝廷同时颁布了伐蜀大军的名单:皇子李继岌为西川四面行营都统,即伐蜀大军统帅;郭崇韬任西川东北面行营都招讨制置等使,为伐蜀大军的总参谋;工部尚书任圜参军事。[3]任圜是汉人文官,但拥有非常丰富的军事经验,其家族还与皇室有亲,这种私人因素更增加了唐朝廷对他的信任。[4]皇子仅有十几岁,而任圜又是文官,郭崇韬在此战中可以真正在决策上独当

---

[1] 见薛居正等:《旧五代史》卷三二《庄宗纪六》,第449页;王溥:《五代会要》卷一二《马》,第208页。

[2] 见薛居正等:《旧五代史》33《庄宗纪七》,第455—457页。有关对蜀宣战,可参见王庚武著,胡耀飞、尹承译:《五代时期北方中国的权力结构》,第122—123页。

[3] 关于伐蜀战争,可参见欧阳修:《新五代史》卷一四《李继岌传》,第153—155页;卷二四《郭崇韬传》,第250—251页;薛居正等:《旧五代史》卷三三《庄宗纪七》,第455—457页;卷五七《郭崇韬传》,第768—769页;卷六七《任圜传》,第895页;卷七〇《李严传》,第929—931页;卷九五《沈赟传》,第1266页;司马光等:《资治通鉴》卷二七三,同光三年九月丁酉条、庚子条、辛丑条,第8936—8937页。

[4] 任圜的弟弟任团娶了李克用的侄女,见戴仁柱著,刘广丰译:《从草原到中原》,第59—60页。

一面了。庄宗本想学唐太宗在唐朝巩固时期一般御驾亲征，但太宗大多出征北方和东方，并没有前往过地理位置相对独立的西南。此外，历代大臣大多反对皇帝御驾亲征，因为他离开核心腹地所带来的政治风险，远远超过他出现在战场上所带来的价值。[1]毕竟，后唐时期，内有桀骜不驯的节度使，外有契丹虎视眈眈，而战场上将领的忠心又值得怀疑。

对郭崇韬的任命让人十分不解，因为他年事已高，指挥军队作战的经验并不足，更重要的是，他最近不断与皇帝发生矛盾。阴谋论者会把对他的任命看作其政敌的策略，以将他支离京城，甚至是铲除他。庄宗本来是想重用梁朝降将段凝来担任这次战争的主帅的，但郭崇韬拒绝把如此重要的权位交给一个没有骨气，在最后一刻背叛自己主公的人。[2]义兄李嗣源因为在开封攻城战中有出色的表现，故也得到军中将领的推崇。然而，郭崇韬认为他需要顾及北方边陲的防御。枢密使一直对李嗣源的忠诚持怀疑态度，这同样让他反对把李嗣源部署在遥远的西南战场上。让皇子李继岌担任名义上的大军统帅也是郭崇韬想出来的，这样皇子就能获得重要的军功，为将来登基成为皇帝奠定基础，唐朝早年的皇帝就是这样做的，而沙陀历任领袖也是如此。谨慎的庄宗一开始是反对的，一直等到郭崇韬同意亲

1　有关大臣反对唐太宗御驾亲征的记载，可参见司马光等:《资治通鉴》卷一九七，贞观十九年正月庚戌条，第6216—6217页。

2　见薛居正等:《旧五代史》卷七三《段凝传》，第963页；司马光等:《资治通鉴》卷二七三，同光三年九月丁酉，第8936页。

自辅助皇子,他才点头同意。[1]

皇帝亲口承认,他直接介入了伐蜀指挥人员的选择。大军出发前,庄宗在嘉庆殿宴请西征诸将,举杯祝酒时,他直言不讳地将出征军队的最高权力交托给郭崇韬,他说:"继岌未习军政,卿久从吾战伐,西面之事,属之于卿。"[2]几个月前在另一个场合里,郭崇韬承认自己缺乏在战场上指挥的经验,皇帝提醒他,说他的功劳"岂百战之功可比乎"[3]。实际上,后唐良将虽多,但既通谋略又懂后勤的实在寥寥无几,而庄宗认为郭崇韬在这两方面都是无与伦比的。蜀国与中原被重山阻隔,形势独立,从而使得伐蜀总参谋拥有完全自主的权力,故庄宗在考虑人选时,个人的信任肯定是最为关键的因素。拥有如此无上的权力,就意味着郭崇韬所承担的责任会远超于此,他必须保证皇子的安全,因为后者是皇位的继承人,他还很年轻,从来没有长时间离开过父母。皇子在伐蜀军中,会让风险增加到任何人都难以想象的地步。

(三)军队的部署

后唐六万大军在九月十八日开拔离京,先向西往长安进发,继而到达大散关(今陕西宝鸡南),之后再往南,此时他们已经长途跋

---

[1] 见欧阳修:《新五代史》卷二四《郭崇韬传》,第250页;司马光等:《资治通鉴》卷二七三,同光三年九月丁酉条、庚子条、辛丑条,第8936—8937页;赵克尧、许道勋:《唐太宗传》,第366—387页。

[2] 语见薛居正等:《旧五代史》卷五七《郭崇韬传》,第769页;另见王钦若等:《册府元龟》卷一一一《宴享三》,第1207页。

[3] 司马光等:《资治通鉴》卷二七三,同光三年二月庚辰条,第8931页。

涉五百多公里了。更重要的是，大概在一周之前，由三五千骑兵和一万步兵组成的先头部队，在康延孝和李严的带领下已经出发，前者是从梁朝投降而来的大将，后者则曾出使蜀国，对当地的风土人情非常熟悉。[1]大军到达长安之后得到进一步的扩充，京兆尹张筠给他们提供了人力、物力和技术上的支持。[2]

六万大军离开洛阳时只带了十天的粮草，就这点物资甚至连蜀国的外围都打不进去，即便凤翔节度使李继曮竭尽全力为唐军筹备补给，但依然严重不足。故唐军希望在去成都途中所攻打下来的城市能把他们视作解放者，从而主动献上粮草。[3]这种假设乃基于唐军征伐过程中不会遭遇太大的抵抗，可这同样存在着巨大的风险，尽管洛阳城里的战略高参对《孙子兵法》里的格言很熟悉："食敌一钟，当吾二十钟。"[4]对长途奔袭的战役而言，运输的成本实在太高了，因为运输途中物资会受到损坏，或者遭遇抢劫，故随军补给的数量需要经过精密计算，从而能与地方补给尽快衔接。远征大军能稳步进发，还得感谢蜀国国主王衍自己，此刻他刚离开成都到别的地方游玩去了。当闻知唐军进入蜀国境内后，他立即返回，可已经给唐军提供了宝贵的时间，让他们在没有遭遇有组织抵抗的情况下攻入蜀国

---

1 见薛居正等：《旧五代史》卷五七《郭崇韬传》，第769页；卷七〇《李严传》，第930页；司马光等：《资治通鉴》卷二七三，同光三年九月戊申条，第8937页；十月条，第8938页。

2 见欧阳修：《新五代史》卷四七《张筠传》，第522页。

3 见欧阳修：《新五代史》卷一四《李继岌传》，第153页；司马光等：《资治通鉴》卷二七三，同光三年十月丁丑条，第8939页。

4 孙武：《孙子·作战第二》，景印文渊阁四库全书本，第726册，台北：台湾商务印书馆，1986年，第47页。

边界——他们的运气非常不错。

北方来的军队拥有很多优势,但没有人希望出现意外。威武城(今陕西凤县东北)是康延孝前锋部队越过南方边界后打下的第一座城池,十月十八日,守将唐景思解除武装,归顺投降。[1]康延孝随即释放一万多降兵,以期他们把唐军的威势传播出去,令敌人丧胆而降;同时,他留任当地将领,以维持稳定——这种做法早在出发前由朝廷安排妥当。一些投降的地方军为唐军开道,在他们的帮助下,短时间内,从边境到深入蜀国一百公里,很多城镇相继投降。[2]十月二十六日,唐军在兴元府三泉县(今四川广元东北)遭遇最顽强的抵抗,康延孝军号称在此役中斩首五千级。[3]

李继岌和郭崇韬率领的大军基本没有遭遇太大的抵抗,因为康延孝的前锋部队已经为他们扫除了大部分障碍。更为有利的是,投降的城镇所提供的粮草补给已经非常充足,郭崇韬无须再向地方逼粮,从而使当地百姓对唐军离心离德了。[4]到十月底,来自川蜀的邸报已经超出了所有人的预期。欧阳修在《新五代史》中总结道:"蜀平,延孝功为多。"[5]对康延孝卓著的功勋而言,这样的评价是相当保守了。

1　见司马光等:《资治通鉴》卷二七三,同光三年十月丁丑条,第8939页。
2　见薛居正等:《旧五代史》卷五七《郭崇韬传》,第769页。
3　见薛居正等:《旧五代史》卷三三《庄宗纪七》,第458页;司马光等:《资治通鉴》卷二七三,同光三年十月乙酉条,第8940页;吴任臣:《十国春秋》卷三七《前蜀三·本纪》,第549页。
4　见薛居正等:《旧五代史》卷五七《郭崇韬传》,第769页;吴任臣:《十国春秋》卷三七《前蜀三·本纪》,第548—549页。
5　语见欧阳修:《新五代史》卷四四《康延孝传》,第486页;另见薛居正等:《旧五代史》卷七四《康延孝传》,第968页。

(四)军中的谋臣

除了后唐前锋迅捷的行动外,伐蜀大军能取得早期成功,也得归功于辅助总参谋郭崇韬的一些文官。例如李愚,他是来自东北地区研习经典的学者,曾举进士,中博学宏词科,这是唐代学术的最高头衔。在此之后的梁朝,他曾担任左拾遗、崇政院直学士;在同光朝廷,他因精于文史而被拜为翰林学士。郭崇韬和李继岌都点名让李愚在伐蜀大军中任参军事,这说明他们都承认辅助人员中文官的潜在价值。[1]

尽管身为学者,李愚还是如军中鹰派人物那样,给他们提出军事建议。他力主速战速决,认为应该尽快往成都进发,而不是如某些大将所想,先在边境屯兵,以营造大军压境之势。对于这次征伐的政治意义,李愚有更深刻的认识:

> 王衍荒怠,乱国之政,其人厌之。乘其仓卒,击其无备,其利在速,不可缓也。[2]

他的话跟两年前郭崇韬自己在开封攻城战前给晋王提出的建议如出一辙,那时候梁朝内部的政治也是矛盾重重,并最终导致它的灭亡。在此之前,大将陈乂称病,请求把自己的军队留在蜀国边界,这在李愚看来既是不满,也是怯懦。他坚称:"陈乂

---

[1] 关于李愚,见欧阳修:《新五代史》卷五四《李愚传》,第620—622页;薛居正等:《旧五代史》卷三三《庄宗纪七》,第457页。

[2] 语见欧阳修:《新五代史》卷五四《李愚传》,第621页;另见司马光等:《资治通鉴》卷二七三,同光三年十月丁丑条,第8939页。

见利则进,惧难则止。"并要求将之斩首。尽管李愚只是虚张声势,但由于他定下了如此严厉的基调,"由是军中无敢顾望者"。[1]

(五)洛阳的阴霾

同光三年(925)十月,当冬天来临之际,西征大军的欢欣与洛阳城内久久不散的阴霾形成了鲜明的对比。十月初一,朝中文臣聚集在曹太后生前的寝宫长寿宫,给她上谥号曰"贞简皇太后"。[2]第二天,皇帝驾幸寿安陵,也就是坤陵,可能是要视察工程进度,并作最后的调整。

太后最终的下葬时间安排在二十九日,整个仪式可能持续到晚上才结束。两天后,庄宗再次驾幸坤陵并在此"号恸",说明他仍未从悲伤的情绪中恢复过来。[3]另一轮庄严的仪式在十一月举行,皇帝把母亲的牌位放进了京城的太庙里。[4]之后,噩耗频传,自然灾害再次肆虐,魏州和徐州接连上报:"十月二十五日夜,地大震。"[5]史料中没有用"灾"来描述这次地震,但在人口如此稠密的地方发生大地震,至少会造成数千人死亡。

与此同时,天子的个人生活也在逐步恢复正常。十二月他进行了几次短途狩猎,宫中的皇家宴席再次奏起了音乐。在四十一岁生日后的一个月,庄宗举行了他母亲去世后的第一次

---

1 见司马光等:《资治通鉴》卷二七三,同光三年十月条,第8938页。
2 见薛居正等:《旧五代史》卷三三《庄宗纪七》,第457—458页。
3 见薛居正等:《旧五代史》卷三三《庄宗纪七》,第458—459页。
4 见薛居正等:《旧五代史》卷三三《庄宗纪七》,第459页。
5 薛居正等:《旧五代史》卷三三《庄宗纪七》,第459页。

宫廷宴会，获邀出席的有他的兄弟和一些将领。[1]席间，众人不可避免会沉浸于美酒佳肴之中，并有音乐舞蹈助兴，一些保守派肯定会认为这样不合时宜，可史料上也未见有官员对此说三道四，这也许是因为一开始庄宗就严格执行服丧之礼。官员没有发声批评，可能也是因为庄宗在同光三年（925）的万寿庆典规模比去年小得多，去年的时候，他甚至在嵩山大搞法事。

（六）成都的请降

同光三年（925）十一月，川蜀送到朝廷的奏报接连不断，见证着唐军对蜀正从征服转向巩固。十一月十八日（丁未），在康延孝的军队先后进据鹿头关（今四川德阳东北）和毗邻成都的汉州（今四川广汉）后，蜀主立即派使者带着牛肉美酒来到唐军阵前请降。[2]当时蜀中朝政已为蜀主义兄王宗弼所把持，他早已派人与郭崇韬暗通款曲，后者许诺封他为节度使以换取协调最后的投降事宜。当唐军逼近时，王宗弼已然倒戈，他用武力逼迫王衍一家移居西宫，再趁机洗劫皇宫、强取王衍的几名宠姬。[3]其他主政邻近州府的蜀国宗亲也相继投降，这说明蜀主在兄弟宗亲中威

1　见薛居正等：《旧五代史》卷三三《庄宗纪七》，第461页；王钦若等：《册府元龟》卷一一一《宴享三》，第1207页。

2　见司马光等：《资治通鉴》卷二七四，同光三年十一月丁未条，第8944页；薛居正等：《旧五代史》卷三三《庄宗纪七》，第459—460页；卷七四《康延孝传》，第968页；欧阳修：《新五代史》卷四四《康延孝传》，第486页。

3　见司马光等：《资治通鉴》卷二七四，同光三年十一月乙巳条、丙午条，第8944页；欧阳修：《新五代史》卷二四《郭崇韬传》，第250页；路振：《九国志》卷六《王宗弼传》，傅璇琮等主编：《五代史书汇编》第六册，杭州：杭州出版社，2004年，第3290—3291页；王庚武著，胡耀飞、尹承译：《五代时期北方中国的权力结构》，第122—123页。

信很低。于是唐军在二十八日兵不血刃地占领了成都,并很快恢复了当地的秩序,让这座人口稠密的大城市免遭兵匪洗劫之祸。[1]在从洛阳到成都的两个月时间里,唐军的克制让人想起了曾经的开封之战,两次战争都体现出他们严明的军纪。

在投降前夕,蜀主王衍与朝臣相见,场面十分悲伤,以致他"泣下沾襟"[2]。投降仪式在成都北郊的升仙桥举行,按照惯例,投降的君主会带着空棺出城:"王衍乘竹舆至升仙桥,素衣、牵羊,草索系首,肉袒、衔璧、舆榇,群臣衰绖,徒跣以降。"[3]在此仪式中,蜀主与他的大臣跪倒在地,向东北方向的洛阳城拜谢,此刻,那里才是他们的国都。[4]李继岌主持了整个仪式,他把棺材(榇)烧了,以显示朝廷对前蜀国主及其宗室的宽大。年轻的李继岌从蜀国皇家的马厩中为自己选了二十多匹宝马,又为父亲选了两百余名乐工,但他对一些谄媚之人所奉献的财宝毫无兴趣,尤其是王宗弼这种人,他是嗤之以鼻的。[5]

(七) 战利品成谜

伐蜀一战唐军收获颇丰,但它同样成为朝廷严重撕裂的根

1　见薛居正等:《旧五代史》卷三三《庄宗纪七》,第460页。

2　引文见司马光等:《资治通鉴》卷二七四,同光三年十一月丁酉条,另见第8943页;另见欧阳修:《新五代史》卷六三《前蜀世家》,第793页。

3　引文见欧阳修:《新五代史》卷一四《李继岌传》,第153页;另见欧阳修:《新五代史》卷六三《前蜀世家》,第793页;吴任臣:《十国春秋》卷三七《前蜀三·本纪》,第553—554页;Wang, Power and Politics in Tenth — Century China, pp. 240—241。

4　见司马光等:《资治通鉴》卷二七四,同光三年十一月丙辰条,第8946页。

5　见吴任臣:《十国春秋》卷三七《前蜀三·本纪》,第553—554页;司马光等:《资治通鉴》卷二七四,同光三年十一月辛亥条,第8945页;天成元年正月甲子条,第8955页。

源。与蜀国相邻的南平，其君臣在得知唐军大获全胜后，作出了精准的预测，大臣梁震谓其主曰："唐主得蜀益骄，亡无日矣，安不知其不为吾福！"[1]这种洞察力与唐太宗的预测类似："治安则骄侈易生。"[2]实际上，一旦最初的狂喜消退，军事胜利给同光朝廷的上层人物及他们在军中的代言人所带来的，是最坏的局面。

同光三年（925）末，宦官向延嗣返回洛阳，上报了伐蜀之战的战利品清单，包括降兵三万、马九千五百匹，兵器七百万，粮食二百五十三万石，钱一百九十二万缗，金银二十二万两，珠玉犀象二万，文锦绫罗五十万匹。[3]降兵仅有三万，这无疑是严重的漏报，因为现代的历史学者都认为蜀国的正规军和非正规军加起来，人数应该接近十万，但相比于对该地区财富的评估，降兵漏报与否就成了小事。

庄宗看完清单后十分生气道："人言蜀国天下之富国也，所得止于此邪？"[4]大家都知道，成都在十年前发生了一次火灾，烧毁了"百尺塔"。顾名思义，该塔高达百尺，是蜀国皇室收藏

---

[1] 司马光等：《资治通鉴》卷二七四，同光三年十一月丁巳条，第8946页。

[2] 唐太宗原话为："朕有二喜一惧。比年丰稔，长安斗粟直三四钱，一喜也；北虏久服，边鄙无虞，二喜也。治安则骄侈易生，骄侈则危亡立至，此一惧也。"见司马光等：《资治通鉴》卷一九六，贞观十五年八月乙巳条，第6170页；赵克尧、许道勋：《唐太宗传》，第56页。

[3] 此数据，除降兵数目外，均据欧阳修：《新五代史》卷二四《郭崇韬传》，第250页。诸书对于唐军伐蜀所获战利品数量记载有所不同，其中有关降兵的记载，《新五代史·郭崇韬传》为三十万，而《旧五代史》与《资治通鉴》则记载为三万。但对于一个坐拥六十四州二百四十九县的王国而言，只有区区三万军队，那是不可思议的。此外，时人曾记载"蜀主讲武于星宿山，步骑三十万"；后来蜀将安重霸也曾言"蜀中精兵十万"，而一般的步兵估计会更多。见薛居正等：《旧五代史》卷三三《庄宗纪七》，第460页；司马光等：《资治通鉴》卷二六七，开平二年十月庚戌条，第8705页；卷二七三，同光三年十月乙丑条，第8941页；卷二七四，同光三年十一月丁巳条，第8946页。

[4] 欧阳修：《新五代史》卷二四《郭崇韬传》，第250页。

宝货文物的地方。[1]在不久之前,王宗弼洗劫了王衍的内库,"邀取内库金帛,悉归其家",这些财富大概率都没被记录在清单上。[2]唐军所获取的财宝很可能全部来自成都的国库之中。种种迹象表明,在成都易主之时,国库还是保持完整,原封不动的。向延嗣坚称,所获财物如此稀少乃是因为郭崇韬,他与他那声名狼藉的儿子一起,贪污了四十万两金银,只把原来所获财富的一部分上缴给朝廷。[3]就这样,宦官与中宫皇后合谋,开始诋毁枢密使的人格,因为郭崇韬若要在川蜀自成一国,截留财物是必不可少的第一步。

(八)军中的裂痕

与此同时,若非郭崇韬与战场上最亲密的战友之间也产生了龃龉,朝中宦官对他的伤害本来是可控的。在攻取蜀国之后,行营马步军都指挥使、经验丰富的先锋官康延孝,与长安北面的邠州(今陕西彬县)节度使董璋之间的矛盾不断恶化。当时董璋为行营右厢马步都虞候,乃是康延孝的下属,但他在整个征战的过程中都与郭崇韬亲密非常,这种关系甚至能追溯到更早之前。军中有什么大事,郭崇韬往往会找董璋商议,随着战争的推进,康延孝发现自己逐渐被排挤在重要的军事会议之外,尽

---

1 见司马光等:《资治通鉴》卷二六九,贞明元年十一月己未条,第8797—8798页。

2 引文见司马光等:《资治通鉴》卷二七四,同光三年十一月乙巳条,第8944页;另见吴任臣:《十国春秋》卷三七《前蜀三·本纪》,第550页。

3 见薛居正等:《旧五代史》卷五七《郭崇韬传》,第770页。

管他战功赫赫。[1]

但最让康延孝气愤的是,十二月,董璋在郭崇韬的特别干预下,被提名为东川（今四川三台）节度使。董璋年轻时仅为家仆,资历浅薄,此时却能与康延孝平起平坐,之所以如此,一方面是因为他会溜须拍马,另一方面,则是郭崇韬任人唯亲,后者更倾向于把一些敏感的职位留给对他忠心的老伙计。而郭、董二人都是汉人,他们同声同气,是胡人出身的康延孝所不能理解的。康延孝与郭崇韬就此问题正面顶撞,并提出另一位更值得尊敬的人选,那就是参军事任圜。郭崇韬怒声回应道:"绍琛反邪,何敢违吾节度！"[2]康延孝差点因自己的鲁莽而丧命,而郭崇韬却莫名其妙地藐视了这位更适合当川蜀地区节度使的将领。此外,董璋的升迁会让他将来免受康延孝的打压,这是一个出人意表的结果,并会对该地区产生严重的影响。

此外,成都当地的实权人物,如王宗弼,也更进一步加深了伐蜀大军的内部矛盾。王宗弼是蜀主王衍的义兄,也是唐军伐蜀的重要联络人,但更是一个马基雅维利式的阴谋家。他倾尽所有来贿赂郭崇韬,不限于美色及财富,甚至把自己在成都的府邸也让出来作为郭崇韬的临时居住地,期望以此来换取他在此地担任节度使。郭崇韬曾经答应过此事,后来却不断拖

1　见薛居正等:《旧五代史》卷六二《董璋传》,第831—832页;卷七四《康延孝传》,第968—969页;欧阳修:《新五代史》卷五一《董璋传》,第575页;司马光等:《资治通鉴》卷二七四,同光三年十二月条,第8947页。

2　司马光等:《资治通鉴》卷二七四,同光三年十二月条,第8947页。

延，显然是想食言了。[1]此时，王宗弼已经成为郭崇韬那无能的儿子郭廷诲的好友，他贿赂讨好郭廷诲，以增加李继岌对郭氏父子的疑虑，从而挑起唐军领导高层的不和。十二月，一帮"蜀人"——很可能是军官和王氏宗室，在王宗弼的带领下找到了李继岌，他们的政治伎俩过于精妙，非北方占领者所能掌握。他们宣称稳定川蜀的局势非郭崇韬不可，故请求李继岌把他留在这里当节度使，并上报朝廷确认这一任命。当地人挑弄是非的阴谋就此得逞，对郭崇韬不利的传言也通过最可靠的渠道传回京城洛阳。

（九）诽谤与中伤

蜀人齐声请留郭崇韬于蜀中，这让李继岌不得不就此问题与郭崇韬正面交锋。他的话首先肯定朝廷对郭崇韬依然十分信任，同时旁敲侧击，让郭崇韬透露出更多自己的长远计划：

> 陛下倚侍中如衡、华，尊之庙堂之上，期以一天下而制四方，必不弃元老于蛮夷之地。此事非予敢知也。"[2]

在李继岌看来，此次扩张并未降低郭崇韬作为皇帝首要军事顾

---

1 见欧阳修：《新五代史》卷一四《李继岌传》，第153—154页；卷二四《郭崇韬传》，第250页；司马光：《资治通鉴》卷二七四，同光三年十二月条，第8948页。

2 语见欧阳修：《新五代史》卷一四《李继岌传》，第153页；另见司马光等：《资治通鉴》卷二七四，同光三年十二月条，第8948页。

问的价值，相反还凸显出他在未来制定对蜀政策中所担角色的重要性。

讽刺的是，李继岌最后将"蛮夷"之地描述为非待"元老"之所，在一代之前曾几乎一字不漏地出自另一位来自北方的军事将领之口，那就是王建，即刚成为阶下囚的前蜀国主王衍之父。在说完此话后，王建即以天子的名义进入川蜀，从此把这一地区经营为自己的地盘，并最终以国主的身份在此终老。[1]受过良好教育的沙陀王子当然知道从三国时期开始，川蜀地区就对独自带兵在外的将领有莫大的吸引力，这里的财富足以引诱他们，也能够检验他们对中央王朝是否忠诚。他的语言必须仔细推敲，既要表达自己的思维乃受历史影响，同时又得表示他对流言蜚语的怀疑。尽管郭崇韬所受教育不如李继岌，但他也知道有关川蜀地区的传闻，故对当地人的阴谋也会予以重视。

此时，魏王核心班底中的宦官也开始为其他方面的猜疑添油加醋。在唐军到达成都时，对蜀皇室日生不满的王宗弼杀了一批指责他软禁蜀主、把持朝政的官员和宦官。[2]李继岌随行的宦官目睹了这场屠杀，故他们对这种类似找替罪羊的诡计很是害怕，也是可以理解的。[3]而表面上，王宗弼似乎与郭崇韬联手，于是这些宦官更有理由怀疑枢密使曾参与到王宗弼的阴谋之

1　当时唐昭宗命韦昭度与王建一同讨伐陈敬瑄，王建以"此蛮夷之国，不足以留公"为由，再加上一些恐吓的手段赶走韦昭度，自己率兵攻下成都，从此在此立足。见欧阳修：《新五代史》卷六三《前蜀世家》，第785页。

2　见欧阳修：《新五代史》卷六三《前蜀世家》，第793页；司马光等：《资治通鉴》卷二七四，同光三年十一月己酉条，第8945页。

3　见司马光等：《资治通鉴》卷二七四，同光三年十二月条，第8948页。

中。诚然,郭崇韬主导了震慑蜀人的每一个环节。且根据其他一些记载,他本人私下极其蔑视宦官,甚至认为应该把他们彻底清除。据说,在攻占蜀国之后,他以半祝贺半警告的口吻对李继岌说道:

> 王有破蜀功,师旋,必为太子,俟主上千秋万岁后,当尽去宦官,至于扇马,亦不可骑。[1]

他说此话时很是自信,但这种专门针对整个宦官群体的话立马就让在场的宦官咬牙切齿:上一次对宦官的大清洗才发生了不到二十年,那一次有七百多名宦官在京城被杀,而另外一千多人则在各地遭到屠戮,[2]还有几百名宦官如张承业那样流落在外。郭崇韬对魏王私下说的这番话还有一点是值得注意的,他推测今上驾崩之前是不会对这些宦官进行大清洗的,这也是宦官一直受宠的原因,尤其是在中宫之内。

(十) 隐患的清除

随后形势的变化证明,郭崇韬对宦官能量的评价是有先见之明的。十二月十一日,即占领成都两周后,他指示李继岌处死了王衍的三位义兄,包括王宗弼——理由是他们制造事端,

---

1 语见欧阳修:《新五代史》卷二四《郭崇韬传》,第250页;另见司马光等:《资治通鉴》卷二七四,同光三年闰十二月壬子条,第8951—8952页。

2 见欧阳修:《新五代史》卷三八《宦者传》,第407页。

同时一并诛杀了他们的家人。[1]郭崇韬列举的具体原因是当地民众对这些人心怀怨恨——首先是因为他们洗劫了成都的皇宫，其次则是他们为谋取个人私利，在唐军高层面前吹嘘自己对当地的影响力。《新五代史》认为，郭崇韬推动这次杀戮，是为了给自己洗脱嫌疑，并向李继岌表忠心。枢密使也可以由此与这些讨厌的地方实权人物划清界限，正是这些人极力主张把他留在川蜀，让他见疑于魏王。至于说这些人在前蜀治下滥用权力，很可能只是官方用以清算他们的说辞，而并非最重要的考虑。

就在诛杀王宗弼及其同伙前不久，驻扎在成都的唐军发生了哗变，在此之前，这些士兵纪律严明，自我克制。枢密使曾向王宗弼征犒军钱数万缗，但王宗弼舍不得，这让士兵们感到沮丧，继而怒火中烧。[2]不知是有心还是无意，这些蜀国宗室为军队哗变创造了条件，而对郭崇韬这样严格强调军纪的人来说，光这一条就足以把他们处死，而无须考虑其他问题。尽管如此，军中的怒火依然让军队的领导层踌躇，因为哗变通常发生在战败之后，反之，大获全胜后的哗变是少之又少的。因战利品而产生的不满也是值得注意的，因为这说明在外执行任务的军队，其补贴存在着系统性问题，对他们来说，战利品不仅仅是额外的收入，更是战士们必不可少的基本补贴。

成都的唐军领导层在王宗弼死后四天，又杀了另一位前蜀

---

1 见欧阳修：《新五代史》卷二四《郭崇韬传》，第250页；卷六三《前蜀世家》，第794页；司马光等：《资治通鉴》卷二七四，同光三年十二月条，第8948页；吴任臣等：《十国春秋》卷三七《前蜀三·本纪》，第554页。

2 见司马光等：《资治通鉴》卷二七四，同光三年十二月条，第8948页。

国高官王承休,即蜀国北部的秦州(今甘肃秦安西北)节度使。[1]王承休从前是蜀主王衍的宠臣,但当国家危难时,他却放弃抵御入侵的军队,反而借道羌人荒凉的领地遁走,并最终于十二月十四日(926.1.1)回到成都。他出发时随行兵马有一万二千余人,包括很多文臣,但他们到达成都的时候,却只剩下二千余人,其余人都在高原寒冷的天气下丧命了。

李继岌诘问王承休道:"居大镇,拥强兵,何以不拒战?"王承休解释道:"畏大王神武。"他的谄媚并没有平息李继岌的怒火,后者继续逼问道:"然则何以不降?"王承休继续解释道:"王师不入境。"事实上,朝廷大军进入大散关后一直往南走,并没有向北进入秦州地界。在进一步的审讯中,李继岌得知有一万人在漫无目的的逃亡中丧生,他十分愤怒:"可以偿万人之死矣。"[2]王承休可谓死有余辜,他作为蜀国的一方节度使,面对唐军的入侵却举棋不定,不战不降,十分不智。同时,李继岌对王承休反复讯问,意味着他正逐渐成熟,他主导了整个审讯与判决的过程。尽管过去李继岌一直养尊处优,但此时当他亲口下令处死一位比他年长很多的人时,他一点心理负担都没有。

[1] 相关史实,可参见欧阳修:《新五代史》卷六三《前蜀世家》,第792—793页;薛居正等:《旧五代史》卷三三《庄宗纪七》,第459页;司马光等:《资治通鉴》卷二七三,同光二年十月辛未条,第8926页;同光三年九月戊申条,第8937—8938页;十月乙丑条,第8941—8942页;卷二七四,同光三年十二月癸酉条,第8948—8949页;Wang, *Power and Politics in Tenth-Century China*, p. 238; Dudbridge, *A Portrait of Five Dynasties*, pp. 127—142。

[2] 以上引文见司马光等:《资治通鉴》卷二七四,同光三年十二月癸酉条,第8948—8949页;另见薛居正:《旧五代史》卷三三《庄宗纪七》,第459页考异;Dudbridge, *A Portrait of Five Dynasties*, p. 141。

(十一) 孟知祥入蜀

战后川蜀地区领导层的稳定，很快就成为洛阳朝廷首要考虑的问题。在唐军处决几拨蜀国高官后不久，朝廷决定任命汉人将领孟知祥为剑南西川节度使。[1]他出身邢州龙冈，几十年前，其叔父孟迁曾与晋王李克用结盟，孟知祥亦娶李克用侄女为妻。[2]除了跟沙陀李氏有姻亲关系外，孟知祥跟李存勖也有很深的交情，足以使之成为高级军事参谋，并拥有非凡的影响力。[3]

庄宗登基称帝之后，孟知祥成为河东马步都虞候，后又成为太原尹、北京留守，这些职位通常都是留给沙陀兄弟的。天祐十六年(919)，孟知祥曾举荐郭崇韬代替自己成为中门使。[4]同光三年(925)秋伐蜀大军开拔出征的前夕，郭崇韬终于可以回报孟知祥，他向庄宗推荐孟知祥在未来管理川蜀地区，并强调说："无如孟知祥者。"[5]此二人关系融洽，互相钦佩，这将有利于该地区最终融入后唐王朝。作为西川地区的临时领导者，郭崇韬希望能在孟知祥来到成都时，亲自把权力移交给他。

在派遣孟知祥入蜀之前，庄宗先把他召回京城。他封孟知祥为同平章事——此乃宰相的头衔，并赐予他很多内库中的珍

1　见薛居正等：《旧五代史》卷三三《庄宗纪七》，第461页；司马光等：《资治通鉴》卷二七四，同光三年十二月丙子条，第8949页；闰十二月己丑条，第8950页。

2　见薛居正等：《旧五代史》卷三三《庄宗纪七》，第461页考异；欧阳修：《新五代史》卷六四《后蜀世家》，第797页。

3　见司马光等：《资治通鉴》卷二七〇，贞明五年三月戊子条，第8843页。

4　见欧阳修：《新五代史》卷二四《郭崇韬传》，第245页；卷六四《后蜀世家》，第797页；司马光等：《资治通鉴》卷二七〇，明明五年三月戊子条，第8843页。

5　欧阳修：《新五代史》卷六四《后蜀世家》，第797—798页。

奇之物。随后皇帝在自己的寝宫中设宴招待孟知祥，而不是像往常那样在公开的场合，或许是事出有因。[1]《新五代史》记载了庄宗在闰十二月初一的宴会上所说的话，皇帝再次把自己的功绩吹嘘了一番，也表达出自己作为父亲对年幼的儿子在遥远的战场上立下赫赫功勋的骄傲，他说道：

> 继岌前日乳臭儿尔，乃能为吾平定两川，吾徒老矣，孺子可喜，然益令人悲尔！吾忆先帝弃世时，疆土侵削，仅保一隅，岂知今日奄有天下，九州四海，珍奇异产，充牣吾府！

庄宗随即指着席间的奇珍异宝，对孟知祥道："吾闻蜀土之富，无异于此，以卿亲贤，故以相付。"[2]席间氛围极好，说明皇帝相信伐蜀一战的结局肯定是正面的。孟知祥在洛阳逗留了十天，远超封赏所需的时间，种种迹象表明，他们二人见了不止一面。

《通鉴》中的一条材料指出君臣之间的另一次交流，这也许更接近孟知祥出发入蜀的日子，也更能反映出当时的真实情况。庄宗对孟知祥说："闻郭崇韬有异志，卿到，为朕诛之。"此话受到孟知祥的质疑，后者尝试劝谏他："崇韬，国之勋旧，不宜有此。俟臣至蜀察之，苟无他志则遣还。"[3]皇帝基于谣言和中

---

1 见王钦若等：《册府元龟》卷一一一《宴享三》，第1207页。
2 欧阳修：《新五代史》卷六四《后蜀世家》，第798页。
3 司马光等：《资治通鉴》卷二七四，同光三年闰十二月壬子条，第8952—8953页。

伤便假设郭崇韬有罪,这实在让人难以理解。孟知祥的质疑说明庄宗的判断并无足够依据,因为事实就摆在眼前——但必须承认的是,因两人交往甚深之故,孟知祥的确偏向郭崇韬。

奇怪的是,在与孟知祥见面前几天,皇帝跟李嗣源进行了交谈,后者本来是伐蜀统帅的第一人选。二人在过去一年里没有见过面,尽管李嗣源曾不止一次请求觐见。[1]皇帝几乎在同时与孟知祥和李嗣源会谈,这不像是一个巧合。很有可能是,皇帝已经开始紧锣密鼓地做准备,以抵御来自川蜀的威胁。对一个曾因庄宗偏执而吃尽苦头的人来说,这次入朝觐见肯定会让李嗣源觉得庄宗的形象有些衰弱,而他更感到自己脆弱无力。[2]

孟知祥上路不久后,宦官马彦珪也被庄宗派往成都,他是去铲除郭崇韬的。[3]皇帝指示,如若郭崇韬抗命,不愿班师回朝,或有拖延跋扈之举,可将他当场斩杀。帝后对此事的看法并未达成一致,而对于处置此事的最好办法,二人也没有达成共识。根据正史记载,庄宗认为现有证据不足以让他下达死刑执行令,故他选择让孟知祥视情况行事。刘皇后则认为形势十分紧迫,若视情况而动,到时还可能要与外朝商议,这会错失时机。她的立场表面上反映了宦官的意见,而她丈夫的指令,说明外朝对此有意见分歧。她没法说服丈夫,最后决定完全绕开他,

---

1　见欧阳修:《新五代史》卷六《明宗本纪》,第55页。

2　见戴仁柱著,刘广丰译:《从草原到中原》,第80—82页。

3　事见欧阳修:《新五代史》卷一四《李继岌传》,第153—154页;薛居正等:《旧五代史》卷五七《郭崇韬传》,第771页;司马光等:《资治通鉴》卷二七四,同光三年闰十二月壬子条,第8953页。

自己给战场上的儿子李继岌下"教命",让他处死郭崇韬。就这样,孟知祥带着一条命令离开洛阳,而马彦珪则带着两条命令去追赶他,二人肯定会起冲突。孟知祥作为朝中大臣,有更高的权力,可马彦珪依仗中宫皇后之势,表现得更为强势。

四、凛冬

(一) 国内危机

同光三年 (925) 的冬天十分漫长,这既是因为本年末多了一个闰十二月,也因为当年中国西北饱受严寒之苦。也许是着急逃离宫中的各种限制,庄宗于十二月二十日外出狩猎。在接下来的五天里,他跑了洛阳东郊的四个地方,其中包括著名的白沙 (今河南洛阳东)。这是一次家庭出游,陪伴在皇帝身边的有他的妻子、年幼的孩子、宫中的妃嫔,以及几千名皇宫侍卫。[1]

严寒彻骨,令狩猎队中的一些士兵或晕倒在地,或冻死路旁,侍卫们搜刮民田民居以作供饷,但所遇也是十室九空。这些愤怒的士兵没有得到想要的东西,就动手破坏田地和房屋,县吏们为躲避这些乱兵,纷纷逃进山谷。这几千名皇宫侍卫都是以前的魏州兵,他们本就惯于掳掠地方百姓,由于最近赏赐不足,他们心怀怨恨,掳掠之事变本加厉。[2]感觉往往比现实更

---

1 见欧阳修:《新五代史》卷五《庄宗下》,第50页;卷一四《庄宗皇后刘氏传》,第145页;薛居正等:《旧五代史》卷三三《庄宗纪七》,第461页;司马光等:《资治通鉴》卷二七四,同光三年十二月己卯至癸未条,第8950页;王钦若等:《册府元龟》卷一一五《蒐狩》,第1261页。

2 见司马光等:《资治通鉴》卷二七四,同光三年十二月己卯条,第8949—8950页。

能影响人心，在征服蜀国之后，皇帝产生了富足的感觉，这从他所说的"九州四海，奇珍异产，充牣吾府"可以看出来，可骨感的现实让他非常沮丧。

蜀国的财富本就被瓜分不少，剩余入册的部分还没发往北方的洛阳；可中原地区的各种税收却因农民逃田和极端的天气而大幅削减。根据镇州的报告，当地超过七千名百姓冻死，另有两千多人饿死。[1]但面对税收短缺的情况，朝廷依然有官员提出逼迫百姓提前交税。就这样，后唐有记载的第一次农民起义在同光四年（926）初爆发了，尽管规模很小，且远离京城。[2]普通士兵的状况也不好，由于"东都仓廪空竭，无以给军士"，他们被迫卖妻鬻子，或逃入京城附近的山中，捡野菜果腹。[3]对于这些不断积累的问题，庄宗在同光三年（925）闰十二月的求言诏中即有所暗示，他谦虚地请求臣民积极上章献策，以"济国治民"。

为了强调形势严峻，这份求言诏乃以"朱书御札"的形式发出，即由天子亲自用红笔抄写。[4]事实上，几周之后，一位大臣就解决目前困局的最好办法，跟皇帝进行了一场生动的对话。有些官员提议皇帝暂时移居开封，这样不但可以接近运河，及时获得补给，且能减轻洛阳的负担。但这个主意被否决了，因为这样一来，朝廷的虚实就会被南方吴国探知。也有人提出"量

---

1 见薛居正等：《旧五代史》卷三四《庄宗纪八》，第468页。

2 见薛居正等：《旧五代史》卷三三《庄宗纪七》，第463页；卞孝萱、郑学檬：《五代史话》，第106—107页。

3 见司马光等：《资治通鉴》卷二七四，同光三年十二月己卯条，第8949—8950页。

4 见薛居正等：《旧五代史》卷三三《庄宗纪七》，第462—463页。

入为出"的古法。吏部尚书李琪上言曰:"古者量入以为出,计农而发兵,故虽有水旱之灾而无匮乏之忧。"[1]

李琪显然认为伐蜀之举太过草率,因为朝廷并无足够的财政作为支持。皇帝并没有无视李琪的建议,但讨论的深入令他更为沮丧,因为他意识到远水救不了近火,这种长远的方案无法解决眼前这几个月的问题。假如朝廷能支撑到来年春天,天气的好转也有可能扭转目前的局势。然而,与感觉相反的是,蜀国的金银财富、绫罗绸缎就算能一夜之间来到洛阳,也难以在短时间内买到足够的粮食以作补给。若能如此的话,那真是奇迹了。

(二) 自我反思

在与大臣商讨过后,庄宗采取行动,反思自己过去的冷漠,有些行动是实质性的,有些则是象征性的。大年初一对中国人来说是一年当中最重要的节日,在这一天人们会互相祝贺,并交换红包。但在同光四年(926)的大年初一,皇帝拒绝接受群臣朝贺,[2]这个场景本会看起来十分可笑。因为各地自然灾害肆虐,皇帝减免了之前的夏秋两税,赦免了逃兵和一些非暴力犯罪者,并宣布停止朝会和宴会,至于恢复时间则是待定,显然是为了减少燃料和食物的开销。此外,他还减少了自己和家人的

1　语见司马光等:《资治通鉴》卷二七四,同光三年闰十二月己丑条,第8951页;另见薛居正等:《旧五代史》卷三三《庄宗纪七》,第463页。

2　见薛居正等:《旧五代史》卷三四《庄宗纪八》,第467页。

膳食标注，不过几天之后"百官上表，请复常膳"[1]，一切恢复如常。庄宗本该对自己和宫中的开销更加节制，也该让更多人享受大赦的皇恩，以避免不明就里之人说三道四。面临同样的情况，契丹主耶律阿保机亲率军队出外打猎，为自己和身边之人猎取足够的猎物，以度过漫漫严冬。[2]对于人口稠密的中原而言，类似的方法当然是行不通的，但这也可以看出北方邻国超凡的创造力。

（三）王衍离蜀

皇帝在洛阳绞尽脑汁凝聚国力，与此同时，川蜀的形势在同光四年（926）初急转直下。被废的蜀主王衍刚过完新年，就在正月初三离开了成都。与他同行的有几千人，包括他的母亲、妻妾、孩子，以及一大批蜀国宗室家族，还有从前的朝廷重臣。[3]

皇帝在召蜀国宗室至京城的诏令中，特别强调了对他们的赦免："固当列土而封，必不薄人于险，三辰在上，一言不欺！"根据正史记载，"衍捧诏忻然就道"[4]。皇子李继岌更是在成都亲自送王衍上路，他的出现似乎是为其父亲的好意作担保。随行

1　薛居正等：《旧五代史》卷三四《庄宗纪八》，第468页。

2　见脱脱等：《辽史》卷二《太祖下》，第20页。

3　见司马光等：《资治通鉴》卷二七四，天成元年正月庚申条，第8954页。926年农历四月前依然是同光四年，农历四月二十八日始由明宗李嗣源改元天成。《通鉴》体例，往往以新皇帝的年号为记，不作区分。本书正文所记926年改元以前事，均以同光四年为号，但注释涉及《通鉴》者，依《通鉴》体例。见戴仁柱著，刘广丰译：《从草原到中原》，第113—114页。

4　引文见欧阳修：《新五代史》卷六三《前蜀世家》，第793页；另见司马光等：《资治通鉴》卷二七四，同光三年闰十二月丁酉条，第8951页。

人员的规模也能说明为何他们穿越川蜀北部会走得如此之慢，一行人走了两个月才到达西京长安，在那里他们接到新的圣旨，要求原地待命。在长安等了差不多一个月，随行者的焦虑情绪与日俱增。

（四）郭崇韬之死

把前蜀余孽迁走，会让强加给魏王的新任务变得稍微轻松一些，他谋划在正月初七杀死郭崇韬这位开国元勋、朝廷柱石。[1] 宦官马彦珪比孟知祥早两周到达成都，他向李继岌和随军的高级宦官李从袭出示了皇后的教命。随后，两人进行了激烈的交流。

李从袭流着眼泪逼迫魏王道："今有密敕，王苟不行，使崇韬知之，则吾属无类矣！"李继岌反驳道："上无诏书，但皇后手教，安能杀招讨使？"李从袭不断用情势危急的说辞来劝说，最终李继岌无奈接受。[2] 魏王显然意识到他无权杀死枢密使，所以他在事后找来跟他一样质疑皇后教命合法性的文臣李崧伪造来自京城的圣旨。这是一个精明的政治决定，但刘皇后却很不明智：她的教命意图十分清晰，可以说让李继岌无路可退，也无法自作主张以成就一个更好的结局。

正月初七，郭崇韬在去衙署的路上被李继岌的侍卫李环拦

1　事见欧阳修：《新五代史》卷二四《郭崇韬传》，第250—251页；薛居正等：《旧五代史》卷三四《庄宗纪八》，第468页；卷五七《郭崇韬传》，第770—771页；司马光等：《资治通鉴》卷二七四，天成元年正月甲子条，第8955页。

2　见欧阳修：《新五代史》卷一四《李继岌传》，第154页。

截,并因头部被敲碎而亡。公开处决会激怒郭崇韬在军中的盟友,因此李继岌跟李崧一起,在黄纸上伪造庄宗的诏书,上面书写了庄宗要铲除郭崇韬之意,然后向将领们出示,以平息一场可能发生的叛乱。[1]但还是有很多郭崇韬的支持者在几个时辰内逃之夭夭,除了文臣张砺,他来到李继岌的府邸门前下跪痛哭,这是提醒他郭崇韬之死,朝廷损失重大。

郭崇韬父子的首级被置于盒中送到京城,应属朝廷指示。[2]随他进军川蜀的两个儿子也被杀害,妻子和两个小孙子则因住在代北老家而免受牵连。郭廷诲确实骄纵不法,常依仗父亲之势招摇撞骗牟取暴利,其程度令人发指,他的确死有余辜。可悲的是,郭崇韬并非如此。不久之后,朝廷不但下令查抄他在洛阳官邸的所有财产,还没收了他在晋阳的老宅。[3]郭崇韬是后唐第一位获赐铁券的大臣,但也是他们当中第一个被诛杀的。

对郭崇韬同党的清洗还在继续,下一个遇害的是他的女婿李存乂,这位皇帝的同父异母兄弟,被宦官诽谤他对前枢密使被冤杀"言甚怨望",[4]李存乂的妻子也被牵连诛杀。讽刺的是,联姻乃上层人物之间加强关系的方式之一,可有时候这种政治

---

1 见欧阳修:《新五代史》卷五七《李崧传》,第653页;薛居正等:《旧五代史》卷一〇八《李崧传》,第1419—1420页;司马光等:《资治通鉴》卷二七四,天成元年正月甲子条,第8955页。

2 见薛居正等:《旧五代史》卷三四《庄宗纪八》,第473页;吴庭兰:《五代史记纂误补》卷一《唐本纪·庄宗》,傅璇琮等主编:《五代史书汇编》第二册,杭州:杭州出版社,2004年,第1300—1301页。

3 见薛居正等:《旧五代史》卷五七《郭崇韬传》,第771—772页。

4 引文见欧阳修:《新五代史》卷一四《李存乂》传,第151页;另见同书卷三七《伶官传》,第400页;司马光等:《资治通鉴》卷二七四,天成元年正月庚辰条,第8956页。

体系也敌不过人心多疑,故这些政治婚姻的结果往往是夫妻二人同床异梦,这也说明所谓血浓于水的观念,不过是一句笑话。

(五) 祸连朱友谦

第二位受郭崇韬牵连而死的是朱友谦,他同样拥有铁券。这位短臂的节度使在十二年前就与李存勖相识交好,但去年他在伐蜀大军开拔时的一些举动,却被宫中佞幸之徒污蔑,从而引起皇帝的猜疑。[1]当时朝廷下令要求河中出兵助战,朱友谦欣然答应,不过他坚持让自己的儿子带兵。皇帝听信谗言,认为朱友谦此举是在军中安插心腹,以维护地方利益。[2]此谗言出自伶人景进之口,可以说极其荒谬,但传统认为朱友谦之死乃是他拒绝贿赂宫中佞幸,这其实也只是一面之词。准确地说,朱友谦和其他人受到郭崇韬牵连,惨遭诛杀,主要是由于皇帝感到矛盾与尴尬,因为他最初并不准备杀死郭崇韬,但既成事实之后,他只能认可此事,并要消灭所有质疑之人,以办成一桩铁案。但实际上,朱友谦跟郭崇韬之间并没有太多交往。

朱友谦很清楚什么是三人成虎,皇帝听信宫中佞幸的谗言,往往会作出错误的判断,故请求入京觐见、澄清事实。因为相信皇帝会公正裁决,他甚至没有带兵护送自己入京。他在觐见时并无异常,但在随后的晚宴上与其他大臣发生了争执。当时

1　事见欧阳修:《新五代史》卷三七《伶官传》,第400页;卷四五《朱友谦传》,第493—494页;薛居正:《旧五代史》卷三四《庄宗纪八》,第468页;司马光等:《资治通鉴》卷二七四,天成元年正月癸亥条,第8954页;庚辰条,第8956—8957页。

2　见薛居正等:《旧五代史》卷六三《朱友谦传》,第847页。

庄宗诸弟均出席宴席，朱友谦位次在永王李存霸之上，朱汉宾批评他如此不合礼仪，又说他过于自负。他们吵得面红耳赤，随后这位大臣与宫中佞幸联手，诽谤朱友谦是郭崇韬的同党。[1] 正月二十三日，朱友谦被诛杀在京城徽安门外。显然，皇帝完全没有兴趣让御史台之类的官方机构来审讯该指控是否真实。

朱氏一门惨遭族诛，死者多达一百余口，此外他手下的七名将领也被灭族，财产均被官府没收。[2] 朝廷军马包围了朱友谦在河中的府邸，其妻张氏从容进屋，拿出铁券，用嘲笑的语气质问带兵而来的夏鲁奇："此皇帝所赐也，不知为何语！"[3] 即便是这位奉旨灭门的将领，也为皇帝的背信弃义感到羞愧。当月稍晚的时候，朝廷正式公布郭崇韬的罪状，据史料记载，其时"朝野骇愕，群议纷然"，由此案所引发的大清洗，将要秘密上演。[4] 很多人肯定会担心，不知道杀戮已经结束，还是刚刚开始。

（六）将军一怒

被李继岌选拔上来代替郭崇韬当伐蜀大军总参谋的是文臣任圜，他的家族跟当地也有渊源。[5] 在天祐十九年（922）的镇州之

1　见薛居正等：《旧五代史》卷六四《朱汉宾传》，第857页。

2　见司马光等：《资治通鉴》卷二七四，天成元年正月庚辰条，第8856—8857页；陈鳣：《续唐书》卷四〇《朱友谦传》，第335页。

3　欧阳修：《新五代史》卷四五《朱友谦传》，第494页。

4　见司马光等：《资治通鉴》卷二七四，天成元年正月庚辰条，第8956页。

5　任圜祖父任清曾任成都少尹，故说他家与成都有渊源。见薛居正等：《旧五代史》卷六七《任圜传》，第894—895页；欧阳修：《新五代史》卷二八《任圜传》，第305—306页；戴仁柱著，刘广丰译：《从草原到中原》，第60—61、101—102、261页。

役中，任圜表现出色，这大大增加了他在军中的资历，此次伐蜀，李继岌特别要求他来当参军事。任圜被提拔为总参谋的同时，西川节度使孟知祥也到达成都，他将负责恢复整个川蜀地区的秩序。唐军也会留下一部分以作辅助。[1]而任圜的主要任务就是率领大军撤退。大军在正月二十七日离开成都，为安全起见，康延孝率领一万二千人殿后，此前他是先锋官，但此刻他将会多留几天，以为大军提供保护。[2]

离开成都不到一周，李继岌就接到圣旨，这次很明确是来自他父亲的，他被要求处死朱友谦的一个儿子，其人此刻正在成都东面的遂州（今四川遂宁），这也是族诛的一环。[3]李继岌已经往北进发两百多公里了，故他把这个任务交给了董璋，尽管康延孝的殿后军更靠近遂州，而他的士兵装备也更加精良。此前董璋被封为东川节度使，康延孝本就心怀不满，此刻他怨怼更甚。此外，康延孝的殿后军中有大量来自河中的将士，他们跟朱友谦及其属下将校都有千丝万缕的关系，但此时，他们从前的长官都在朝廷的命令下遇害了。河中将士在听闻朱友谦遇害后，"皆号哭诉于军门"，都不愿再冒风险，为这个已经疯狂的朝廷效命了。[4]康延孝跟他们一样大为震动，也能理解他们的心情，

1　见欧阳修：《新五代史》卷六四《后蜀世家》，第798页。

2　见欧阳修：《新五代史》卷四四《康延孝传》，第486页；司马光等：《资治通鉴》卷二七四，天成元年正月甲申条，第8957页。

3　见薛居正等：《旧五代史》卷三四《庄宗纪八》，第471—472页；司马光等：《资治通鉴》卷二七四，天成元年二月丁酉条，第8961页。

4　引文见欧阳修：《新五代史》卷四四《康延孝传》，第486—487页；另见司马光等：《资治通鉴》卷二七四，天成元年二月丁酉条，第8961页。

他说道:"西平与郭公皆以无罪赤族,归朝之后,次当及我矣。"[1]二月中旬,他先发制人,带兵往南折返,并向蜀人宣布,他将对自己的朝廷开战。不断增加的不安,让康延孝走上了叛唐之路。

据说康延孝的军队在短短几天内就膨胀到五万人,蜀人的反应足以说明他们反唐情绪之高涨,而几个月前的他们还在盼望唐军来救其于水火之中。李继岌派任圜与沈斌(又作沈赟)率兵七千前往镇压,后来又得到新任节度使孟知祥的援助。[2]唐军用了将近一个月才把叛军镇压下去,而这从长远来说又给魏王带来更为严重的危机:为了等待南方平叛的结果,他在川蜀边地度过了整个二月。[3]李继岌另一个重要的决定,是他离开时留下了五千精兵镇守川蜀北部。没了这五千精兵,他自己的侍卫将大幅减少,可此时他需要往长安进发,而朝廷对这里的控制一直都不甚稳固。[4]康延孝被生擒活捉,关在囚车里。孟知祥和任圜讯问他叛乱的原因,因为他的这种行为与他一直表现出的忠心极不相符。康延孝抨击了朝廷的举措以作反驳,他说道:

郭崇韬佐命之臣,功在第一,兵不血刃而取两川,一旦无罪,阖门受戮。顾如延孝,何保首领,以此不敢

1　朱友谦封西平王,故称"西平"。薛居正等:《旧五代史》卷七四《康延孝传》,第969页。

2　见欧阳修:《新五代史》卷三三《沈斌传》,第362页;薛居正等:《旧五代史》卷六七《任圜传》,第895页;卷七四《康延孝传》,第969—970页;卷九五《沈赟传》,第1266页。

3　见司马光等:《资治通鉴》卷二七四,天成元年二月甲寅条,第8964页。

4　见欧阳修:《新五代史》卷六四《后蜀世家》,第799—800页。

归朝耳！"[1]

这番话说出了军队将士对前枢密使的爱戴之情，哪怕是曾经受过他责骂羞辱的将领，也是如此。四月初五，康延孝在凤翔被宦官向延嗣处死。向延嗣和孟知祥行事如此匆忙，也许是担心康延孝的部下感念旧恩，因而作乱。事实上，这些部下甚至愿意赌上自己的前途和性命来为他收尸下葬。[2]

（七）蜀王灭族

三月十八日，正往京城进发的蜀国宗室惨遭灭族，来传旨的正是后来处斩康延孝的宦官向延嗣。此前王衍的亲属都被软禁在长安城里。庄宗怕把蜀国宗室放在李继岌的随行大军里会让儿子分神照顾，进而危及他的人身安全。同时，伶人景进等佞臣也屡进谗言，说担心川蜀可能会发生叛乱，因为会有野心家以蜀国宗室在军中为名，肆掠西境，或者有些人会利用蜀国宗室离开川蜀的机会，在那里挑拨离间，制造事端。但事实上，这两种情况仅为猜想。[3]可正因为这些理由，王衍一家惨遭杀害。

长安的杀戮本来会更加可怕，因为皇帝的圣旨原本是"诛

---

[1] 语见欧阳修：《新五代史》卷四四《康延孝传》，第487页；另见薛居正等：《旧五代史》卷七四《康延孝传》，第970页；司马光等：《资治通鉴》卷二七四，天成元年三月乙丑条，第8966页。

[2] 向延嗣乃奉庄宗之命杀康延孝，但事实上，四月初五（辛卯）前，庄宗已经在洛阳驾崩。见司马光等：《资治通鉴》卷二七五，天成元年四月辛卯条，第8977页；薛居正等：《旧五代史》卷七四《康延孝传》，第970页。

[3] 事见欧阳修：《新五代史》卷三七《伶官传》，第400页；卷六三《前蜀世家》，第793页；薛居正等：《旧五代史》卷三四《庄宗纪八》，第475页；卷九〇《张筠传》，第1182页；司马光等：《资治通鉴》卷二七四，天成元年三月甲戌条，第8970—8971页。

衍一行"，这意味着，除了前蜀宗室外，随行的其他与王氏相关或不相关的蜀国人员都在诛杀之列，总计大概有一千余人。大宦官枢密使张居翰跟从前的张承业一样，均非盲从之人，他拒绝就这样把这道圣旨发下去，认为"杀降不祥"。于是，他把圣旨中的"一行"改为"一家"，也就是把屠杀的范围限制在王衍的核心家庭和他的直系宗室。[1]洛阳朝廷背信弃义的行为让王衍的母亲徐氏极为愤怒，在就戮前，她对监斩官诅咒后唐宗室，吼道："吾儿以一国迎降，反以为戮，信义俱弃，吾知其祸不旋踵矣！"[2]此时，天子已经没有多少政治资本，各种形式的反叛也从其他方面反冲他的乖张行为，徐氏的诅咒很快就会实现。

五、邺乱

（一）贝州兵乱

在离川蜀一千多公里外，后唐王朝正面临着它建立以来第一次实实在在的威胁，此事与伐蜀无关，若非要说其有关联，只能归结于征伐西南的战争让全国各地的掌权者普遍不安。新的战火在最古老的火药桶天雄军点燃，此镇从唐朝开始即管有六州（**魏**、**博**、贝、相、卫、澶），其中以**魏**、**博**二州为中心。军队调动让这里出现权力真空，而朝廷在为此地选择监军时又颇

1　见欧阳修：《新五代史》卷三八《张居翰传》，第406页。

2　欧阳修：《新五代史》卷六三《前蜀世家》，第793页。

为轻率,再加上天灾连连,这一切都在撼动着这一地区。

同光四年(926)二月初,一场叛乱在驻扎在贝州的士兵中爆发了,他们原来都是魏州人,此刻心怀怨恨,并推举皇甫晖为首。根据皇甫晖自己所言,贝州叛军对洛阳的怨恨是这样的:

> 唐能破梁而得天下者,以先得魏而尽有河北兵也。魏军甲不去体,马不解鞍者十余年,今天下已定,而天子不念魏军久戍之劳,去家咫尺,不得相见。[1]

正如这番话所说,朝廷漠视加在魏州人身上的重担,无论是经济上的还是军事上的。在后唐建立前,晋军以此作为进攻梁朝的军事基地,持续八年之久;在庄宗登基后,此地的将士又往往被派驻在外。除了有一段时间成为皇帝侍卫外,当地军人往往被派到远近不一的其他地方执行任务。尽管轮换制度是有效控制地方军队的手段,但事实上,士兵们普遍对这种制度感到不满,而让情况变得更糟的是,有些士兵还被派到如川蜀那么远的地方去。因此,邺都之乱不能说完全跟伐蜀之役没有关系。

(二)叛军入魏

贝州乱兵连续逼迫两位将校当他们的首领,但都没有成功,

---

[1] 欧阳修:《新五代史》卷四九《皇甫晖传》,第556页。贝州乱兵是从瓦桥关(位置在今河北雄县)轮换下来的,本来应该回到魏州,但朝廷恐怕他们进入魏州会造成变乱,所以让他们暂时驻扎在贝州。见司马光等:《资治通鉴》卷二七四,天成元年二月己丑条,第8957—8958页。

他们杀掉二人，并且提着他们的首级来到赵在礼面前，逼其就范。[1]赵在礼是涿州人，此地从前隶属于燕国，在燕国被灭之后，他就在晋军服役，至今已有十年，并从行伍中被提拔为大将。当叛乱爆发时，他刚好在贝州执行任务。当时，各地谣言四起，讹称朝廷发生动乱，这些谣言实际上是用来煽动军队，以保护地方利益的。伐蜀之役开始后朝廷的各种乖张行为，也会给有宿怨的人提供起事的借口。贝州跟朝廷确实有宿怨，心怀不满的叛军也会想起多年前发生在这里的屠杀。正如第二章所提到的，晋王曾许诺赦免贝州将士，但当时进攻贝州的晋军高层不顾这一承诺，把该城几千降兵屠杀殆尽。

二月初六（癸巳），叛军从贝州攻打到邺都魏州，这样的速度说明当地出现了很严重的权力真空。当时的魏州监军正是伶人史彦琼。[2]从晚唐开始皇帝就喜欢让宦官监军，张承业也是因此到达河东的；而在同光朝，伶人担任监军的数量逐渐增多。不幸的是，原来能力出众的邺都留守张宪被任命到晋阳去了，新的留守王正言又昏庸无能，这更让权力下放给了监军。

朱友谦被杀后，史彦琼接到密旨，要求他处死身在澶州的朱友谦之子朱建徽。史彦琼乘夜离开魏州，没有告诉任何人此行的意图和目的地，让朱建徽毫无防备。他可疑的行迹却让谣

1　见欧阳修：《新五代史》卷四六《赵在礼传》，第503—504页；薛居正等：《旧五代史》卷九〇《赵在礼传》，第1177—1178页；司马光等：《资治通鉴》卷二七四，天成元年二月己丑至癸巳条，第8958—8960页。

2　见欧阳修：《新五代史》卷三七《伶官传》，第400页；薛居正等：《旧五代史》卷三四《庄宗纪八》，第469—470页；卷六九《王正言传》，第915页；司马光等：《资治通鉴》卷二七四，同光三年十二月丙子条，第8949页。

言四起,说在成都被杀的不是郭崇韬,而是李继岌,愤怒的皇后刺杀丈夫,并自己登基称帝,此刻正急召史彦琼回朝商议。对于刘皇后的猜测十分有趣,因为这正反映出她在民间的形象:她是一个可以完全步武则天后尘的女人,后者乃是中国历史上唯一一位女皇帝。邺都的军方高层在过去一年看到太多疯狂的事情了,又是洪水,又是地震,这让城中父老在闲谈时都常常感叹"城将乱矣"[1],而此刻又从川蜀传来各种让人难以置信的消息。同光三四年之交的冬天,一切都有可能,而贝州的乱兵正是在这种混乱中找到了机会。

在魏州,对朝廷更为不利的因素是当地官员的无能。监军史彦琼多次罔顾其下属的请求,贻误了组织防御的时机。叛军因而突袭成功,占领了魏州;史彦琼一个人偷偷跑回洛阳,只留下老迈的兴唐尹王正言向叛军投降。[2]此伶人之无能世所共睹,他本该因此而被处死,但庄宗却因自己的考虑而放过了他。庄宗对史彦琼的宽容,与对郭崇韬和前蜀宗室的心狠手辣形成了鲜明的对比,朝廷的信任危机正因这类矛盾而与日俱增。

(三) 目光短浅

更可笑的是,两年前潞州兵乱之后,朝廷不允许各地高层重建因战争损毁的城墙和护城河,但这是城市防守的第一道防

---

1 薛居正等:《旧五代史》卷三四《庄宗纪八》,第469页。
2 见薛居正等:《旧五代史》卷六九《王正言传》,第915页。

线。[1]决策者的理由是，如此一来，各地城防在朝廷大军面前都会变得脆弱不堪，这也就能够抑制未来的叛乱了，因为根据过去一百多年的经验，叛乱分子几乎都是节度使或他们手下的将校。邺都之所以如此轻易就被贝州叛军拿下，正是由于该地的外部防御被削弱了，而庄宗作为该政策的制定者，只能为这种反面后果承担责任。

另一个跟邺都有关的政策也反而困扰着制定者，那就是保留天雄军以统率魏博六州，而不是另外分出一镇分而治之。梁朝倒是这样做过，可是最终没有成功。不同的政治布局也许可以让这次叛乱消弭于无形之中。但一般而言，庄宗和他核心班底里的谋士，在统一北方之前的十年里，都不想对人事和组织架构进行大调整，故在攻取该地区后，他们反而想通过现有的军事和政治架构来控制这个地方。这一权宜之计加速了后唐对梁朝的征服，但在行政效应方面却付出了极大的代价。

（四）初次平乱

皇帝的另一个决定是让假子元行钦率军前往魏州平叛，[2]但此举的结果却让他大跌眼镜。元行钦时为宋州（今河南商丘）节度使，为人坚毅、作战勇猛，但缺乏为将谋略。皇帝承认对他的能力有所顾虑，也曾考虑别的人选，如他所宠信的段凝。但刘皇后

---

[1] 见司马光等：《资治通鉴》卷二七三，同光二年五月庚戌条，第8921页。

[2] 见欧阳修：《新五代史》卷二五《元行钦传》，第271页；薛居正等：《旧五代史》卷三四《庄宗纪八》，第471—472页；卷七〇《元行钦传》，第926—927页；司马光等：《资治通鉴》卷二七四，天成元年二月丙申条，第8960页。

更偏爱元行钦，二人曾造访其府邸，此时她又说服庄宗："此小事，……绍荣可办也。"[1] 元行钦只带了数千禁军离开京城，这更说明朝廷对魏州的形势发生了严重的误判。庄宗的失策令人难以置信，因为他本人在登基之前曾主政魏州八年；去年春天的时候，他又回到这里驻跸两月之久。朝廷对魏州的情报工作应该做得更好，而魏州地方官员对朝廷也应该更加忠诚才对。

二月十四日，元行钦到达魏州，并进攻其南城门。同时，他也尝试用皇帝的召旨来招抚叛军军官。叛军首领赵在礼因曾追随庄宗多年，故态度比较温和，他先向朝廷军队摆出善意的姿态，再尝试解释魏州军队反叛的动机，并说尽管他们的行为军法不容，但完全是人情可悯。在魏州的城墙上，赵在礼用乐观的语气对元行钦说：

> 将士经年离去父母，不取敕旨奔归，上贻圣忧，追悔何及！若公善为之辞，尚能改过自新。[2]

赵在礼辩称，邺都之乱仅仅是因为朝廷把士兵部署在远离故土的地方，而绝不是因为他们对朝廷有其他更多的不满。

元行钦认为这个解释合理可信，于是提出赦免所有叛军。但城内的普通士兵却对与朝廷达成的协议感到不安，他们抢过

---

1 司马光等：《资治通鉴》卷二七四，天成元年二月丙申条，第8960页。
2 欧阳修：《新五代史》卷二五《元行钦传》，第271页。

圣旨，并将其撕成碎片，然后欢呼怒吼。让赵在礼吃惊的是，他手下的将士已经准备好要彻底与朝廷决裂，而他也知道此时最好不要得罪他们。实际上，叛军本来已经准备接受招抚，可此时随军出征的伶人史彦琼挑拨道："群死贼，城破万段！"城上士兵听到此话后暴怒，于是下定决心对抗朝廷。庄宗得知这一消息后，同样怒不可遏，他拍案而起道："克城之日，勿遗噍类！"此刻，他立场坚定，誓要剿灭叛军。皇帝的意思通过信使传到了元行钦的前敌指挥地澶州。[1]几天之后，皇帝决定让周边几镇派出援军，其中包括义兄李嗣源所管辖的镇州。

（五）二次平乱

不过可以预见的是，朝廷轻易不会下决定让李嗣源率兵平叛。[2]庄宗本想亲自率兵平叛，但朝中文武大臣皆极力劝阻。他们均认为"京师根本，车驾不可轻动"[3]。想当年，隋朝京城就因为皇帝身在远方而被唐军轻易拿下，此事恐怕还萦绕在很多人的脑海里。正因如此，此后很多皇帝若想亲自上战场，都会遭遇极大的阻力。[4]就在去年，庄宗同样想亲自率兵伐蜀，也同样

1　见司马光等：《资治通鉴》卷二七四，天成元年二月辛丑条，第8962页。

2　见欧阳修：《新五代史》卷六《明宗纪》，第55页；薛居正等：《旧五代史》卷三四《庄宗纪八》，第473—474页；卷三五《明宗纪一》，第488页；司马光等：《资治通鉴》卷二七四，天成元年二月甲寅条，第8963页；戴仁柱著，刘广丰译：《从草原到中原》，第83—84页。

3　引文见司马光等：《资治通鉴》卷二七四，天成元年二月甲寅条，第8963页；另见欧阳修：《新五代史》卷四五《张全义传》，第491—492页；薛居正等：《旧五代史》卷三四《庄宗纪八》，第473页；卷三五《明宗纪一》，第487—488页。

4　见司马光等：《资治通鉴》卷一九七，贞观十九年正月庚戌条，第6216—6217页。

遭到一众大臣的反对，他们的谏言是有先见之明的，因为后来形势发生了灾难性的转折。尽管庄宗就亲征一事作出了让步，但他还是拒绝了朝臣连番奏请让李嗣源去魏州平叛的要求，说"吾惜嗣源，欲留宿卫"[1]。这一次他的直觉是真的，但理由都是假的——他依然在猜疑自己的义兄。

李嗣源是去年十二月到达洛阳的，可他从没想过要在这里待上两个月。随着时间的推移，他的自由逐渐受到威胁。皇帝把他长时间留在京城，并派从前的仆从朱守殷假意与他交好，从而暗中窥伺他是否忠诚。可这位宠臣反而把皇帝的猜疑泄露给李嗣源，并劝他立即返回镇州，否则将不免遭殃。在李嗣源的回应中，有"吾心不负天地"之语，以表明自己对皇帝忠心耿耿。[2]他拒绝离开京城，一方面是为了避免朝廷对他作出进一步的指控，另一方面则是为了自己的人身安全：留在洛阳城里，比走上毫无保护的归途更加安全，而且为了不让自己太显眼，李嗣源这次来洛阳也没有像往常那样带上卫兵。

另一个被皇帝派来监视李嗣源的是宦官马绍宏，他同样同情李嗣源，并跟他合作。马绍宏是继郭崇韬之后担任枢密使的，最近他再三帮助李嗣源，让他免受宫中佞幸之徒的诽谤。他还认为李嗣源战功彪炳，并声称："若委以专征，邺城之寇不足平

1　司马光等：《资治通鉴》卷二七四，天成元年二月甲寅条，第8963页。

2　引文见薛居正等：《旧五代史》卷三五《明宗纪一》，第488页；另见欧阳修：《新五代史》卷五一《朱守殷传》，第571页；戴仁柱著，刘广丰译：《从草原到中原》，第84页。

也。"[1]最后，派李嗣源出征平叛获得了张全义的支持，后者的话最为重要，因为他是洛阳政坛的标志，若论对皇帝夫妇的影响力，他是首屈一指的。张全义指出，北方形势严峻，若无李嗣源这样的人物，局势将会失控。同时，他还谴责了目前的前敌指挥官元行钦，认为"如倚李绍荣辈，未见其功"[2]。

皇帝最终作出让步，同意把李嗣源派到魏州，因为确实没有可用之人了。最近叛乱四起，将领都被派至各地平叛。[3]二月中旬，从马直宿卫军士王温等五人在魏州南部一小镇执行任务时发动叛乱，杀害了他们的长官。尽管影响不大，但皇帝开始怀疑禁军的忠诚度。另一场叛乱发生在魏州以北的邢州，在平叛军队赶来恢复秩序前，四百名侍卫占据州城达两周之久。[4]

根据正史记载，这类地方节度使麾下军队哗变的场景在同光四年（926）二月的北中国陆续上演，而它们累积起来的影响，也让皇帝大为震动。[5]庄宗意识到，这些不忠的举动不但为军纪所不容，更是威胁到他的人身安全，他曾向身边之人暗示，待平定邺都之乱后，他将对侍卫亲军进行一次彻底的大清洗。但

1　语见薛居正等：《旧五代史》卷三四《庄宗纪八》，第473页；薛居正等：另见同书卷三五《明宗纪一》，第488页；欧阳修：《新五代史》卷三八《宦者传》，第408页；司马光等：《资治通鉴》卷二七四，天成元年二月己丑条，第8957页。

2　语见薛居正等：《旧五代史》卷三四《庄宗纪八》，第473页；另见欧阳修：《新五代史》卷四五《张全义传》，第492页。

3　见薛居正等：《旧五代史》卷三四《庄宗纪八》，第472页；司马光等：《资治通鉴》卷二七四，天成元年二月甲辰条，第8962页。

4　见薛居正等：《旧五代史》卷三四《庄宗纪八》，第471页；司马光等：《资治通鉴》卷二七四，天成元年二月庚子条，第8962页。

5　见薛居正等：《旧五代史》卷三四《庄宗纪八》，第473页。

不幸的是，他这自信的话语被泄露出来，从而让侍卫得知了。[1]他说此话时太过大意，且选择的对象也非可信之人。

皇帝就派李嗣源去魏州之事作出了让步，但条件是他所带之兵必须是京城的侍卫亲军，这种安排的目的是将李嗣源和他大本营的镇州兵隔离开来。此刻，大将霍彦威正率领镇州兵在邢州平叛，在朝廷大臣眼中，这是一位正直可靠的将领。三月初六，李嗣源以惊人的速度到达魏州，然而皇帝的这些侍卫亲军——被认为是最忠诚于皇帝的军队也在短时间内哗变了。从马直军士张破败杀害了自己的都将，并煽动身边的士兵造反。[2]

(六) 嗣源之叛

魏州近郊的确有忠于朝廷的残余部队，但他们在人数上比不上叛军，这迫使李嗣源不得不与变节者对话。一开始，李嗣源即对叛逆者作出严厉谴责："尔天子亲军，反效贼邪！"叛军絮絮不休地抱怨朝廷，他们的矛头主要集中于朝廷漠视邺都之乱背后的特殊原因。实际上，从京城来的这些亲军是同情魏州叛军的，他们控诉皇帝在调兵遣将和执行军法时冷酷无情：

城中之人何罪，戍卒思归而不得耳！天子不垂原

---

1 见欧阳修：《新五代史》卷三七《伶官传》，第401页。

2 关于此次叛乱，可参见欧阳修：《新五代史》卷六《明宗纪》，第55—56页；卷四六《赵在礼传》，第503—504页；薛居正等：《旧五代史》卷三四《庄宗纪八》，第474页；卷三五《明宗纪一》，第488—489页；卷六四《霍彦威传》，第852页；卷七五《晋高祖纪一》，第980页；司马光等：《资治通鉴》卷二七四，天成元年三月壬戌条，第8965—8966页；戴仁柱著，刘广丰译：《从草原到中原》，第84—93页。

宥，志在剿除。且闻破魏之后，欲尽坑魏博诸军，某等初无叛心，直畏死耳！[1]

显然，朝廷对魏州叛军的威胁引起了侍卫亲军的共鸣，王温事件后，庄宗也对他们作出过类似的威胁。王温之事发生后，庄宗斥责过从马直指挥使伶人郭从谦，后者与前枢密使郭崇韬关系极好，且对他被杀之事抱有同情之心，故他被皇帝斥责后，转而煽动侍卫亲军。亲军们被郭从谦鼓动，才会在魏州生乱。[2]

侍卫亲军中的叛军开始逼迫李嗣源在黄河以北地区称帝，而把黄河以南地区的统治权留给庄宗。这项奇怪的提议说明，皇帝自迁都到黄河南岸后，正逐渐忽视北方故土。尽管王朝各都城的布局显示它依然跟北方存在联系，但庄宗登基后，三个陪都他仅仅去过邺都一次，这渐渐让人们觉得皇帝忽视广袤的北方地区。李嗣源泪流满面地与侍卫们理论，可他们却抽出兵器环伺在他身边。他只有两个选择：参与他们的叛乱或死在他们手中。李嗣源选择生路，他必须立即停止对魏州城的进攻，并与城内的叛军首领赵在礼合作。尽管这种场景是被当时的历史学家描绘出来，以证明李嗣源清白无辜、完全被局势左右，但鉴于魏州过去一百年的经验，以及中古时代中国普遍的军政形势，它存在着一定的真实性。事实上，回溯到唐太宗时代，心

---

1 欧阳修：《新五代史》卷四六《霍彦威传》，第505页。
2 见司马光等：《资治通鉴》卷二七四，天成元年二月甲辰条，第8962—8963页；三月甲子条，第8965—8966页。

怀异志的军官也有把自己的意志强加给谨慎的领导者的习惯。[1]

对下属作出让步后，李嗣源随即与从邢州平叛归来的镇州副留守霍彦威一起进入魏州城。在他与赵在礼交谈时，他在城外的主力军却遭到皇甫晖所率的魏州叛军袭击。大军溃散，也有人战死。没有了军队，李嗣源发现他所能依靠的只有魏州城内高层的善意，可并非每个高层都心怀好意。幸运的是，几天后他溃散的军队重新集结，此刻正由安重诲与石敬瑭率领，他们俩都是李嗣源麾下的高级军官，一个是他的幕僚，另一个是他的女婿。李嗣源和霍彦威被从魏州城放出来与他们手下的军官商议，此后，几千名镇州兵进一步集合起来，两位长官的出现让他们因变故而产生的恐惧得以消除。[2]李嗣源最后一个地方职位就是镇州节度使，该地与赵州一样，都是从前赵王的领地。

镇州转投叛军最快的本地名将当属符习：五年前，他拜伏在李存勖面前并宣誓效忠，以换取后者的帮助，为死去的赵王王镕报仇[3]——他是在李嗣源和霍彦威向他发出请求后倒戈的。另一位更可预见会加入叛军队伍的是李从珂，他四十多岁，乃李嗣源的养子，庄宗曾经称赞他曰"敢战亦类我"[4]。但面对魏州局势的变化，李从珂站在了李嗣源一边，并为叛军提供了兵源

---

1 见赵克尧、许道勋：《唐太宗传》，第78页。

2 见薛居正等：《旧五代史》卷七五《晋高祖纪一》，第980页；卷九一《郑珏传》，第1209页；司马光等：《资治通鉴》卷二七四，天成元年三月丁卯条，第8967页；戴仁柱著，刘广丰译：《从草原到中原》，第86—87页。

3 见欧阳修：《新五代史》卷二六《符习传》，第277—278页。

4 引文见欧阳修：《新五代史》卷七《废帝纪》，第71页；另见薛居正等：《旧五代史》卷四六《唐末帝纪上》，第625—627页。

支持。不过，李嗣源的手下并非所有人都追随他走上叛逆之路。侯益是李嗣源信任的将校，但他坚持独自逃离魏州，返回洛阳，他的忠义之举让庄宗"出涕"。[1]对皇帝而言可悲的是，对他忠贞不二的人日渐减少，这种趋势显然与他的对手有关。

（七）途经相州

随着大军聚集，李嗣源可以有更多的选择。他自己想北上回到镇州，那里"以铁为城"[2]，十分坚固，足以成为他最安全的基地，以跟洛阳朝廷谈判。但他的幕僚不同意，他们更愿意去一个稍稍在魏州以南，但却在黄河北岸的中立地区。于是，李嗣源向相州进发，在那里他可以召集他的亲朋故旧。[3]从相州到洛阳的使者"一日数辈"，以求向皇帝申诉，但他们都被元行钦拦截了下来。[4]因此，几天过去，李嗣源还不能从朝廷那里获得任何回应，而他自己则从朝廷的沉默中推测出负面的答案。从元行钦一生的行止看，他并非一个懦夫，也不是乖张之人，他应该是被误导了，从而完全不能意识到阻断李嗣源与朝廷之间的沟通会产生什么样的后果。

此刻，皇帝对此事有何看法并不确定，他很有可能采取报复行动，故李嗣源最担心的就是他家人的安危。他有四个儿子，

---

1 见脱脱等：《宋史》卷二五四《侯益传》，第8879页。
2 司马光等：《资治通鉴》卷二六七，开平四年十二月辛巳条，第8731页。
3 李嗣源曾为相州刺史，见司马光等：《资治通鉴》卷二六九，贞明二年八月丙午条，第8804页。
4 见司马光等：《资治通鉴》卷二七四，天成元年三月辛未条，第8969页。

年纪最大的李从璟（又名李从审）此时在洛阳担任金枪指挥使。这既是一种荣誉，也是危机，因为他实际上就是李嗣源在京城的人质。庄宗有大把机会把他杀掉，可他还是决定让李从璟在自己与李嗣源之间沟通斡旋。李从璟在侍卫亲军中的记录很好，皇帝对他的评价也很高，当准备释放他回到父亲身边时，他用安抚的语气对他说道："尔父于国有大功，忠孝之心，朕自明信。今为乱军所逼，尔宜自往宣朕意，毋使自疑。"[1]

庄宗微妙的话语说明他认为李嗣源是军事阴谋的受害者，故也愿意赦免他。他释放李从璟这个他手中唯一的人质，这说明他愿意相信李嗣源，尽管双方至今还没有直接对话。但其他人并不如皇帝那样相信李嗣源的儿子，前线大将元行钦在魏州以南把李从璟拦截下来，并迫使他返回京城，让他无法完成任务。[2]庄宗被李从璟的忠心打动，把他收为义子，并赐名李继璟，"继"字是其亲生儿子的标识。

（八）直击开封

尽管李嗣源很担心儿子的安危，但他同样得面对来自手下亲信的压力，对他们来说，若不投降，就只能继续反抗。很多人认为，元行钦肯定会不顾皇帝本身的意愿而继续阻碍双方和

---

1 语见欧阳修：《新五代史》卷一五《李从璟传》，第161页；另见薛居正等：《旧五代史》卷三五《明宗纪一》，第489页；陈鳣：《续唐书》卷三七《李从璟传》，第309页；戴仁柱著，刘广丰译：《从草原到中原》，第88页。

2 见欧阳修：《新五代史》卷二五《元行钦传》，第271—272页；薛居正等：《旧五代史》卷三四《庄宗纪八》，第474页。

谈，因为他已经与京城里的一些小人结为同盟，当中包括且不限于刘皇后。[1]此刻的李嗣源也面临着更大的挑战，他既要推翻朝廷对他的有罪推定，也要抓住难得的历史机遇。用李嗣源的追随者石敬瑭的话说："岂有军变于外，上将独无事者乎？"[2] 面临这般紧要关头，石敬瑭建议立即整装出发，奔袭相州以南两百公里的开封。占据梁朝旧都，可以加强李嗣源的实力，并让他更接近洛阳，但石敬瑭却声称此举的目的是让李嗣源"自雪"[3]于天下，在他看来，这不算反叛。其实，这只是咬文嚼字的区别而已。

大将霍彦威及谋士安重诲都支持石敬瑭的计划，他们一起最终说服了谨慎的李嗣源。[4]李嗣源一旦决定进攻开封，就得考虑如何让家人免遭朝廷的法律制裁。他的密使偷偷从相州出发，去接触几个不同的藩镇，用威逼利诱的办法让他们保持中立。[5]其中最重要的乃是镇州，这里住着李嗣源的正妻曹氏，还有很多妾氏和孩子。镇州城中的虞候将王建立与李嗣源是老交情，后者曾对他有救命之恩，于是他"杀常山监军并其守兵"，李嗣源的家属"因得无患"[6]。同样的戏码也在开封上演，在那

---

1 见薛居正等：《旧五代史》卷三五《明宗纪一》，第489页。
2 欧阳修：《新五代史》卷八《晋高祖纪》，第77页。其他史料对石敬瑭所说之言，记载有所不同，见薛居正等：《旧五代史》卷七五《晋高祖纪一》，第980页；司马光等：《资治通鉴》卷二七四，天成元年三月辛未条，第8969页。
3 薛居正等：《旧五代史》卷七五《晋高祖纪一》，第980页。
4 见薛居正等：《旧五代史》卷六四《霍彦威传》，第852页。
5 见司马光等：《资治通鉴》卷二七四，天成元年三月辛未条，第8969—8970页。
6 欧阳修：《新五代史》卷四六《王建立传》，第512页。

里，李嗣源的长女即石敬瑭的妻子，在当地高层的保护下免遭毒手，他们正等待着她父亲的到来。[1]四出联络的使节均成功完成任务，这意味着一个支持李嗣源的网络已顺利形成，这种支持正是朝廷所缺少的，哪怕是离洛阳最近的开封，也不愿意支持朝廷。也正是这个网络让叛军成功堵截大运河上装载赋税物资的船只，以打赏从相州南下的将士。[2]

六、离心

（一）财政紧张

同光四年（926）春，皇帝在军中不再受到尊重，这大概是因为铁石心肠的租庸使孔谦剥削克扣军人的赏赐和补贴，从而使矛盾逐步升级。邺都之乱发生后，大臣们请求皇帝从内库中拿出金银布帛激励军中战士。[3]宰相豆卢革也十分支持他们的请求，他强调道："今租庸已竭，内库有余，诸军室家不能相保，倘不赈救，惧有离心。"[4]甚至朝中的司天监也出列陈表，他们认为将会有危险危及皇帝本人，"宜散府藏"[5]，暗示皇帝拿出积蓄赏赐身边的侍卫。这说明就算是侍卫亲军里的精英也很难仅靠军

1　见薛居正等：《旧五代史》卷六一《西方邺传》，第823页；欧阳修：《新五代史》卷二五《西方邺传》，第275页。

2　见司马光等：《资治通鉴》卷二七四，天成元年三月辛巳条，第8971—8972页。

3　见薛居正等：《旧五代史》卷三四《庄宗纪八》，第475页。

4　司马光等：《资治通鉴》卷二七四，天成元年三月辛未条，第8968页。

5　语见薛居正等：《旧五代史》卷三四《庄宗纪八》，第475页；另见陈鳣：《续唐书》卷三五《刘皇后传》，第290页。

饷过活，而朝廷却克扣了他们的补贴。[1]令人费解的是，皇帝竟然忽视了战士们的处境，毕竟他曾与他们出生入死十多年，他没能及时介入此事，只能用漠不关心来解释了。

另一个让京城将士心寒的因素来自中宫刘皇后，她几乎控制了内库里一半的财富。当豆卢革等提出用钱赏军时，被断然拒绝。她从宫中拿出一个化妆盒与三个银盘，再抱出皇子三人，对群臣道："人言宫中积蓄多，四方贡献随以给赐，所余止此耳，请鬻以赡军！"[2]面对她声嘶力竭的咆哮，朝臣们也不好多说什么，只能离开皇宫，而庄宗也没有细问内库为何枯竭。几天后，邺都之乱形势愈加危急，刘皇后才拿出大量金银布帛分发给诸军，可军人们依旧抱怨道："吾妻子已殍死，得此何为！"[3]三月中旬，西川四十万金银终于运抵洛阳。皇帝坚持"分给将士"，但这种慷慨来得太迟了，将士们已铁心与他作对，很难改变。

（二）开封出降

三月十八日，元行钦返回京城洛阳，告诉庄宗李嗣源秘密向开封进发之事，并与之商讨如何应对。[4]作为回应，庄宗立即出发东征，而李嗣源的长子李从璟也随他而行。元行钦则先走

1　有关宋人对此事的看法，可参见脱脱等：《宋史》卷三〇六《谢泌传》，第10095页。

2　语见司马光等：《资治通鉴》卷二七四，天成元年三月辛未条，第8968页；另见欧阳修：《新五代史》卷一四《庄宗皇后刘氏传》，第145页。

3　司马光等：《资治通鉴》卷二七四，天成元年三月癸酉条，第8970页。

4　见欧阳修：《新五代史》卷二五《元行钦传》，第272页；司马光等：《资治通鉴》卷二七四，天成元年三月甲戌条，第8970页。

一步，向东直奔开封。皇帝和他的侍卫则驻留在洛阳近郊的汜水县（今河南荥阳西北）等待援兵。李嗣源的大军则更加大胆：他们渡过黄河，用最短的时间侵入开封正北的滑州。庄宗越来越感到绝望，他再次派出李嗣源的儿子去斡旋，但李从璟又再次被元行钦拦截下来，这一次，元行钦甚至没有跟皇帝商议，直接将其击杀。[1]李嗣源大军向南，肯定会让朝廷怀疑他的忠诚，故庄宗身边与他亲厚之人也纷纷逃亡，也有人反复劝说李从璟尽快逃脱。《新五代史》的作者欧阳修怀着悲痛的心情写道："从璟之于庄宗，知所从而得其死矣。"[2]这是说他把对君主的忠诚放在自己的生命之上。从璟死后几天，李嗣源顺利占领开封，但一切都已经太迟了，他再也无法挽救自己的儿子。

庄宗在汜水等了几天，只等来了西方邺从开封带来的五百骑兵。[3]三月二十四日，他继续向东行军，但当李嗣源大军到达开封，知汴州孔循出城迎接时，庄宗才堪堪走到开封以西一百公里的荥泽县（今河南郑州西北）。石敬瑭几乎兵不血刃地占领了开封，尽管他仅带了三百骑兵作先锋部队。[4]汴州知州孔循在梁朝时曾担任过租庸使，既无政绩，也无战功，他在史书中被描述为"柔佞而险猾"，是一个善于投机取巧之人。皇帝从西边向开

1　见薛居正等：《旧五代史》卷三五《明宗纪一》，第489页；卷七〇《元行钦传》，第927页；司马光等：《资治通鉴》卷二七四，天成元年三月丁丑条，第8971页；辛巳条，第8971－8972页。

2　欧阳修：《新五代史》卷一五《李从璟传》，第162页。

3　见欧阳修：《新五代史》卷二五《西方邺传》，第275页。

4　见薛居正等：《旧五代史》卷九四《李琼传》，第1252页；司马光等：《资治通鉴》卷二七四，天成元年三月壬午条，第8972页。

封进发，而李嗣源则从北方而来，孔循给他们两人安排了相同的接风仪式。他对守城门的卫兵指示道："先至者入之。"[1]孔循如此肆无忌惮，不但反映出他人品低劣，更反映出朝廷用人不当，竟然把开封这个战略要地交托给一个庸碌无能之辈。平心而论，在伐蜀战争之前，皇帝曾经要把这个位置交给郭崇韬，可那场战争已要了他的命。[2]有能力担任此职的人选本来就很少，有能力而又忠诚的人那就更少了。此外，此镇的军事精英常常要被派去执行特殊的任务，这往往让此地高层出现权力真空。

李嗣源有效复制了三年前对开封的袭击，那一次从策划到实施，他都亲身参与。无可否认的是，他拥有在战场上最优秀的军队，同时也得到将士们的衷心拥护。从相州到开封的整个过程中，他每离开一座城市之前，必定先派出使节去招抚潜在的反对派，最开始是王晏球，他是魏州附近瓦桥关的将领。[3]使节与军队相互作用，其效果在开封城外也得到体现，在那里，曾经忠于皇帝的西方邺也变节投降了。[4]此外，侍卫亲军中也有很多人变节来降，这说明李嗣源身边的班底运作流畅。例如，庄宗到荥泽后，派出三千精骑为前锋，由汴将姚彦温率领，但

1　语见欧阳修：《新五代史》卷四三《孔循传》，第474页；另见戴仁柱著，刘广丰译：《从草原到中原》，第91—92页。

2　见司马光等：《资治通鉴》卷二七三，同光三年二月庚辰条，第8930—8931页。

3　见欧阳修：《新五代史》卷四六《王晏球传》，第510页。

4　见司马光等：《资治通鉴》卷二七四，天成元年三月壬午条，第8972页。译者按：关于西方邺，有不同的记载。前文所及庄宗在汜水县等来了西方邺带来的五百骑兵，乃出自两《五代史》西方邺本传，而根据本传，当初在开封欲杀明宗长女的也是他，故他断无此时在开封投诚之理，故在本传中，西方邺投降乃在庄宗身死，明宗入洛之后。但《通鉴》与《旧五代史·李琼传》均曰西方邺在开封投诚，与本传不同。见薛居正等：《旧五代史》卷四一《西方邺传》，第823页；卷九四《李琼传》，第1252页；欧阳修：《新五代史》卷二五《西方邺传》，第275页。

他们到达开封后并未镇压叛军，反而选择投降，从而壮大了叛军的实力。[1]这三千骑兵大多是开封本地人，更热衷于与家人团聚，而不是为这个不受欢迎的皇帝和他鄙陋的手下卖命。姚彦温把自己的变节归因于"主上为元行钦所惑"，后者对皇帝很忠心，但大脑糊涂。当得知李嗣源占领开封的消息时，庄宗才刚走到万胜镇（今河南中牟北）。于是他掉转马头返回洛阳，并怀着沉重的心情感叹道："吾不济矣！"[2]但他还不至于穷途末路，西面和西南依然牢固掌控在朝廷手里，足以成为他抵御叛军的基地。

进入汜水关后，大军开进狭长的罂子谷（今河南荥阳西），在此地，皇帝为了召集残余部队，忍痛向他们承诺回到京城后，将给他们大量赏赐。他又吩咐内库使张容哥给随从官员赏赐袍带，可张容哥回禀说已经无物可赏。他的话激怒了随行将士，他们指责这位内库使道："致吾君失社稷，皆此阉竖辈也。"然后抽刀要把他杀死。张容哥并不服气，认为罪不在己，他说："皇后吝财致此，今乃归咎于吾辈；事若不测，吾辈万段，吾不忍待也。"随后赴水而死。[3]

三月二十八日，庄宗抵达洛阳东郊，此时他的随行人员已大幅减少，他们也陷入了深深的反思之中。[4]庄宗置酒与元行钦

1　精骑三千之数出自《通鉴》，在《旧五代史》中，姚彦温所统骑兵的人数为八百。见薛居正等：《旧五代史》卷三四《庄宗纪八》，第475页；卷三五《明宗纪一》，第489页；司马光等：《资治通鉴》卷二七四，天成元年三月壬午条，第8972页。

2　司马光等：《资治通鉴》卷二七四，天成元年三月壬午条，第8972页。

3　见司马光等：《资治通鉴》卷二七四，天成元年三月癸未条，第8972—8973页；欧阳修：《新五代史》卷一四《刘皇后传》，第146页；薛居正等：《旧五代史》卷三四《庄宗纪八》，第476页。

4　见司马光等：《资治通鉴》卷二七四，天成元年三月甲申条，第8973页。

等忠心追随者商讨接下来的打算,他说:

> 卿等从我久,富贵急难无不同也。今兹危蹙,而默默无言,坐视成败。我至荥泽,欲单骑渡河,自求总管,卿等各陈利害。今日俾我至此,卿等何如?[1]

他的话充满了挫败感,因为他已没有多少选择,尤其是跟李嗣源谈判。皇帝这番话也流露出他想在更好的条件下与李嗣源见面,同时他也后悔当初不应该在众大臣的压力下这么快妥协,派李嗣源出征。元行钦泪流满面地回答道:"臣本小人,蒙陛下抚养,位至将相。危难之时,不能报国,虽死无以塞责。"于是他与其他百余名将士解开自己的发髻,剪下头发,扔在地上,以此宣誓对皇帝效死。正史写道:"君臣相持恸哭。"刻画出他们沮丧的情绪。[2] 皇帝随后回到洛阳,这里对他来说本该是安全之地。

(三) 众叛亲离

四月初一一早,皇帝上朝,他努力给人们营造一种一切如常的感觉。此前,已有大臣提醒过他,魏王大军即将返回洛阳,此时应该召集残兵等候他回来。但实际上,李继岌的大军还没

1　欧阳修:《新五代史》卷二五《元行钦传》,第272页。
2　见欧阳修:《新五代史》卷二五《元行钦传》,第272页。

到达长安。[1]皇帝本想再到汜水招抚散兵,并让他们迎候伐蜀大军回朝,故当天下午他原本是要在京城阅兵,然后出发的。王朝东部局势的恶化,肯定会让他担心自西部归来的儿子在途中的安全。

但约在中午时分,洛阳城南的兴教门发生了骚乱,让人吃惊的是,带头作乱的郭从谦乃禁军从马直四指挥使之一。[2]郭从谦系伶人出身,曾有军功,故在同光朝晚期他得到了禁军中的高级职位,[3]不过皇帝跟这位伶人之间却没有多少感情。郭从谦与郭崇韬的关系更好,因同姓之故他将郭崇韬认为叔父。其次他与庄宗的异母弟弟睦王李存乂的关系也很好,后者还把他认做假子,而李存乂在政治上也属于郭崇韬一党。最后,郭从谦过去与王温也是同僚,因为后者乃从马直军士,正是他的下属。然而,郭从谦的这三个老熟人都在最近一连串由皇帝主导的杀戮中丢了性命。

让郭从谦更加苦恼的是皇帝曾经跟他说过的一番话:"汝党存乂、崇韬负我,又教王温反。复欲何为乎?"[4]庄宗这段话可能只是嘲弄郭从谦,但在郭从谦听来,这就是一种威胁。于是

---

1 见司马光等:《资治通鉴》卷二七四,天成元年三月丙戌条,第8973页;卷二七五,天成元年四月辛卯条,第8977页。

2 关于"兴教门之变",可参见欧阳修:《新五代史》卷一四《李存霸传》,第151页;卷三七《伶官传》,第401—402页;卷五一《朱守殷传》,第573—574页;薛居正等:《旧五代史》卷三四《庄宗纪八》,第477—478页;卷三五《明宗纪一》,第490页;卷七四《朱守殷传》,第971页;司马光等:《资治通鉴》卷二七五,天成元年四月丁亥条,第8974—8975页。

3 见欧阳修:《新五代史》卷三七《伶官传》,第402页;司马光等:《资治通鉴》卷二七四,天成元年二月甲辰条,第8962—8963页;卞孝萱、郑学檬:《五代史话》,第49—50页。

4 欧阳修:《新五代史》卷三七《伶官传》,第401页。

他煽动其他禁军侍卫，说他们地位更低，在大清洗中将更加脆弱不堪，从而使禁军对皇帝产生反叛之心。在得知郭从谦作乱后，庄宗立即派人急召在东门的朱守殷，让他带兵前来一起平乱。朱守殷乃蕃汉马步使，负责京城警戒，他跟皇帝是老交情，但论起军功却寥寥无几。在此期间，庄宗和弟弟李存渥一起，率领一百多名近卫亲兵与乱兵格斗。此时，乱兵已攻入兴教门，往城内渗透。[1] 东门的援军永远都不会出现了，因为朱守殷已经把他的全部人马撤回躲起来，蕃汉军此刻已经与叛军联手，一起对付皇帝了。

皇帝在兴教门的搏斗中手刃几十人，这说明身为武士的他依然十分英勇，但随即就被流矢重创。鹰坊人善友——一个专门为庄宗喂养猎鹰的人——把生机寥寥的庄宗扶到附近的绛霄殿廊下，帮他拔出箭矢。但不久之后，庄宗还是驾崩了。[2] 少数忠心的侍卫在符彦卿和王全斌的率领下围在庄宗的尸体旁恸哭，他们还难以相信皇帝已经离去，可他们来得太晚了，没能拯救他。[3] 庄宗驾崩时才四十二岁，按照西方的算法，可能连四十一岁都不到，可谓正当盛年，而他的同光朝 (923.4—926.5) 才堪堪度过三年。[4]

1　有关兴教门的战略重要性，可参见司马光等：《资治通鉴》卷二七五，天成元年四月丁亥条注，第8974页。

2　见司马光等：《资治通鉴》卷二七五，天成元年四月丁亥条，第8975页。

3　见脱脱等：《宋史》卷二五一《符彦卿传》，第8837页；卷二五五《王全斌传》，第8919页。

4　《旧五代史》谓庄宗崩时年四十三，据陈尚君教授考证，当为四十二岁。另庄宗崩于公元926年5月15日。见薛居正等：《旧五代史》卷三四《庄宗纪八》，第477页；陈尚君：《旧五代史新辑汇证》卷三四《庄宗纪八》，上海：复旦大学出版社，2005年，第998页。

有史料说，庄宗驾崩后，刘皇后点燃了嘉庆殿，然后逃亡北方。另一条史料则坚称，庄宗还没完全断气，刘皇后就弃他而去了，只留下鹰坊人善友来收拾丈夫的遗体。[1]在后一种描述中，庄宗僵硬的尸体被放在各种乐器之下，露天火化：表演、狩猎和音乐是李存勖一生中的三大爱好，它们也共同为他书写了人生最后的篇章。这种结局与庄宗一生的桀骜十分相配，正如莎翁笔下的雇佣兵奥赛罗在拔剑自刎前所说的："他爱得太傻，却爱得太深。"[2]庄宗也为他浪漫的癖好和错付的信任付出沉重的代价。

庄宗驾崩的消息会传到远方，即便是敌国的君主也为他英年早逝而感叹。[3]庄宗早年行事非常值得称颂，因为他率领沙陀人入主中原王朝，从此彪炳史册，可他日后的行为却沦为国人的笑柄。事实证明，战场上的自律是不能够被复制到洛阳皇宫里的。早在当年他出兵救赵时，其生母曹氏就似乎有所感觉，故她尝试劝阻儿子不要离开，也正是这次行动促使他儿子从地方霸主变成中原皇帝，从默默无名走向灿烂辉煌，但也从她慈爱的双手中挣脱，落入到庸碌无能之人和愤世嫉俗之辈的爪牙包围之中。

1　前者见欧阳修：《新五代史》卷一四《庄宗皇后刘氏传》，第46页；薛居正等：《旧五代史》卷七〇《元行钦传》，第927页；后者见欧阳修：《新五代史》卷三七《伶官传》，第402页；司马光等：《资治通鉴》卷二七五，天成元年四月丁亥条，第8975页。

2　莎士比亚在《奥赛罗》的最后一章中写道："你们应该把真实的我记录下来，不要徇私，不要回护，我就是这么一个人，他爱得太傻，却爱得太深；……"奥赛罗是一个非洲武士，自觉被他的爱人，意大利女人苔丝蒙娜背叛，于是他因嫉妒亲手把她扼杀，然后在得知被挑拨愚弄的真相后，拔剑自刎。

3　见王钦若等：《册府元龟》卷六六〇《敏辩二》，第7613页。

第五章 历史重演

後唐莊宗像

君之视臣如手足,则臣视君如腹心;

君之视臣如犬马,则臣视君如国人;

君之视臣如土芥,则臣视君如寇雠。

——《孟子·离娄下》

庄宗死后不久，洛阳皇宫就遭到了朱守殷的洗劫，之前他把自己的人马都撤走，无论庄宗如何召唤，都不见踪影。这位宿卫大将从宫中抢走三十多位宫人，以及一些珍玩乐器。[1]他甚至纵容手下士兵及其他诸军在京城抢掠了整整一天，之后才邀请李嗣源的大军前来恢复秩序。后唐再不建立过渡政府的话，就有招来外部干预的危险，南方的强邻吴和楚各自坐拥八万精兵，而北方的契丹则拥有更为强大的军事机器。各方强邻都时刻窥伺着，一旦中原出现政权真空，他们就会借机谋取战略利益。

据史料记载，李嗣源在得知庄宗驾崩后，并没有掩饰自己的悲伤之情，他"恸哭不自胜"[2]。他在"兴教门之变"发生前已经出发向西了，而此后更是日夜兼程，终于在四月初三，即皇帝驾崩后两天，到达洛阳。他摆出中立的姿态对朱守殷说："公善巡徼，以待魏王。"[3]此时举国无君，李嗣源出现在京城是一件十分敏感的事情，故他一回到洛阳就住到自己的私邸，而不是住进皇宫。据一份材料记载，庄宗还有五个儿子和六个弟弟逃亡在外，[4]有一些重要的军队由忠于庄宗的宦官监军，而在河东故地还有一批后唐大将。这一部历史大剧的结局看似还有很多

1　见司马光等：《资治通鉴》卷二七五，天成元年四月丁亥条，第8975页；欧阳修：《新五代史》卷五一《朱守殷传》，第574页；薛居正等：《旧五代史》卷七四《朱守殷传》，第971页。

2　引文见薛居正等：《旧五代史》卷三五《明宗纪一》，第490页；另见戴仁柱著，刘广丰译：《从草原到中原》，第94页。

3　司马光等：《资治通鉴》卷二七五，天成元年四月乙丑条，第8976页。

4　见陈鳣：《续唐书》卷三七《宗室传》，第307页。

可能，当中只有一种是李嗣源登基称帝。

庄宗的长子李继岌在几天之后才知道父亲驾崩之事，而此时他才刚刚到达长安西郊。他在同龄人中算是天赋异禀的，故他显然可以预见针对他的潜在危险，于是他提出返回西川，以逃过支持他伯父的那些阴谋家的毒手。这样的话，李继岌本来有可能在川蜀建立一个独立王国，就像三国时候的刘备那样，后者就在此西南一隅，自号继承汉室大统，登基称帝，以对抗北方的曹魏政权。[1]但一直陪在军中的宦官李从袭此时却说出一番陈词滥调，认为"退不如进"。他促请李继岌星夜赶回洛阳，以期亲自解决这次政治危机。[2]或许李从袭认为，伐蜀大军已经离家半年，会产生思乡之情。李继岌最开始是要返回西川的，并且已经走了一段路，这说明他最初是按照自己的意愿行事的，一直到四月中旬他才听取身边之人的意见，领兵向东。也正是这名宦官，在几个月前不顾李继岌个人的保留意见，拼命教唆他在成都杀害了郭崇韬，从而造成如今的局面[3]——可能真正思乡的是他自己。

母亲的安危亦是李继岌返回京城的决定因素。庄宗死后，刘皇后即离开洛阳，逃往晋阳。[4]这对母子的关系异常亲厚，因

1　见欧阳修：《新五代史》卷一四《李继岌传》，第154页；司马光等：《资治通鉴》卷六九，黄初二年四月丙午条，第2185页；卷二七五，天成元年四月辛卯条，第8977页。

2　见司马光等：《资治通鉴》卷二七五，天成元年四月庚子条，第8981页。

3　见欧阳修：《新五代史》卷一四《李继岌传》，第153—154页。

4　见欧阳修：《新五代史》卷一四《庄宗皇后刘氏传》，第146页；司马光等：《资治通鉴》卷二七五，天成元年四月乙未条，第8979页。

为儿子自小就很少离开母亲，之前所提到的刘皇后狠揍李继岌之事，并非他们关系中的典型事例。尽管刘皇后为人处世十分乖张，但她所做的很多事都是在维护这位长子的利益。护送她到晋阳的有几百名侍卫，还有她已故丈夫的弟弟李存渥。也许是为了自身安危，刘皇后一到晋阳就落发为尼，她从宫中带来的财富很可能都被用来贿赂当地不太欢迎她的官员，以寻求他们的庇护。皇帝死后，其后妃削发为尼，这似乎是从唐代开始就形成的习惯，如唐太宗驾崩后，武则天就进入佛庵中当了尼姑。就近而言，李克用在晋阳去世后，妾氏陈夫人也曾削发为尼。此外，刘氏当了皇后两年多，其间她对佛教虔诚无比，此时出家当尼姑，是再合适不过了。

几乎与刘皇后到达晋阳同时，四月初九，洛阳朝廷以"监国"的名义发出一道教令。所谓"监国"，其职权等同于摄政王，这是李嗣源此刻的非正式头衔，这道教令指示远近官员把庄宗流散在外的亲兄弟安全护送至京城。[1]在此之前，李嗣源在称帝问题上的口风已有松动，他提出："兄亡弟绍，于义何嫌。"[2]这句话说明他偏向于接受以兄终弟及的方式来填补此时的政治空白，并认为先帝的兄弟比其子李继岌更好，因为后者实在太过年轻。寻找庄宗幸存的兄弟和相关的言论，说明李嗣源还想履行其原来的承诺，让皇位由李克用的子嗣一脉相传。当教令

1　见欧阳修：《新五代史》卷一四《李存确、李存纪传》，第152页；薛居正等：《旧五代史》卷三五《明宗纪一》，第491页；司马光等：《资治通鉴》卷二七五，天成元年四月甲午条至乙未条，第8978—8979页。

2　薛居正等：《旧五代史》卷三五《明宗纪一》，第491页。

发出之时，庄宗有六个弟弟依然活着——起码人们是这么相信的，但他们都活不长了。

在接下来的几天里发生了一连串的杀戮，有个别是意外，但其他事件则是当局高层的阴谋，旨在铲除庄宗所有潜在的继承人，这完全违背了李嗣源教令的原则及其内涵。庄宗的两位亲弟弟，李存纪和李存确，在后唐建立后一直住在洛阳，在"兴教门之变"发生后，他们立即往西南逃亡，并来到南山，藏匿于老百姓的家中。[1]两人都没有参与到任何政治罪行中，但还是在四月中被刺杀了。值得注意的是，李存纪跟李存勖是一母同胞的兄弟，都是曹太后所生，[2]这让他成为兄终弟及最理想的人选。大多数记载都把这些杀戮归咎于安重诲，他是李嗣源身边最重要的谋臣。此时趁李嗣源正专注于庄宗的丧礼，安重诲故意不跟他商议，就用"密旨"杀害了两位皇弟。史料说，李嗣源是在两位皇弟之死既成事实后，才知道此事。[3]可以肯定的是，这种先斩后奏的行事风格，与安重诲今后的政治作风非常一致，他自李嗣源登基后就担任枢密使，"四五年间，独绾大任，臧否自若"[4]。但无论李嗣源是否知道此事，存纪、存确兄弟之死乃是其核心班底摆弄出来的阴谋，所以他必须为此事负最大的责任。

1　见欧阳修：《新五代史》卷一四《李存确、李存纪传》，第152页；戴仁柱著，刘广丰译：《从草原到中原》，第97页。

2　见欧阳修：《新五代史》卷一四《唐太祖子》，第150页。

3　见孙光宪：《北梦琐言》卷一八《庄宗诸弟遇害》，第332页。

4　薛居正等：《旧五代史》卷六六《安重诲传》，第874页。

庄宗还有两个同母弟弟也在四月中旬遇害，此事甚为蹊跷，或许缘于洛阳新朝廷的阴谋，但没有明确证据。李存霸乃河中节度使，在"兴教门之变"发生后即逃亡晋阳，他是被符彦超的军队杀害的，他们有可能是李嗣源临时政府的支持者。李存霸到达晋阳的时候，身边没有任何侍卫。他的哥哥李存渥也遭遇了几乎一模一样的命运，他是在晋阳西郊被自己手下的乱兵杀害的，原因不明。[1]也许乱兵是想报复他们那不受待见的兄长，而他们是被庄宗牵连的。更重要的是，李存霸原本是带着军队来的，可到达晋阳时，士兵都跑光了。他的军队里肯定有很多河中本地人，他们都同情朱友谦，而李存霸是在朱友谦一家被杀后，才担任河中节度使的。如此多以政治为目的的杀戮迅速而集中地发生，这绝对不是一个巧合。

没有史料反驳李嗣源杀害刘皇后的事实，她在四月中旬遇害，死的时候显然还不知道其子李继岌的消息。[2]时人指控她在逃亡晋阳期间与小叔李存渥通奸，但这个说法甚为可疑。作为皇帝的弟弟，李存渥当然有特权接近宫中女性。后唐刚建立时，庄宗就让他护送曹太后到京城，一年之后本也打算让他到晋阳省视刘太妃，只不过因为太妃薨逝而作罢。这些任务都反映出李存渥从前在晋阳皇宫以及随后在洛阳皇帝核心圈中的独特地

1　见欧阳修：《新五代史》卷一四《李存确、李存纪传》，第152页；孙光宪：《北梦琐言》卷一八《庄宗诸弟遇害》，第332页；司马光等：《资治通鉴》卷二七五，天成元年四月甲午至乙未条，第8979页。

2　见欧阳修：《新五代史》卷一四《庄宗皇后刘氏传》，第146页；孙光宪：《北梦琐言》卷一八《刘皇后答父》，第333页；戴仁柱著，刘广丰译：《从草原到中原》，第97—98页。

位，而在大嫂刘皇后心中，他的地位也非同寻常。

除了与小叔通奸外，刘皇后还被中伤说她在丈夫临终前，对他表现出残酷与冷漠：据说她让宦官给濒死的庄宗进用奶酪，然后在其还没完全断气前，就弃他而去，逃亡北方。对于一国之母来说，这是极不恰当的行为。[1] 刘皇后过往在政治上可谓劣迹斑斑，故针对她的道德指控也为人所接受，尽管她罪不至死，可她的政敌想要她的命。同时，刘皇后一死，庄宗的其他亲属就更加脆弱不堪了。先帝的四个小儿子也是无罪被杀，他们遇害的时间与地点成了一个谜。[2] 就这样，除了李继岌外，庄宗大部分兄弟子嗣——也就是他潜在的继承人——都被杀害殆尽。

同光四年 (926) 四月中旬，也就是刘皇后遇害之际，李继岌正率领数千人马，向西京长安附近的渭水进发。这是伐蜀大军的余部，他们依然掌控着大量从西川掠夺而来的财富。[3] 随从人员都知道地方官员不怀好意，肯定会在这条路上设下陷阱，以牵制大军回返，但他们依然选择向长安进发。当他们行经长安西郊时，发现西京留守张篯已命人砍断渭水河上的浮桥，以阻截大军。李继岌一行于是泅水渡河，到达渭南（今陕西渭南）。此时部

---

1 见欧阳修：《新五代史》卷一四《庄宗皇后刘氏传》，第146页；卷三七《伶官传》，第402页。另据胡三省注《通鉴》，人受箭伤，应该喝水而不是"饮酪"，"饮酪"反而会加速死亡。见司马光等：《资治通鉴》卷二七五，天成元年四月丁亥条注，第8975页。

2 见欧阳修：《新五代史》卷六《明宗纪》，第62页；卷一四《庄宗五子》，第155页。

3 见欧阳修：《新五代史》卷一四《李继岌传》，第154—155页；卷四七《张筠传附张篯传》，第522页；薛居正等：《旧五代史》卷七三《毛璋传》，第959页；卷九〇《张篯传》，第1183页；脱脱等：《宋史》卷二五五《王彦超传》，第8910—8911页；戴仁柱著，刘广丰译：《从草原到中原》，第99—102页。

队逃散大半,李继岌的身边还剩宦官李从袭、侍卫李环和大将毛璋。他此时已经陷入绝望,只想体面地死去,于是向李环请求道:"吾道尽途穷,子当杀我。"[1]这名侍卫最开始颇为犹豫,但在李继岌的再三请求下,还是勉强同意了。李继岌是在四月十四日在渭南被缢杀的,此地在长安以东五十公里,足以避开敌人的威胁了,李环自己随后也自杀殉主。奇怪的是,毛璋不但活了下来,还平安回到洛阳。

历史学家对张籛的动机困惑不已,他阻断伐蜀大军回返,实际上也改变了后唐王朝的走势。用欧阳修的话来说:"夫继岌之存亡,于张籛无所利害,籛何为而拒之不使之东乎?岂其有所使而为之乎?"[2]张籛的哥哥张筠在伐蜀大军中也在郭崇韬麾下听令,所以如若他跟很多将领一样,对郭枢密心怀敬意,张籛此举有可能是为报复李继岌杀害了郭崇韬。《新五代史》对张氏兄弟的政治动机有进一步的推测,欧阳修所谓"有所使而为之",则暗示其必有指使之人,这是怀疑李嗣源的临时政府。进入洛阳不久后,安重诲就被任命为枢密使,而他也急于把自己的亲信安插在各个大藩之中,西面远如华州也是如此,此地离长安很近,足以影响当地的领导高层。[3]

长安军阀针对皇子的动机,可能与地方高层受到外来压力之下的阴谋诡计无关,而仅仅是基于他们卑劣的人性。张籛的

---

1 欧阳修:《新五代史》卷一四《李继岌传》,第154页。
2 欧阳修:《新五代史》卷四七《张筠传附张籛传》,第523页。
3 见司马光等:《资治通鉴》卷二七五,天成元年四月庚子条,第8980—8982页。

哥哥张筠在唐朝灭亡之后曾抢掠故宫，搬走一大批金银玉器。他还掌控了很多从长安近郊唐朝帝陵里盗挖出来的财富。奇怪的是，他并没有受到后唐王朝的处罚，这也许是因为他有乐善好施的名声，喜欢把自己的财富分给穷人。西京的官员都喜欢"拦路打劫"，因为这里在大散关附近，是中原通往川蜀的必经之道，各类商人和朝廷使者都会定期往返此地。[1]皇室人员路经此地返回京城还是不多见的，而张钱又缺乏其兄那种乐善好施的品性。他"嗜酒贪鄙"，花钱如流水，往往会把地方财富挥霍一空。[2]张钱贪墨成性，从前蜀主的财富此刻又都在李继岌军中，这肯定让他垂涎三尺，至于他的强盗行径会引起什么样的政治影响，那就不是他要考虑的事情了。

伐蜀战争在很短的时间内就取得了胜利，但从长远来说，它对后唐是一个沉重的负担，对战利品的争夺让宗室成员成为被抢夺的对象。至公元926年初夏，后唐宗室已所剩无几，而男性所受到的打击尤为严重。先帝仅存的弟弟李存美从小就体弱多病，他后来也因病死在晋阳城里。[3]另外还有传闻说，庄宗另一个弟弟李存礼逃往了位于今天福建省的闽国，但也没有多少严谨的证据能证实此事。[4]更加离奇的是，有传闻说庄宗有一个

1　见欧阳修：《新五代史》卷四七《张筠传》，第522页；薛居正等：《旧五代史》卷三六《明宗纪二》，第498页；卷九〇《张筠传》，第1182页；《张钱传》，第1183页。

2　见欧阳修：《新五代史》卷四七《张筠传附张钱传》，第522页。

3　见欧阳修：《新五代史》卷一四《唐太祖子》，第152页；薛居正等：《旧五代史》卷五一《李存美传》，第690页。

4　见欧阳修：《新五代史》卷一四《唐太祖子》，第152页；吴庭兰：《五代史记纂误补》卷二《唐家人传》，第1326页。

儿子跑到川蜀边陲之地，寻求庇护。[1]此外，庄宗的假子纷纷要求恢复原来的姓名，以切断与他剩余的所有联系。[2]

皇室女性的遭遇会好一点。庄宗从前的正妻韩淑妃，还有他曾经宠爱的伊德妃，被准许在晋阳与幸存的亲人团聚，[3]庄宗早期一位宠妃侯氏不知所终。此外，虢国夫人夏氏也曾得宠于庄宗，但她后来嫁给了契丹主耶律阿保机的长子突欲，后者因丧失契丹的继承权，于长兴元年（930）叛逃至中原后唐。他后来被赐名李赞华，且十分热爱中华文化，但这位契丹人经常虐待夏氏，后者最终与其和离，并削发为尼，了此残生。更多低级别的宫人被放还家中。[4]没有记载说庄宗有女儿或姐妹在这次内乱中遇害。他的一个女儿嫁给了宋廷浩，且在他驾崩十年后依然活着。[5]他唯一一个儿媳妇是王氏，她是李继岌的发妻，定州节度使王都的女儿。她很可能跟丈夫一起，死在长安附近了。李继岌自小"病阉"，故这对小夫妻并没有后代。[6]

两《五代史》都说李嗣源无意称帝，这是可以理解的，因为三年前庄宗急于称帝，在还没拿下梁都开封前，他就已经当了半年皇帝了，故也由此惹来非议。在最初的两周里，李嗣源对

1　见陶谷:《清异录》卷二《四奇家具》，上海，上海古籍出版社，2012年，第114页。

2　见薛居正等:《旧五代时》卷三六《明宗纪二》，第496页。

3　见欧阳修:《新五代史》卷一四《刘皇后传》，第146—147页；司马光等:《资治通鉴》卷二七五，天成元年四月乙丑条，第8976页。

4　见司马光等:《资治通鉴》卷二七五，天成元年四月甲寅条，第8983页；欧阳修:《新五代史》卷一四《刘皇后传》，第146页；脱脱:《宋史》卷二五五《张永德传》，第8914页；戴仁柱著，刘广丰译:《从草原到中原》，第181—182、241—242、244—245页。

5　见脱脱等:《宋史》卷二五五《宋偓传》，第8905页。

6　见欧阳修:《新五代史》卷一四《李继岌传》，第154页。

文武大臣请求他登基称帝的奏章不闻不问,并声言自己将来要回镇州当节度使(归藩)。然而,这两部正史也暗暗指出,明宗与大臣们在四月中达成了共识,在适当的时候,他们的请求可以付诸实行。李嗣源此时不登基,是要搞清楚西部的情况,尤其是李继岌的状况。[1]四月二十六日,伐蜀大军总参谋任圜带着两万残兵回到洛阳,正式宣布对蜀战争结束。据说李嗣源"抚慰久之,问圜继岌何在",任圜"具言继岌死状"[2]。此事暗示出,李嗣源对侄儿之死的细节并不清楚,这反过来也说明他并没有直接介入西境发生之事,或者更可能是,他并不想介入,以免自己因此遗臭万年。

李嗣源小心翼翼,不敢轻举妄动的另一个原因,是他担心京城之外还有忠心于庄宗的人。四月十二日,李嗣源与元行钦之间发生了一次激烈的交锋,这位大将曾在先帝面前削发明志,以表忠心。庄宗曾有指令放过李嗣源的长子李从璟,但元行钦对此不管不顾,仍然杀害了他,以报复李嗣源在魏州的叛变。[3]庄宗驾崩时他肯定在洛阳附近,因为他先协助刘皇后往北方逃亡,然后自己再向东逃往山东的方向。他跑了几百公里,

---

1　见薛居正等:《旧五代史》卷三五《明宗纪一》,第490—491页;司马光等:《资治通鉴》卷二七五,同光四年四月乙丑至甲午条,第8976—8978页;Mote, *Imperial China*, p. 45。《旧五代史·明宗纪》把议国号之事归于四月初八,但《资治通鉴》则归于四月十六至二十日之间,因两者在描述之时,都隐含李嗣源同意称帝之意,故从情理推断,《资治通鉴》似乎更合常理,因为明宗一向谨慎,入洛之初,庄宗兄弟子嗣犹在之时,应不会商议国号及即位问题。

2　引文见欧阳修:《新五代史》卷一四《李继岌传》,第154—155页;另见薛居正等:《旧五代史》卷六七《任圜传》,第895页;戴仁柱著,刘广丰译:《从草原到中原》,第103页。

3　见欧阳修:《新五代史》卷二五《元行钦传》,第272页;司马光等:《资治通鉴》卷二七五,天成元年四月戊戌条,第8980页;戴仁柱著,刘广丰译:《从草原到中原》,第105—106页。

但最终还是被一位山野之民抓到。地方长官随后把他的双足折断，并用囚车把他秘密送到京城。[1]李嗣源曾经收元行钦为义子，可在审讯之时，暴怒的李嗣源问他："我儿何负于尔！"元行钦认为李嗣源的背叛才是背叛，他说道："先皇帝何负于尔！"不久，元行钦在洛阳市中被斩，"市人皆为之流涕"[2]，无论男女，都被他的骨气感动，尽管他作为指挥官确实能力平平。

四月的上半月，临时政府还要处理北都晋阳的棘手问题，这里是沙陀人的老根据地，而此时的北都留守则是正直无私的张宪。当初庄宗要把魏州即位坛复原为马球场，就是他据理力争加以反对；同光三年（925）郭崇韬被派往川蜀前，曾提名任命他为宰相。张宪之所以到晋阳任职，乃是因为伶人与宦官媒孽——他们怨恨张宪对朝廷之事不作通融。他出守晋阳对后唐而言也非常重要，因为此地后来成为庄宗的忠臣与叛逆最后摊牌的地方。

张宪的家人都住在魏州。同光四年（926）三月邺都之乱发生后，赵在礼占领了魏州城，并控制了张宪的家人。叛军派人送信到晋阳，想威迫张宪加入反叛朝廷的队伍中。张宪二话不说，把使者斩了，并把此信原封不动送到洛阳。[3]如果这封信能交到庄宗手上的话，那也是在他驾崩前几天的事了，但天子之死并

1　见薛居正等：《旧五代史》卷七〇《元行钦传》，第927页。

2　欧阳修：《新五代史》卷二五《元行钦传》，第272页。

3　见欧阳修：《新五代史》卷二八《张宪传》，第313页；薛居正等：《旧五代史》卷六九《张宪传》，第913—914页；司马光等：《资治通鉴》卷二七五，天成元年四月壬辰条，第8977—8978页；庚戌条，第8983页；戴仁柱著，刘广丰译：《从草原到中原》，第98—99页。

没有影响张宪践行他的忠君理念。

皇弟李存霸是在四月初五到达晋阳的,张宪的手下劝他把李存霸关起来,以向李嗣源的临时政府示好。张宪拒绝了,他坚持自己的道德准则,而不考虑自身的政治安危,他说道:"吾本书生,无尺寸之功,而人主遇我甚厚,岂有怀二心以幸变,第可与之俱死尔!"[1]张宪的下属进而请求他跟其他大臣一样,给李嗣源上劝进表,这个要求也被他断然拒绝。[2]很多史料都提到,晋阳的军事精英在李存霸到达当日就逼迫张宪把他驱逐出城,后来更有谣言说庄宗的属将与宦官勾结,据城自守,以抵抗临时政府,军队因此发生哗变。[3]在混乱中,张宪逃往北方的忻州,不久之后被逮捕,并被朝廷赐死,晋阳的危机也随着张宪之死而结束。

回到洛阳,李嗣源处理政务可谓雷厉风行。京城内外、全国上下的宦官都遭到清洗,而最初的焦点在于那些犯有政治罪的宦官。五月,晋阳当局捕杀了七十多名宦官,"血流盈庭"[4]。宦官政治是庄宗时代的遗物,且影响恶劣,不受待见,李嗣源把它连根拔起,实际上也是铲除有可能反对他的人群,这很像二十

1　欧阳修:《新五代史》卷二八《张宪传》,第313页。

2　见司马光等:《资治通鉴》卷二七五,天成元年四月壬辰条,第8977页;脱脱等:《宋史》卷二六三《张昭传》,第9086页。

3　见薛居正等:《旧五代史》卷六九《张宪传》,第913—914页;欧阳修:《新五代史》卷二五《符存审传附符彦超传》,第265页;司马光等:《资治通鉴》卷二七五,天成元年四月壬辰条,第8977—8978页。

4　欧阳修:《新五代史》卷三八《宦者传》,第408页。

多年前梁祖朱温的举动。[1]

庄宗的挚友张全义在其驾崩前就已去世了，属于自然死亡。[2]他曾支持让李嗣源到魏州平乱，而且李嗣源倒戈背叛时他还活着，这毫无疑问会让他在人生的最后几天忧心不已。在接下来的一年里，庄宗朝那些不受待见的余孽将会被一一诛杀，首先是伶人郭从谦，他是"兴教门之变"的首谋。[3]从短期来说，他的行动是对李嗣源有利的，但从长远来说，他起码是玩忽职守，且以权谋私，这是任何负责任的政府都无法容忍的。朝廷随后以各种理由罢免了豆卢革与段凝，前者是先帝治下庸碌无能的宰相，后者则是从梁朝叛变而来的将领，且惯于滥用职权，他们在一年后均被赐死。[4]对庄宗朝人员的清洗甚至延伸至饮食方面，明宗登基后，御厨人数缩减到五十人，这说明此前人数太多了，[5]显然，庄宗在吃这方面也有非凡的品位。

李嗣源意识到自己形象的重要性，也想尽快结束眼前的乱局，故他和他的临时政府也很快对先帝作出安排，以让他获得应有的尊重。庄宗被烧焦的遗体被清理出来，放进棺材。年近

1　见欧阳修：《新五代史》卷三八《宦者传》，第408页；薛居正等：《旧五代史》卷七二《张居翰传》，第954页；司马光等：《资治通鉴》卷二七五，天成元年四月甲寅条，第8983页；五月丁巳条，第8985页；戴仁柱著，刘广丰译：《从草原到中原》，第104—105页。

2　见薛居正等：《旧五代史》卷六三《张全义传》，第843页；司马光等：《资治通鉴》卷二七四，天成元年三月辛未条，第8968页。

3　见薛居正等：《旧五代史》卷三八《明宗纪四》，第520页；司马光等：《资治通鉴》卷二七五，天成二年二月丙申条，第9002页。

4　见欧阳修：《新五代史》卷二八《豆卢革传》，第302—303页；卷四五《段凝传》，第498页；薛居正等：《旧五代史》卷六七《豆卢革传》，第884页。

5　见薛居正等：《旧五代史》卷三六《明宗纪二》，第495页。有关唐朝初年御厨的人数，可参见 Benn, *China's Golden Age*, p. 132。

六十的李嗣源亲自为他守灵，在他的柩前下跪啜泣，以表示他对这位小兄弟的敬意。[1]三个月后，庄宗被以皇帝之礼下葬在洛阳西郊的雍陵，此地在其母亲的坤陵以北数公里：庄宗将与曹太后在地下相见，但却远离自己在代北的大家庭，去年秋天曹太后下葬时就可以预见这一切了。"古者天子七月而葬"[2]，故在此时下葬庄宗，也代表着对他之死的一种同情。李嗣源亲自把庄宗的灵柩护送到洛阳城门，这遵循了三百年前唐太宗对待自己兄弟的做法。但李嗣源也没有完全遵循先例，因为他并未护送庄宗的灵柩到雍陵，而是让前朝两位宰相，豆卢革和韦说代为主持丧礼，这也是他们在官场中最后的任务了。[3]

通过这一系列举动，李嗣源向先帝表达了足够的尊重，从而避免了同情先帝的人对他离心离德，也转移了人们对先帝的悲伤情绪，毕竟后唐的基业乃是由他开创的。李嗣源在四月二十日正式登基称帝，是为后唐明宗，他将揭开一页新的篇章，而事实证明，那也将是一个相对富足的时代，被后世称为"小康"。[4]巧合的是，唐太宗李世民是在公元626年登基的，与李嗣源登基刚好相隔三百年。历史真的会重演，因为其中演员总是重蹈前人覆辙。

1　见司马光等：《资治通鉴》卷二七五，天成元年四月丙午条，第8983页。

2　司马光等：《资治通鉴》卷一九六，贞观十五年四月己酉条注，第6167页。

3　薛居正等：《旧五代史》卷三六《明宗纪二》，502页；司马光等：《资治通鉴》卷二七五，天成元年七月丙子条，第8990页；赵克尧、许道勋：《唐太宗传》，第88－90页；戴仁柱著，刘广丰译：《从草原到中原》，第118－119页。

4　见司马光等：《资治通鉴》卷二七八，长兴四年十一月戊戌条，第9095页；戴仁柱著，刘广丰译：《从草原到中原》，第113－114页。

附录一 李存勖大事年表

後唐莊宗像

本年表记事乃基于《旧五代史·唐本纪》，辅之以《资治通鉴》，年份以唐年号纪年。具体日期以农历为准。而有关李克用的记事，则参考樊文礼《李克用评传》第215—217页。

光启元年 (885)，一岁

十月二十二日，生于晋阳，生母曹氏；生父李克用，时为河东节度使。

光启三年 (887)，三岁

六月，李克用占领泽州。

文德元年 (888)，四岁

三月，唐昭宗即位。

龙纪元年 (889)，五岁

五月，从李克用征邢州，还于上党三垂冈。

大顺元年 (890)，六岁

正月，李克用克邢州。

大顺二年 (891)，七岁

四月，李克用大举攻云州。

七月，云州平。

十月，李克用攻王镕，大破镇兵于龙尾冈(今河北临城西北)。

景福元年 (892)，八岁

四月，李克用被王镕大败。

景福二年 (893)，九岁

四月，幽州将刘仁恭投奔李克用。

乾宁元年 (894)，十岁

三月，邢州李存孝降，李克用复得邢州。

六月，李克用大破吐谷浑，杀赫连铎，复得代北控制权。

十二月，李克用克河北数州，幽州节度使李匡筹出逃，李克用得幽州。

乾宁二年(895)，十一岁

六月，李克用率军向西，讨凤翔李茂贞、邠州王行瑜、华州韩建。

七月，昭宗出逃。

八月，李存勖赴长安拜见昭宗，获得嘉许。昭宗赏赐陈夫人给李克用。以刘仁恭为幽州节度使。

十二月，李克用受封晋王。

乾宁三年(896)，十二岁

闰正月，魏博节度使罗弘信袭击救援兖(今山东济南一带)、郓二州之晋兵。

四月，李克用出兵攻魏州。

六月，朱温发兵救魏，李克用攻汴将葛从周于洹水(今河北魏县西南)，长子落落战死。

乾宁四年(897)，十三岁

八月，李克用率兵讨刘仁恭。

九月，李克用大败。

光化元年(898)，十四岁

五月，晋连失邢、洺、磁三州，汴将葛从周克之故也。

光化二年(899)，十五岁

八月，晋军平潞州。

天复元年(901)，十七岁

三月，梁军大举攻晋，且围晋阳城，两月后解围。

天复二年 (902)，十八岁

三月，梁军再次大举进攻河东，再围晋阳，七天后解围。

天复四年/天祐元年 (904)，二十岁

八月，朱温弑昭宗，哀帝即位。

天祐二年 (905)，二十一岁

晋与契丹结为兄弟之盟。

天祐三年 (906)，二十二岁

十月，晋军发兵攻潞州，昭义节度使丁会降。

天祐四年 (907)，二十三岁

四月，朱温废哀帝而建立梁朝，定都开封，是为后梁。刘仁恭被其养子刘守光所废，并被囚禁。

六月，梁将康怀贞攻潞州，半月不克，遂围潞州。

十月，李克用病重，其弟李克宁主持军务。

是岁，阿保机背盟。

天祐五年 (908)，二十四岁

正月，父亲李克用薨逝，年五十三岁。李存勖袭晋王位。

二月，李克宁因阴谋废立被诛。

四月，周德威到达晋阳。兵发潞、泽二州。

五月初一，于三垂冈大败梁军。

六月，与岐王李茂贞结盟。

八月，攻晋州。

十一月，遣兵五千助刘守文攻幽州。

天祐六年 (909), 二十五岁

正月,梁祖朱温迁太庙神主于洛阳。

六月,晋王拒绝与燕结盟。

七月,与邠、岐约攻灵(今宁夏中卫北)、夏二州。

八月,攻晋州,不克。

天祐七年 (910), 二十六岁

七月,与凤翔李茂贞、邠州杨崇本合击灵、夏二州,不克。

十一月,遣周德威救援镇州。

十二月,李存勖亲自率兵救赵,李嗣源与张承业随行。

天祐八年 (911), 二十七岁

正月,在赵境大败梁军。

二月,攻魏博,不克。班师途中,与赵王王镕于赵州相见。

七月,会王镕于承天军,答应把女儿嫁给其幼子王昭诲。

十一月,燕主刘守光袭定州。

十二月,遣李嗣源、周德威伐刘守光于幽州。

天祐九年 (912), 二十八岁

三月,镇州之枣强陷于梁。

六月,梁祖朱温为其子朱友珪所弑,友珪即位,是为后梁废帝。

八月,梁急攻河中,朱友谦向晋求援。

十月,晋王会朱友谦于河中,结为同盟。

天祐十年 (913), 二十九岁

二月,朱友珪被杀,朱友贞即位,是为后梁末帝。

七月,晋王会王镕于天长。

十一月,晋王亲征幽州,俘刘守光及刘仁恭。

十二月，晋王与王镕会于行唐（今河北行唐东北）。

天祐十一年(914)，三十岁

正月，杀燕主刘守光及刘仁恭。赵王王镕、定州王处直共推晋王为尚书令，从之。

七月，会赵王王镕及周德威于赵州。攻邢、洺二州，不克。

八月，还晋阳。

天祐十二年(915)，三十一岁

三月，魏州乱。

五月，晋王攻魏州。

六月，晋王入魏州。攻德州，克之。

七月，晋军克澶州，一个月后被梁军夺回。梁将刘鄩欲攻晋阳，不果。

八月，始攻贝州。

十月，梁细作欲毒杀李存勖，不果。

天祐十三年(916)，三十二岁

二月，梁军攻魏州，大败而回。梁军再攻晋阳。

五月，还晋阳。

七月，至魏州。

八月，晋王攻邢州，克之。契丹攻蔚州，克之，虏蔚州节度使李嗣本。

九月，克沧州及贝州，杀贝州兵三千余人。

天祐十四年(917)，三十三岁

二月，契丹克新州，攻幽州，初遣周德威救之，不果，再遣李嗣源等救援。

八月，李嗣源等克契丹于幽州。

十月，李存勖还晋阳。

十一月，至魏州。

十二月，亲率兵克杨刘。

天祐十五年 (918)，三十四岁

正月，晋军集于郓州和濮州。

二月至六月，晋梁两军在杨刘进行拉锯战。

八月，大阅诸镇及奚、契丹、室韦、吐浑之兵于魏州。于濮州为李存审所救。

十二月，进击开封，与梁军战于胡柳陂，周德威战死。

天祐十六年 (919)，三十五岁

三月，晋王兼领幽州。以郭崇韬为中门使，孟知祥为河东马步都虞候。

四月，亲救德胜（今河南濮阳）之危。

七月，还晋阳。

十月，至魏州，征调数万民夫，扩建德胜北城。

十二月，败梁将王瓚于潘张村（今山东鄄城西北）。

天祐十七年 (920)，三十六岁

八月，救朱友谦于河中。

九月，败梁将刘鄩于河中。

天祐十八年 (921)，三十七岁

二月，赵王王镕为其部下张文礼所杀。

八月，遣符习、史建瑭等讨张文礼。张文礼病卒，其子张处瑾代掌军事。

十月，大败梁军于德胜。定州王处直欲与契丹通款，被其养子王都软禁，王都自称留后。

十一月，李存勖亲至镇州督战。

十二月，契丹寇定州，王都告急，李存勖率兵救援。

天祐十九年(922)，三十八岁

一月，败契丹于新城。在望都陷入契丹重围，为李嗣昭所救。追击契丹至幽州。

二月，自幽州率兵救德胜。

四月，李嗣昭在镇州阵亡。

九月，镇州平，晋王兼领镇州。

十一月，张承业卒。

天祐二十年/同光元年(923)，三十九岁

三月，潞州李继韬叛归梁朝。

四月二十五日，李存勖于魏州登基称帝，改元同光。以豆卢革与卢澄为相。

闰四月，遣李嗣源攻袭郓州。

六月，梁将康延孝请降。

六月至八月，率军守御杨刘。

七月，卢澄罢相。

八月，梁以段凝代王彦章为帅。

九月，定计袭开封。

十月初一，遣家人返魏州。

十月初九，克开封，梁末帝崩。

十月初十，唐军入开封。梁百官待罪于朝堂。

十月二十七日，河南尹张全义来朝。

十月二十九日，于崇元殿宴李嗣源等勋臣，梁室故将亦参与。

十一月，岐王李茂贞遣使来朝。叛将李继韬来朝归降，请求赦免。拜韦说、赵光胤为相。

十二月初一，迁都洛阳。

十二月十二日，斩李继韬。

同光二年 (924)，四十岁

正月二十二日，曹太后至洛阳，庄宗亲迎之。

二月初一，在南郊举行祭祀大典。

二月十五，制以魏国夫人刘氏为皇后。

三月，契丹来犯，诏李嗣源率兵屯邢州。

四月十一日，册魏国夫人刘氏为皇后。

四月二十八日，潞州小校杨立叛。

五月，李嗣源复潞州。

六月，以李嗣源为宣武节度使、蕃汉马步总管。以卫国夫人韩氏为淑妃，燕国夫人伊氏为德妃。

八月，宋州、郓州、曹州、陕州（今河南陕县）遭灾。

九月，契丹寇幽州。

十月，汴、郓二州大水。契丹再寇幽州。

十一月，败于伊阙。

十二月，诏汴州节度使李嗣源归镇，然后赴幽州抵御契丹。

同光三年 (925)，四十一岁

正月初五，契丹寇幽州。

正月初七，幸邺都魏州。

二月，毁魏州即位坛。李嗣源败契丹于幽州，复以其为镇州节度使。

三月，还东都洛阳。

四月，复试新及第进士。

五月初六，皇太妃刘氏薨于晋阳。

七月十一日，皇太后曹氏崩于洛阳。

是月，滑州、洛阳、开封、许州（今河南许昌）等地遭遇大水。

八月，杀河南县令罗贯，坐部内桥道不修。

九月初十，对蜀宣战。

十月二十五日，魏州、徐州地大震。

十月二十九日，葬贞简曹太后于洛阳寿安县，是为坤陵。

十一月二十八日，唐军入成都。

十二月，以孟知祥为剑南西川节度副大使，知节度事。狩于白沙。

闰十二月初一，宴孟知祥于洛阳。

同光四年/天成元年 (926)，四十二岁

正月初三，部送前蜀国主王衍及其宗属至洛阳。

正月初七，郭崇韬被杀于成都。

正月二十三日，杀李存乂及朱友谦于洛阳。

二月初一，贝州兵乱。

二月初六，贝州乱兵入邺都。

二月十七日，从马直军士王温作乱。

二月二十七日，遣李嗣源将兵讨邺都。

三月初八，李嗣源所部亲军哗变，逼李嗣源反。

三月十八日，杀蜀主王衍于长安。

三月十九日，庄宗发洛阳，御驾亲征。

三月二十六日，李嗣源入开封。

三月二十八日，庄宗车驾还洛阳。

四月初一，庄宗崩于洛阳。

四月初三，李嗣源率兵入洛阳，成为"监国"。

四月初五，宦官向延嗣以庄宗之命，杀康延孝于凤翔。

四月初九，刘皇后抵晋阳，寻遭杀害。

四月十四日，魏王李继岌薨于渭南。

四月二十日，李嗣源于洛阳登基，是为后唐明宗。

四月二十四日，张宪被赐死于太原。

四月二十八日，改元天成。

七月二十一日，葬庄宗于洛阳近郊之雍陵。

後唐莊宗像

附录二 文献说明

有关五代十国 (907—979) 的正史一共有三部，这是让人难以想象的。与此年代最相近的乃是由薛居正主编、宋初史馆编写的《旧五代史》，成书时间大概是在公元10世纪70年代。而流传更广的《新五代史》乃是由欧阳修独撰，在其死后由宋朝廷于熙宁十年 (1077) 出版，当时名曰《五代史记》。由于该书由朝廷印行，故它也被认定为官方正史，尽管它乃欧阳修私人所撰，而朝廷也没有为此给他资助或津贴。我曾经把该书原文的三分之二翻译成英文出版。复旦大学陈尚君教授对《旧五代史》有所补充，撰写了《旧五代史新辑汇证》。在本书中，我利用它来校勘《旧五代史》中的一些错误，但却甚少引用，因为原始史料唾手可得。

《新五代史》乃《旧五代史》的重要补充，它的作者欧阳修也是另一部正史《新唐书》的主编，因此，他有机会接触到开封城内的皇家馆阁和私人藏书，从"实录""国史"这类历史档案，到"笔记小说"等野史记载，他都能翻阅。《新五代史》叙事的时间线索非常清晰严密，让人赏心悦目。它读起来比《旧五代史》更加流畅，但与《旧五代史》相比，却又缺乏一些史实的细节。两本史书都是以"纪传体"的形式撰写的，这也是历朝正史的特征。

有关五代的第三种重要史料，乃司马光主编的《资治通鉴》，该书比欧阳修的《新史》成书晚十年，以编年体的方式编写，这让各种政治事件以时间线索呈现，故它的史料价值也十分重要。该书一共有二百九十四卷，覆盖了公元前403年到公元

959年的历史，而其最后三十卷就是关于五代时期的。《通鉴》的编写得到了宋朝廷的资助，同时在司马光的编写方针之下，该书的作者们不但参考了两《五代史》，还参考了大量时人的著作，当中有很多今天已经看不到了。司马光是在洛阳修成此书的，这里是后唐的国都，这让他更容易获得一些欧阳修无法获得的材料，因为后者是在开封修成《新五代史》的。因为《通鉴》所涉及的史料很广，其编修团队也十分优秀，故它是信息量最大，也是最客观的一部史书。由于这三部史书都各有优缺点，也没有哪本被认为是绝对的权威，故我也避免过度依赖于其中某一本。就算在我发表的《新五代史》英译本中，我也尽量对比各种我可以看到的版本，并修改当中的篇目词条，以使最终成果能反映不同版本的共同之处。

《册府元龟》是在宋朝廷的资助下，由王钦若主编的一部类书，它有一千卷，一万三千多页，对五代而言，也是重要的史料。《册府元龟》成书于10世纪晚期，与五代更加接近，故也不像成书于11世纪的史书那样，带有偏见。我决定使用2006年由凤凰出版社出版的点校本，因为凤凰本有很多技术上的问题，包括缺章少段和点校错误，故有些学者拒绝使用，但我认为大可不必，它依然是该书最容易阅读的版本，也容易让人获取相关信息，因为它用了整整一册来做索引。对于一些重要的文段，我会对比新、旧版本，以避免错误。

有关五代制度史最基本的材料是《五代会要》，但它错误太多，因此我使用时非常谨慎，并常常与其他我能看到的史料作对比。另外还有一本关于南方诸国的重要史料《十国春秋》，这部史书成书于清代，有一些严重的技术性错误，故可以的话，我会与其他史料对比使用。

後唐莊宗像

參考文獻

一、古籍

《孝经》，四部丛刊本，上海：上海商务印书馆，1929年。

司马迁：《史记》，北京：中华书局，1959年。

房玄龄等：《晋书》，北京：中华书局，1974年。

脱脱等：《辽史》，北京：中华书局，1974年。

刘昫等：《旧唐书》，北京：中华书局，1975年。

欧阳修、宋祁：《新唐书》，北京：中华书局，1975年。

欧阳修：《新五代史》，北京：中华书局，1975年。

薛居正等：《旧五代史》，北京：中华书局，1976年。

脱脱等：《宋史》，北京：中华书局，1977年。

司马光等：《资治通鉴》，北京：中华书局，1956年。

吴任臣：《十国春秋》，北京：中华书局，1983年。

陈鳣：《续唐书》，济南：齐鲁书社，2000年。

路振：《九国志》，傅璇琮等主编：《五代史书汇编》第六册，杭州：杭州出版社，2004年。

陶岳：《五代史补》，傅璇琮等主编：《五代史书汇编》第五册，杭州：杭州出版社，2004年。

吴庭兰：《五代史记纂误补》，傅璇琮等主编：《五代史书汇编》第二册，杭州：杭州出版社，2004年。

吴缜：《五代史纂误》，傅璇琮等主编：《五代史书汇编》第一册，杭州：杭州出版社，2004年。

王溥：《唐会要》，北京：中华书局，1955年。

王溥：《五代会要》，上海：上海古籍出版社，1978年。

徐松辑：《登科记考》，北京：中华书局，1984年。

孙武：《孙子》，景印文渊阁四库全书本，第726册，台北：台湾商务印书馆，

1986年。

张齐贤:《洛阳搢绅旧闻记》,傅璇琮等主编:《五代史书汇编》第四册,杭州:杭州出版社,2004年。

钱易:《南部新书》,北京:中华书局,2002年。

孙光宪:《北梦琐言》,北京:中华书局,2002年。

王钦若等:《册府元龟》,南京:凤凰出版社,2006年。

陶谷:《清异录》,上海:上海古籍出版社,2012年。

吴钢主编:《全唐文补遗》第七辑,西安:三秦出版社,2000年。

二、中文与日文论著

(一) 著作

卞孝萱、郑学檬:《五代史话》,北京:北京出版社,1985年。

陈佳华等:《宋辽金时期民族史》,成都:四川民族出版社,1996年。

陈尚君:《旧五代史新辑汇证》,上海:复旦大学出版社,2005年。

戴仁柱著,刘广丰译:《从草原到中原:后唐明宗李嗣源传》,北京:中华书局,2020年。

樊文礼:《李克用评传》,济南:山东大学出版社,2005年。

方震华:《权力结构与文化认同:唐宋之际的文武关系(875—1063)》,北京:社科文献出版社,2019年。

龚延明:《宋代官制词典》(增补本),北京:中华书局,2018年。

"国立"故宫博物院:《故宫图像选萃》,台北:"国立"故宫博物院,1973年。

李方:《唐西州行政体制考论》,哈尔滨:黑龙江教育出版社,2012年。

李少林:《后唐入汴之役研究》,中国社会科学院硕士学位论文,2012年。

李晓杰:《中国行政区划通史五代十国卷》,上海:复旦大学出版社,2017年。

马良怀:《士人·皇帝·宦官》,长沙:岳麓书社,2003年。

谭其骧:《中国历史地图集》,北京:中国地图出版社,1982年。

王赓武著,胡耀飞、尹承译:《五代时期北方中国的权力结构》,上海:中西书局,2014年。

袁刚:《隋炀帝传》,北京:人民出版社,2001年。

赵克尧、许道勋:《唐太宗传》,北京:人民出版社,2001年。

周腊生:《五代状元奇谈·状元谱》,北京:紫禁城出版社,2004年。

(二) 论文

邓小南:《论五代宋初"胡/汉"语境的消解》,载《文史哲》2005年第5期。

樊文礼:《沙陀的族源及其早期历史》,载《民族研究》1999年第6期。

傅乐成:《沙陀之汉化》,载氏著:《汉唐史论集》,台北:联经出版事业公司,1977年。

刘广丰:《胡风浸润:五代时期北中国的文化探析》,载《中原文化研究》2020年第5期。

《五代沙陀贵族婚姻探析》,载包伟民、曹家齐主编:《宋史研究论文集(2016)》,广州:中山大学出版社,2018年。

刘晓:《元代收养制度研究》,载《中国史研究》2000年第3期。

陆扬:《论冯道的生涯——兼谈唐末五代政治文化中的边缘与核心》,载荣新江主编:《唐研究》第十九辑,北京:北京大学出版社,2014年。

毛汉光:《魏博二百年史论》,载氏著:《中国中古政治史论》,台北:联经出版事业公司,1990年。

森部丰、石见清裕:《唐末沙陀李克用墓志注释考察》,载《内陆亚细亚语言研究》2003年8月。

王旭送:《沙陀汉化之过程》,载《西域研究》2010年第4期。

杨果、刘广丰:《宋仁宗郭皇后被废案探议》,载《史学集刊》2008年第1期。

姚从吾:《阿保机与后唐使臣姚坤会见谈话集录》,载氏著:《东北史论丛》上册,台北:正中书局,1959年。

三、外文论著

Beckwith, Christopher I(白桂思). *Empires of the Silk Road: A History of Central Eurasia from the Bronze Age to the Present.* Princeton: Princeton University Press, 2009.

Benn, Charles(彬仕礼). *China's Golden Age: Everyday Life in the Tang Dynasty.* New York and Oxford: Oxford University Press, 2002.

Cantor, Norman(诺曼·康托尔). *Alexander the Great: Journey to the End of the Earth.* New York: Harper—Collins, 2005.

Dudbridge, Glen(杜德桥). *A Portrait of Five Dynasties China from the Memoirs of Wang Renyu (880—956).* New York and Oxford: Oxford University Press, 2013.

Eberhard, Wolfram(艾伯华). *History of China.* Leiden: Brill, 1965.

——. *Conquerors and Rulers: Social Forces in Medieval China.* Second revised edition. Leiden: Brill, 1970.

Graff, David A.(葛德威). "*Provincial autonomy and frontier defense in late Tang: The Case of the Lulong Army.*" In Battlefronts Real and Imagined: War, Border, and Identity in the Chinese Middle Period, edited by Don J. Wyatt, pp. 43—58. New York: Palgrave, 2008.

Hansen, Valerie(芮乐伟·韩森). *The Open Empire: A History of China to 1600.* New York: W. W. Norton, 2000.

Hinsch, Bret(韩献博). *Passions of the Cut Sleeve: The Male Homosexual Tradition in China.* Berkeley: University of California Press, 1990.

Lewis, Mark Edward(陆威仪). *China between Empires: The Northern and Southern Dynasties.* Cambridge, MA: Harvard University Press, 2009.

——. *China's Cosmopolitan Empire: The Tang Dynasty.* Cambridge, MA: Harvard University Press, 2009.

Luvaas, Jay(杰伊·路瓦斯). *Napoleon on the Art of War.* New York: Simon & Schuster, 2001.

Mote, F. W.(牟复礼). *Imperial China, 900—1800.* Cambridge, MA: Harvard University Press, 1999.

Rossabi, Morris(罗茂锐). *A History of China.* New York and Oxford: Wiley Blackwell, 2014.

Schafer, Edward Hetzel(薛爱华). *The Golden Peaches of Samarkand: A Study of T'ang Exotics.* Berkeley: University of California Press, 1963.

Sinor, Denis(丹尼斯·塞诺), ed. *The Cambridge History of Early Inner Asia.* Cambridge: Cambridge University Press, 1993.

Song Geng(宋耕). *The Fragile Scholar: Power and Masculinity in Chinese Culture.* Hong Kong: Hong Kong University Press, 2004.

Standen, Naomi(史怀梅). *Unbounded Loyalty: Frontier Crossings in Liao China.* Honolulu: University of Hawai'i Press, 2007.

Tackett, Nicolas(谭凯). *The Destruction of the Medieval Chinese Aristocracy.* Cambridge, MA: Harvard University Asia Center, 2014.

Twitchett, Denis(崔瑞德), ed. *The Cambridge History of China, Vol. 3: Sui and T'ang China, 589—906.* Cambridge: Cambridge University Press, 1976.

Twitchett, Denis, and Herbert Franke(崔瑞德、傅海波), ed. *The Cambridge History of China, Vol. 6: Alien Regimes and Border States, 907—1368.* Cambridge: Cambridge University Press, 1994.

Twitchett, Denis, and Paul Smith(崔瑞德、史乐民), ed. *The Cambridge History of China, Vol. 5, Part 1: The Sung Dynasty and Its Precursors, 907—1279.* Cambridge: Cambridge University Press, 2009.

Wang Gungwu(王赓武). "Feng Tao: an essay on Confucian loyalty." In *Confucian Personalities*, edited by Arthur Wright and Denis Twitchett, pp. 123—45. Stanford: Stanford University Press, 1963.

Wang Hongjie(王宏杰). *Power and Politics in Tenth—Century China: The Former Shu Regime.* Amherst: Cambria Press, 2011.

Weatherford, Jack(魏泽福). *The Secret History of the Mongol Queens: How the Daughters of Genghis Khan Rescued His Empire.* New York: Crown Publishing, 2010.

Wright, Arthur F.(芮沃寿). *The Sui Dynasty: The Unification of China, A.D. 581—617.* New York: Knopf, 1979.

後唐莊宗像

译后记

这是我与戴仁柱（Richard L. Davis）教授合作的第三本书了，从2010年初次相识，到后来赴香港访学，到《丞相世家》的出版，再到2020年《从草原到中原》的出版，一晃十年，不禁感叹时光荏苒。戴仁柱师承美国著名华裔宋史专家刘子健教授，最开始专治南宋史，而他也成为这方面的专家，后来《剑桥中国史·宋代卷》南宋的大部分内容都是他撰写的。大概在2000年左右，他在机缘巧合之下，翻译了《新五代史》，并在美国出版，从而进入五代史的研究，这对他来说是一个全新的领域，也是一个新的挑战。在完成《新五代史》的翻译后，戴先生计划写一部关于后唐明宗李嗣源的传记。后来我跟戴先生合作翻译他的博士论文《丞相世家——南宋四明史氏家族研究》，他认可了我的学术能力和翻译能力，并邀请我为他后唐明宗的书做研究助理，于是促成了我在2013年第一次到香港当访问学者，而我也由此开始接触五代史的研究。明宗传的英文版在2014年由香港大学出版社出版，后来由我翻译，并以《从草原到中原：后唐明宗李嗣源传》为题，于2020年在中华书局出版。

在明宗传出版之前，戴先生曾于2009年在中华书局出版了一本中文版的庄宗传，题目是《伶人·武士·猎手》。这本书的内容本来是为明宗传作铺垫的，但他却一发不可收拾，把庄宗李存勖的传记也写成了一本书。该书是由加拿大多伦多大学的马佳教授翻译的，不过戴先生同意让马教授成为该书的第二作者，而这也是本书的前身。然而，中华版的庄宗传并不是戴先生想要的最终成果，因为当时的实际需要，中华书局把原书的注释都删除了，使其变成了一本通俗读物，这更有利于该书的传播，但却让该书的学术性大打折扣。故此，戴先生一直想重新出版这本书的学术版。2014年，他申请到了岭南大学的校学术基金，用以修改并出版该书的英文版，同时，他再次邀请我到香港给他当研究助理，这也是我第二次到岭南大学当访问学者。2015年，庄宗传的英文版由香港大学出版社出版，与中华版相比，英文版不但增加了注释，而且还经过戴先生的大幅修改，我本人也就当中一些史料的解读问题，以及史实的辨析问题提出了我自己的意见。这本书由戴先生单独署名，应该说是与中华版庄宗传完全不同的一本书。

我原本以为，李嗣源和李存勖这两位历史人物，戴先生都给他们出版了相关的中英文著作，他对他们的研究也应该到此为止了。然而，2019年秋天，戴先生给我发邮件，邀请我重新翻译庄宗传，并由重庆出版社出版。我原本是不敢接手的，毕竟马佳教授的翻译珠玉在前，我岂能掠人之美，我建议戴先生，还是由马佳教授来翻译。但戴先生坚持认为，我曾全程参与该书英文版的修改和出版，比马佳教授更熟悉相关的材料，而且马教授正在翻译他的自传，也无暇顾及本书的翻译，故还是希望我给他帮这个忙，以完成他出庄宗传中文学术版的心愿。老人家快七十岁了，他当初信任我，并且提携我，给了我很多机会，此时让我帮他完成心愿，我当义不容辞，所以，我接受了他的邀请，着手给他翻译第三本书。

2020年1月，我跟重庆出版社下属的——北京华章同人文化传播有限公司签订合同，以两年为期，翻译本书。原本重庆出版社要求我一年翻译完，但由于我生性疏懒，俗务繁忙，且对翻译有一种执着，故要求至少两年。近些年我一直在思考，当我们拿到英文文本准备翻译的时候，我们要给读者呈现什么？翻译不但是一种语言的转换，它更是中西之间思想与文化的交流。如果纯粹把英文翻译成中文，那找一个外语系的老师，大半年时间就能够翻译出来。可是，作为历史学者，我觉得可以做得更多一些——我们要给读者呈现一部符合中文阅读规范，以及中文历史学著作规范的专著。这不但要求我对翻译出来的语言进行反复推敲，也要求我对相关史料进行反复核对，尤其是把一些直接引用的史料还原成文言文，这才能让这部专著更有历史学的味道。除此之外，戴仁柱先生也授权我修改本书中的一些史料错误，以让本书以更加完美的形态出现，这更让我感觉责任重大。所以，我需要更多的时间对译文精雕细琢。可以说，翻译的过程是痛苦的，我甚至认为它比自己著书更加困难，而译著实际上是译者对原著的再创作，其含金量不比自己的专著低。所以我一直不能理解，为什么译著在国内大多数高校里都不被纳入科研成果的范围。幸运的是，我工作的湖北大学在这方面走在了国内高校的前列，最近我又听说武汉大学也把译著纳入科研成果，这不得不说是一种进步。

从翻译本书开始，我就给自己定下规矩，无论如何不能再碰中文版的庄宗传，哪怕史料再难查找、英文语句再难理解，都要自己琢磨，因为我想给读者提供不一样的阅读感受，更重要的是，我相信这是一本跟中华版庄宗传完全不一样的著作。中华版的庄宗传，书名是《伶人·武士·猎手》，突出的是庄宗人生的特点；而本书的英文书名则是"Fire and Ice"，意即"火与冰"。正如戴先生在序言中所言，在本书中，火指的是战争，而冰指的是抛弃，庄宗是被他的战士抛弃的。这是凸显庄宗李存勖的悲剧人生。因此，跟以往的翻译不一样，我这次保留了英文书名，以《火与冰》为题。重庆出版社本来想请戴先生为中文版重新写一个序言，但由于近年来戴先生身体欠佳，已经无力写作，所以本书的序言还是按照英文版翻译的。

然而，当一切准备就绪之时，天公不作美，2020年我遇到了人生当中巨大的困难，我工作的城市武汉爆发了新冠疫情，尽管我在封城前十天就离开武汉了，但我本是打算回广州过年的，所以把所有电脑和硬盘都留在武汉家中。我在广州一待就是四个多月，无法进行任何工作，在5月份回到武汉后，又因各种琐事羁绊，一直到8月份，才开始翻译本书。幸好我当时都带的是大一新生的课，而新生在10月份才报到，所以我有整整两个月时间全身心投入到翻译工作中。经过一年多的努力，本书的翻译终于完成，并将付梓出版，我也希望我的努力能够完成戴仁柱先生的愿望。我必须感谢戴先生，他总是对我予以足够的信任，而且也不断给我机会，让我在学术的道路上不断前进。我也很感谢本书的责任编辑徐宪江，他一次又一次地包容我的拖延，让我能有足够的时间去打磨这本译著。同时，我也希望这本译著能让读者更全面地了解李存勖这个历史人物，并在阅读过程中获得愉悦的感受。当然，由于本人学力有限，翻译过程中不免出现错误，也敬请读者朋友指正。

刘广丰

2021年11月20日

于湖北大学逸夫人文楼